BUZZ

*Leader Coach é um gerador de conexão entre as pessoas. Ele acredita nos resultados a partir do desenvolvimento de forma contínua, agregando a missão de vida de cada um à missão das organizações.*

JOSÉ ROBERTO MARQUES

Publisher ANDERSON CAVALCANTE
Editora TAMIRES VON ATZINGEN
Assistentes editoriais LETÍCIA SARACINI, PEDRO ARANHA
Preparação SILVIA MASSIMINI FELIX
Revisão LIGIA ALVES
Projeto gráfico ESTÚDIO GRIFO
Assistentes de design NATHALIA NAVARRO, LETÍCIA ZANFOLIM
Foto de capa FURTSEFF / SHUTTERSTOCK

*Nesta edição, respeitou-se o novo Acordo Ortográfico da Língua Portuguesa.*

Dados Internacionais de Catalogação na Publicação (CIP)
de acordo com o ISBD

Marques, José Roberto
*Leader coach: Coaching como filosofia de liderança* / José Roberto Marques
São Paulo: Buzz Editora, 2022

ISBN 978-65-5393-157-2

1. Administração de pessoal 2. Coaching corporativo
3. Liderança I. Título.

CDD-658.4092 22-136024

Elaborado por Inajara Pires de Souza CRB PR-001652/O

Índice para catálogo sistemático:
1. Coaching e liderança: Administração de empresas
658.4092


Buzz Editora Ltda.
Av. Paulista, 726, mezanino
CEP 01310-100, São Paulo / SP
[55 11] 4171 2317
www.buzzeditora.com.br

JOSÉ ROBERTO MARQUES

# LEADER COACH

COACHING COMO FILOSOFIA DE LIDERANÇA

# PREFÁCIO
# ALMA DE LÍDER

A primeira edição de *Leader Coach* foi publicada no ano de 2012. Naquele ano, eu estava fortalecendo meus princípios de liderança e amadurecendo minhas metodologias de Coaching e, sobretudo, de formação de novos coaches. De 2012 até aqui, alguns anos se passaram e, na iminência de lançar a quarta edição deste livro, que já ultrapassou milhares de cópias vendidas, me pus a pensar sobre a trajetória do perfil do líder nesse pequeno intervalo de tempo e na atualização deste conteúdo.

Minha primeira conclusão é a de que o Coaching como filosofia de liderança é algo absolutamente contemporâneo. As inquietações que marcaram tão fortemente o início deste novo século, com um processo de avanço tecnológico irrefreável, permanecem em nós. Estamos na efervescência da transição entre uma época e algo que desponta. O Coaching é um processo que compreende, motiva e participa das mudanças.

Em épocas de transição, nem nossa própria verdade é permanente. Nós também mudamos o tempo todo, contudo não na mesma velocidade com que surgem aplicativos de mensagens, por exemplo. É preciso então entendermos melhor não quem somos, pois o que somos mudará daqui a algumas horas, mas quais são nossas potências, o que em nós deve ser conhecido e despertado para existirmos diante da impermanência do mundo.

Isso me leva a uma segunda conclusão sobre este livro: um dos grandes acertos é formar uma liderança coach a partir do autoconhecimento, do autodesenvolvimento e da autogestão. Não importa quão rápido mude o mercado, mudem os governos, as políticas sociais e econômicas, o perfil das empresas e a comunicação, pois as pessoas serão sempre elementos nucleares. Empresas continuam – e continuarão – sendo resultado de pessoas. Logo, jamais será ultrapassado o fato de que a liderança tem como principal foco as pessoas.

Por último, percebi que dois assuntos haviam sido pouco abordados nas edições anteriores. Nesta nova edição, trago dois capítulos que, acredito, são imprescindíveis para o momento atual.

Nossa condição humana nos leva a um caminho de competição. Somos competitivos desde a corrida biológica para a fecundação. Porém, em um mundo que se forma por meio de uma rede, e não mais por meio de uma pirâmide, lidar com grupos tornou-se uma habilidade básica. Nesse sentido, inserimos um capítulo sobre Coaching Group, a fim de que nossas lideranças estejam afinadas com as necessidades atuais.

Por fim, um tópico que já existia nas edições anteriores foi ampliado: trata-se do Feedback. Desenvolver-se e desenvolver os demais passa, obrigatoriamente, pelo processo de devolutiva. Afinal, é impossível evoluir sem ter consciência dos pontos de melhoria e dos prováveis caminhos a ser seguidos.

Minha gratidão aos leitores que fizeram e ainda fazem desta obra uma referência na literatura especializada. Paz e luz.

# APRESENTAÇÃO

Como deve ser o líder do século 21? Ele deve simplesmente manter o foco nos resultados ou estar mais atento às pessoas? Para os mais conservadores, o líder deve manter uma postura autocrática e centralizadora. Para os mais modernos, o líder atual deve assumir novos comportamentos, estar atento, buscar o desenvolvimento contínuo, tanto o seu quanto o de sua equipe e empresa.

Liderança, pura e simplesmente, consiste na arte de conduzir pessoas, profissionais, grupos e equipes a alcançar com êxito os resultados planejados, tanto em nossa vida pessoal quanto no ambiente organizacional.

Identificamos com facilidade aqueles que dispõem de competências diferenciadas para liderar e extrair dos colaboradores resultados objetivos com sucesso.

Também por isso, nas empresas, é cada vez maior a busca por esses líderes diferenciados, profissionais com habilidades para liderar assertivamente, ensinar, acompanhar, delegar, inspirar e conduzir. Bem como mobilizar os colaboradores para que mantenham sua motivação, inovem, proporcionem equilíbrio, cocriem e especialmente contribuam com qualidade para que haja sempre êxito e evolução contínua.

É certo que os líderes são um retrato da cultura organizacional de suas empresas, uma vez que as lideranças também são escolhidas pela adequação ao ambiente, às ideologias, e por terem a capacidade de alinhar os liderados à cultura por eles conduzida.

Porém, em pleno século 21, tendo como colaboradores indivíduos pertencentes à geração Y, contemporânea à internet e às novas tecnologias, e com uma visão do mercado de trabalho nada tradicional, os líderes que ainda acreditam no modelo do "eu mando e você obedece" estão com os dias contados.

Essa liderança obsoleta está cada vez mais distante do perfil de líderes motivadores, aglutinadores e estimulantes de que as novas gerações de colaboradores necessitam para produzir com qualidade e gerar os resultados esperados pelas organizações em que estão inseridos. Afinal, lideranças defasadas são um dos maiores responsáveis pelo *turnover* (rotatividade de pessoas) nas empresas.

Nesse sentido, ter em seus quadros o Leader Coach é, hoje, a grande necessidade das empresas, pois esse líder une as ferramentas e as práticas do Coaching, uma metodologia única e humanista de aceleração de resultados, por meio do autoconhecimento, do desenvolvimento de competências e novas habilidades, no sentido de agregar ao líder atual as qualidades ideais para que este desempenhe de forma assertiva seu papel transformador dentro da organização.

O papel do Leader Coach não é aquele de chefe que apenas cobra resultados, mas, sim, de um líder gerador de conexão entre as pessoas, pois utiliza o Coaching como Filosofia de Liderança, uma vez que acredita nos resultados a partir do desenvolvimento, de forma contínua, do potencial dos profissionais que estão sob sua tutela.

Além disso, essa liderança inovadora dispõe ainda de qualidades essenciais para a condução exata de seus liderados, tais como autoconfiança para delegar, monitorar e conduzir tarefas, ouvir seus colaboradores na essência, dar feedbacks realistas, compartilhar suas experiências e conhecimentos, respeitar as opiniões divergentes, conciliá-las e, com isso, inspirar e motivar seus liderados no alcance das metas.

Nota-se, com todas essas características, que um líder que recebeu esse aperfeiçoamento através do Coaching é realmente um líder diferenciado, pois não prioriza apenas os resultados, mas também a qualidade nas relações interpessoais, uma boa comunicação, e vê sempre novas possibilidades de evolução para si e para seus liderados.

O Leader Coach é realmente inspirador e, hoje, é dele o papel de agregar de forma sistêmica esse espírito nos resultados das empresas. Tenho certeza de que, com esta leitura enriquecedora, você ficará apaixonado por essa nova forma de liderar e conduzir pessoas e empresas ao sucesso.

Tenha uma leitura extraordinária!

# 1

# O QUE É COACHING?

Coaching é um processo com início, meio e fim, definido em comum acordo entre o coach (profissional) e o coachee (cliente). Nesse acordo o coach apoia o cliente na busca de realizar metas de curto, médio e longo prazo, por meio da identificação e do desenvolvimento de competências, como também do reconhecimento e da superação de adversidades.

**JOSÉ ROBERTO MARQUES**

Coaching é um processo que visa aumentar o desempenho de um indivíduo (grupo ou empresa), trazendo efeitos positivos por intermédio de metodologias, ferramentas e técnicas conduzidas por um profissional (coach) em uma parceria sinérgica e dinâmica com o cliente, o coachee.

Trata-se de arte e ciência, pois é um conjunto de conhecimentos que visa facilitar o alcance de resultados extraordinários utilizados por um profissional denominado coach, devidamente habilitado. É um processo que proporciona uma expansão significativa da performance profissional e pessoal. O objetivo é utilizar todo esse arsenal para sair de um ponto – estado atual – e chegar a outro ponto – estado desejado.

Os elementos-chave desse processo são: foco, ação, sentimento/sensação, evolução contínua e resultados. A metodologia é focada nas ações do coachee/cliente para a realização de suas metas e desejos. Para isso, é necessário que seja realizada uma investigação detalhada do que o coachee realmente deseja, para que sejam operadas verdadeiras transformações em sua vida, bem como levá-lo a um estado de reflexão e conscientização sobre si mesmo.

Ao longo desse caminho, o indivíduo será levado a descobrir seus pontos de melhoria e as qualidades que o farão modificar as atitudes e comportamentos que precisam ser transformados em virtude de um bem maior que é sua própria felicidade. Com isso, o indivíduo terá a capacidade de responsabilizar-se por sua vida, percebendo que, para acontecer a real e verdadeira transformação, é preciso se responsabilizar pelos atos que realiza ao longo de sua jornada, pois tudo o que fazemos agora nós colheremos mais tarde.

Outro grande benefício que o Coaching traz para ser incorporado definitivamente à vida da pessoa é fazer com que ela estruture, planeje e tenha foco para pôr em prática as ações rumo à concretização de seus sonhos, e possa, enfim, tornar tangível o que tanto deseja.

Realizando todas essas ações, é importante que o coach siga dando apoio ao coachee em tudo o que for feito, e é essencial muni-lo de informações sobre o andamento do processo; se está havendo progresso ou não, dando um feedback o mais realista possível e deixando o cliente sempre ciente do que precisa ou não ser feito em cada etapa do processo.

Uma das grandes funções do Coaching é liberar o potencial do indivíduo para que este maximize seu desempenho. Ralph Waldo Emerson já dizia que "Nosso principal objetivo é encontrar alguém que nos motive a fazer tudo de que somos capazes". E é exatamente isso que o Coaching faz.

Dessa maneira, percebemos que tudo depende apenas de nós para que a mudança de fato aconteça, para que consequentemente descubramos que todas as respostas estão dentro de nós. O Coaching é o suporte de que precisamos para encontrar tais respostas.

Podemos defini-lo de diversas maneiras. Sua essência é apoiar uma pessoa, grupo ou empresa a realizar mudanças necessárias para ir em direção ao que se quer. O Coaching apoia pessoas em todos os níveis para que se tornem quem querem ser, e para que sejam o melhor que podem "Ser".

> *Coaching é a parceria entre coach (profissional) e coachee (cliente) que promove um processo estimulante e criativo que inspira e maximiza o potencial pessoal e profissional do cliente. [...] Coaching é um processo sistematizado em que um coach acompanha e estimula seu cliente no desenvolvimento de sua performance e no alcance de suas metas. [...] Coaching é uma metodologia de desenvolvimento humano em que se cria um contexto transformacional para o alcance de um estado desejado.*
>
> GLOBAL COACHING COMMUNITY

> *Coaching é uma relação de parceria que revela/liberta o potencial das pessoas de forma a maximizar seu desempenho. É ajudá-las a aprender em vez de ensinar algo a elas.*
>
> TIMOTHY GALLWEY

Coaching é a arte de fazer com que as pessoas extraiam o melhor de si e, com isso, alcancem seus objetivos. Séculos atrás, Sócrates já praticava o sistema de ensino que denominou "maiêutica", baseado em perguntas a que o estudante devia responder até encontrar suas próprias respostas. Sócrates, assim como sua mãe, que era parteira, "dava à luz" o conhecimento interno que o indivíduo leva consigo, por meio de perguntas que todo mundo deve fazer a si mesmo:

- Qual é o sentido de minha vida?
- O que eu quero alcançar?
- O que é importante para mim?
- Qual é o valor do que estou fazendo?
- Com o que eu me sinto totalmente comprometido?
- Qual a pior e a melhor coisa que poderia acontecer?
- O que há de importante no que está acontecendo comigo?
- O que me impede de agir?
- O que eu posso aprender com isso?
- Do que eu tenho orgulho?
- Como eu poderia me sentir melhor?

Esse método de fazer perguntas a si mesmo torna-se um meio idôneo pelo qual escutamos nossas próprias reflexões, nos permitindo "dar à luz" as respostas. Mediante esse diálogo imaginário especial, baseado no método dialético de perguntas e respostas, podemos juntos dar início à busca por essa verdade tão almejada. "Faça o necessário para conseguir seu desejo mais ardente, e acabará conseguindo-o", disse Ludwig van Beethoven.

Ao longo deste capítulo teremos acesso às técnicas e habilidades que o Coaching utiliza para proporcionar mudanças na vida das pessoas que têm a oportunidade de participar desse processo. Além disso, existem conceitos que são a base para que se possa realizar verdadeiras transformações, tanto no que tange à área pessoal quanto à profissional. Portanto, convido-o a fazer uma imersão total, bem como a aproveitar profundamente todo o conhecimento e apoio deste momento. Esta pode ser a hora exata para mudar o rumo dos acontecimentos.

## RESULTADOS DO COACHING

O aumento de performance gerado pelo Coaching eleva o nível de resultados, proporcionando mais satisfação pessoal e profissional, bem como equilíbrio interno. Se pudéssemos resumir em apenas uma palavra todos os benefícios e vantagens do Coaching, essa palavra seria "resultado".

Ao dar início ao processo, a pessoa já consegue sentir algumas mudanças, principalmente internas. Assim que perceber que está conseguindo pôr em prática coisas que antes supunha serem impossíveis, certamente sentirá um aumento das conquistas e um melhor desenvolvimento de sua performance, o que acabará gerando uma grande satisfação pessoal e profissional.

Independentemente de qual seja o objetivo do indivíduo, ele sentirá toda a sua vida se reorganizando, conseguindo melhorias nos resultados financeiros e, por consequência, experimentando uma sensação maior de felicidade e prosperidade.

Logo começarão a surgir benefícios que envolvem melhorias na qualidade de vida e diminuição do estresse, já que tudo estará caminhando conforme a pessoa deseja. Com isso, haverá maior equilíbrio emocional e harmonia interior, acarretando um aumento da congruência interna e externa, bem como da disposição de energia para aproveitar a vida da melhor maneira possível, sem desperdiçar tempo com preocupações desnecessárias. Ao longo do processo, o indivíduo é levado a organizar sua rotina diária, estabelecendo metas e prazos para o cumprimento de cada tarefa, tendo com isso uma melhora qualitativa no uso do tempo.

Tudo isso fará com que os relacionamentos interpessoais sejam beneficiados também, pois a pessoa começará a rever sua maneira de agir com quem está ao seu redor e, com isso, tenderá a melhorar o que precisa ser melhorado, como a comunicação, a compreensão, o entendimento e a aceitação do modo de ser e de agir daqueles que a rodeiam. Dessa forma será mais fácil resolver conflitos, problemas e sanar dúvidas.

Aprendemos a nos perceber, a conhecer melhor nossas emoções, para que possamos controlá-las e nos relacionar melhor uns com os outros. Devido a isso, nossa autoconfiança e autoestima aumentam, pois assim estaremos cientes de que o comando de nossa vida está exatamente em nossas mãos. Por isso, devemos nos responsabilizar por toda e qualquer mudança que venha a acontecer conosco, pois elas dependem somente de nós. Esse é o caminho para a autoliderança.

Para que tais transformações ocorram, primeiro é necessário que haja planejamento do que se deseja fazer, como e em quanto tempo isso será feito. Como já foi dito, devemos administrar o tempo, alinhando missão, visão, valores e crenças. Como haverá melhoria contínua, veremos que nossa criatividade e intuição serão aguçadas, dando-nos uma percepção maior e melhor do que acontece à nossa volta. Seremos levados também a aceitar e nos adaptar às mudanças que virão com o tempo, tornando-nos assim pessoas mais flexíveis.

## COACHING × ABORDAGENS SIMILARES

Como uma prática que tem base em outras ciências, o Coaching é uma arte que tem à sua volta alguns correlatos, ou seja, algumas atividades que deram base ou suporte para que ele surgisse. Próximas ao Coaching há uma série de atividades semelhantes, tocando em pontos que são caros a um coach. Para nos livrarmos das confusões comuns que habitam a cabeça dos coachees, é necessário estabelecermos certas diferenciações.

## O que é Mentoring (tutoria)?

Define-se por Mentoring uma espécie de mentoria feita por alguém que se anuncia como um tutor ou que de fato exerce essa função diante de outra pessoa. Como uma visão de desenvolvimento profissional, o Mentoring normalmente é exercido por alguém que tenha maior experiência naquele ramo ou no segmento específico em que se propõe a auxiliar a outra parte. Um exemplo mais palpável disso pode ser o de um executivo que, depois de ter se aposentado do trabalho formal, oferece dicas e sugestões a jovens executivos ansiosos por voos mais altos na carreira.

É crescente a busca de Mentoring por inúmeras empresas, que muitas vezes encarregam seu departamento de Recursos Humanos da missão de criar roteiros de aprimoramento do quadro de funcionários. Constantemente, recorre-se nesses casos a um profissional de comprovada experiência naquele mercado e que pode, portanto, fornecer uma visão panorâmica acerca dos desafios que mais tiram o sono dos colaboradores de uma equipe.

O Mentoring pressupõe certa troca entre iguais, na qual a parte mais experiente (mentor) faculta àquela em busca de desenvolvimento profissional (mentorado) a possibilidade de um intercâmbio de ideias, soluções, estratégias e experiências. A partir daí são buscados os pontos fracos e fortes daquele profissional, auscultando as oportunidades de aperfeiçoamento e as formas de melhor explorar as potencialidades que todos temos.

Outra forma bastante corriqueira de Mentoring se dá em uma organização que vê um importante funcionário de seus quadros ter de se ausentar, seja por mudança de rumos pessoais ou, mais comumente, por motivo de aposentadoria, e com isso o convoca a ofertar um auxílio àquele ou àqueles que o substituirão.

Despedir-se de alguém que ocupa um posto-chave na estrutura de uma organização pode ser algo doloroso, sobretudo em tempos nos quais o bem mais valioso das empresas é sem dúvida seu capital humano. Para que esse acontecimento, bastante comum tanto na vida do profissional quanto nas empresas, não se torne um trauma com consequências para ambos, é preciso criar mecanismos que suavizem essa passagem do bastão para novas mãos. Eis aí uma aplicação constante do Mentoring. Aquele que deixa o posto transmite aos futuros ocupantes as informações ou treinamentos essenciais para o exercício da atividade.

Além dessas circunstâncias específicas de mudança de quadros, a prática do Mentoring tem um uso sempre buscado por mobilizar, em boa parte das vezes, apenas recursos de que as empresas já dispõem, tornando dispensáveis os esforços de recorrer a ajudas externas à organização. Isso não só é uma otimização de oportunidades como também se presta a uma alternativa em períodos de escassez de verbas ou contenção de gastos.

Uma aplicação fora do ambiente exclusivamente organizacional ou corporativo é dada com a utilização do Mentoring para alunos com dificuldades de aprendizado ou com a intenção de alcançar melhores resultados. Nesses casos, o tutor, corriqueiramente encarnado na figura do professor, presta auxílio aos estudantes em uma disciplina qualquer.

Nessa situação, como nas demais, o Mentoring é executado pela figura de um guia, mestre ou tutor que processa as aflições, dilemas e dificuldades mais constantes de seus orientandos e as devolve em forma de sugestões, dicas e ensinamentos teóricos, práticos ou técnicos sobre como proceder.

Enquanto o Mentoring se dá exclusivamente no âmbito profissional, com foco na melhoria da carreira e restringindo-se, portanto, a esse nível, a função do Coaching pode ser a de ir muito além, atuando em tantas áreas do indivíduo quantos sejam os interesses do coachee. Para o Coaching, a visão holística é fundamental, já que não pode haver profissional com resultados extraordinários se sua vida pessoal o puxa para baixo, por exemplo.

À diferença do Coaching, contudo, o Mentoring tem sua função desempenhada por alguém que necessariamente ocupou aquele posto de trabalho ou que domina aquela função. Exercido através de conversas, palestras e de um monitoramento mais didático, podemos dizer que o Coaching tem bastante de Mentoring, embora este último esteja ainda muito aquém daquele.

## O que é Counseling (aconselhamento)?

Aconselhamento é uma aproximação da ideia de Counseling, embora essa não seja ainda uma definição considerada abrangente para o termo. O termo designa um processo de acompanhamento e interação entre alguém que busca respostas e sugestões e alguém que se propõe a fornecê-las. A origem está muito ligada à área médica e psicológica e suas formas de suporte e auxílio a pessoas emocionalmente fragilizadas. A apropriação do termo, no entanto, mostra que houve uma adaptação.

Definir um profissional de Counseling como um conselheiro não é algo inadequado, haja vista a associação imediata que a tradução do termo em inglês nos dá. O counselor na prática faz exatamente as vezes de um conselheiro, que aponta caminhos e soluções, discute possibilidades e sugere alternativas a quem o procura.

Profissionalmente falando, ele tem por obrigação dar a quem o procura um modelo ou roteiro para desviar dos obstáculos e alcançar o sucesso buscado. Suas intervenções são muito apreciadas em momentos de crise, quando a pessoa se vê em um beco sem saída e precisa de respostas imediatas para problemas que não podem esperar. Há nesse exercício, portanto, certo imediatismo da parte de quem recorre ao Counseling, por acreditar que não tem tempo para um processo mais prolongado, do qual poderia advir uma solução.

Essa característica de representar um apoio para um momento pessoal de dificuldade é uma qualidade que aproxima o Counseling do Coaching, por fazer com que mudanças reais aconteçam em nossa vida. Por outro lado, isso também demonstra uma distância significativa do Coaching, afinal o imediatismo do Counseling não oferta ao indivíduo nenhum desenvolvimento de seus dons, habilidades pessoais, superação de limites autoimpostos ou mesmo a remoção das crenças limitantes que obstruem o caminho. Por mais bem-feita que seja uma sessão de Counseling, essas são atribuições que continuam exclusivamente pertencentes ao universo do Coaching.

Oferecer opções para desviarmos das pedras que surgem pelo caminho é algo muito bem-vindo. Mas investigar a origem e a motivação dessas pedras, bem como despertar e exercitar competências que nos impeçam de sermos parados por outros obstáculos do futuro, é algo bem diferente, que cabe ainda ao Coaching aplicar.

Em comum com o campo de desenvolvimento de pessoas por excelência, o Counseling tem a filosofia que lhe dá sentido. Assim como todo coach, o counselor adota como premissa a tese de que todos reunimos dentro de nós mesmos os recursos de que necessitamos para a superação dos problemas. Descobrir quais são esses recursos e como usá-los permanece sendo a grande questão.

Ao contrário do Coaching, no qual temos objetivos e metas claramente delimitados, com prazos determinados, olho fixo no calendário e foco total no resultado, o Counseling é uma atividade aberta em certa medida, pois não necessariamente trabalha com um tempo específico a ser cumprido e pode se estender em um processo com tempo indeterminado. Ter começo, meio e fim, essa característica tão imprescindível ao Coaching, é para o Counseling um luxo dispensável e mais constantemente um dado ausente.

Outro aspecto que diferencia bastante as duas ferramentas se dá porque o aconselhamento significa na prática dizer ao outro o que fazer, em um posicionamento mais impositivo. Presumimos, no Coaching, que essa estratégia não fortalece o desenvolvimento pessoal, que deve ser buscado com as próprias pernas, sem que sejamos teleguiados a seguir um curso previamente desenhado.

Somos, por excelência, os arquitetos de nosso próprio destino, de modo que fórmulas prontas, por mais bem-sucedidas que sejam, podem negar a cada indivíduo o toque particular de que sua história precisa para ser exclusivamente sua. Na perspectiva que adotamos no Coaching, aconselhar pode significar restringir opções, enquanto o que nos interessa é dar condições para que o coachee descubra por si só seu caminho, bem como a melhor forma de percorrê-lo.

## O que é terapia?

Designamos como terapia tudo o que nos ajuda a superar uma condição física, mental, psicológica, fisiológica ou até mesmo circunstancial. O conjunto das práticas, exercícios, fundamentos, condutas, modelos etc. que visam restabelecer a alguém uma condição de melhoria pode ser legitimamente chamado de terapia.

Temos por hábito, no entanto, nomear como terapia o exercício de tratamento com fundo psicológico, seja ele de inspiração médico-científica ou não. Mas a verdade é que terapia é bem mais do que isso, e até mesmo um tratamento que não envolva nenhuma ingestão de medicamentos ou algo do tipo pode ser considerado uma conduta terapêutica.

Trazer a terapia para os domínios do Coaching não é algo estapafúrdio. Tratar e desenvolver pessoas é algo que um coach faz com maestria, sem ficar para trás quando comparado a muitos terapeutas. Um exemplo das possibilidades dessa associação está no caso de Milton Erickson, criador da hipnose ericksoniana, terapeuta de mão cheia, que nos deu as bases para aquilo que no Instituto Brasileiro de Coaching (IBC) chamamos de Coaching Ericksoniano, em um processo que potencializa os efeitos e resultados das duas vertentes.

O fim esperado de um processo terapêutico é a cura, que pode, sim – a depender das circunstâncias e do que chamamos de cura –, ser alcançada através do Coaching.

Mas não necessariamente é essa a pretensão final quando vamos ao encontro de um coach. Quem entra em um coachtório certamente sairá de lá bem melhor, mas nem por isso estará em busca da cura de um mal ou de alguma limitação crônica, como normalmente é o caso de quem está à procura um tratamento.

O terapeuta, em seu estilo clássico, assume o caráter de ouvinte das limitações e perturbações de seu cliente, fazendo, quando muito, intervenções pontuais. A lógica por trás do Coaching é outra. Ao coach cabe envolvimento, participação nos planos e projetos do coachee. Contemplar pura e simplesmente as expectativas de seu coachee, sem tomar parte delas, mantendo-se distante, não é nem de longe o que se espera ou o que efetivamente se recebe de um coach.

A mais substancial das diferenciações entre Coaching e terapia, contudo, diz respeito à perspectiva de melhoria do cliente, ou seja, ao ponto de partida efetivamente utilizado. Para os terapeutas, não só o pontapé inicial, mas todo o escopo do tratamento está voltado para o passado, para as experiências pregressas, para tudo o que o indivíduo viveu até chegar ali. Em direção oposta, o Coaching tem a oferecer uma visão de futuro, que encara tão somente as oportunidades e possibilidades do porvir e que ainda não foram aproveitadas.

Enquanto para os entusiastas da terapia o foco é olhar pelo retrovisor, para o passado, que molda e interpreta a realidade, para um coach o que interessa de fato é a paisagem que se anuncia pelo para-brisa, o futuro – e de preferência em um veículo conversível, para que não percamos nenhuma das possibilidades de contato com o que está por vir. O olhar para a frente é o grande diferencial. Aprendemos com o Coaching que é um gesto de imensa sabedoria honrar e respeitar a história de cada um, mas esse respeito ao passado não significa que nosso foco esteja direcionado para ele.

Transformar e moldar o futuro da melhor forma é o grande desafio que coach e coachee se propõem a realizar. O cliente é sempre encorajado a alcançar metas, ajustando seus objetivos, obtendo novas conquistas e realizações sem perder de vista, nesse processo, que o passado pode ser um meio, mas nunca um fim.

No Coaching, todos os exercícios, objetivos e esforços estão voltados para ressignificar os pontos vulneráveis do passado, mas apenas como ponte para chegar mais adequadamente ao futuro. Das experiências já vividas, devemos extrair o que há de melhor para seguirmos em frente com uma bagagem composta apenas de suprimentos e ferramentas que nos ajudem a buscar o melhor futuro possível.

## O que é treinamento?

Exercitar-se na execução de uma tarefa, no aprimoramento de uma conduta ou prática é um método certeiro para o alcance da melhor performance. Repetir a execução, o exercício, a tarefa é algo que nos aprimora e capacita para quando chega a hora de fazer determinada atividade, por isso o treinamento é algo tão decisivo na execução de qualquer projeto.

O treinamento nada mais é que o processo pelo qual se adquirem habilidades ou conhecimento através do estudo ou do ensino. O instrutor é detentor desse conhecimento, que, uma vez adquirido, deve dar ao indivíduo a capacidade de executar uma função com competência, segurança e alcance dos resultados esperados. Efetivamente, ele se torna um canal por meio do qual as empresas instruem seus funcionários a respeito das práticas, processos e visão de mundo que querem ver aplicados por todos aqueles que são parte de seus quadros, funcionando também como estratégia para difundir uma filosofia corporativa.

Muito usado para finalidades de aprimoramento da capacidade profissional e técnica, o treinamento é um exercício de que as empresas não podem abrir mão se o objetivo é melhorar a produtividade de seu corpo de funcionários. É uma parte mais do que necessária para que cada profissional assuma seu posto mais ou menos ciente do que deve fazer.

Há muito o mercado descobriu que o segredo da produtividade e diferenciação está na qualificação e no preparo dos profissionais, o que é mais normalmente alcançado através do treinamento. Indo além disso, o Coaching assume que treinar alguém para a vida não é algo simples, mas sim uma tarefa muito mais efetiva e transformadora. Afinal, o que nem todos os empresários descobriram, mas que nós coaches não cansamos de tentar ensinar a eles, é que por trás de uma pessoa feliz tende sempre a existir um profissional dedicado, compromissado e bem-sucedido.

Quando alguém dá um treinamento, é desejável que sejam recriados o ambiente e o contexto em que a ação para a qual se treina deverá ocorrer. Por isso, treinar uma pessoa ou uma equipe (embora seja algo de muito valor) é uma tarefa limitada. Isso porque nem sempre podemos prever, antecipar ou recriar situações problemáticas e desafiadoras com as quais iremos nos deparar em nossa vida.

Os horizontes de um treinamento são sempre limitados por um acúmulo de práticas que tem como objetivo o desempenho de uma função específica. Acontece que a vida não é uma sucessão de protocolos técnicos, e é aí que apenas bons treinamentos simplesmente não bastam para nos deixar a ponto de superar todos os desafios. Não há como treinar alguém para a vida, o que só demonstra que são bastante aumentadas as chances de desenvolvimento humano aprofundado de quem envereda pelo Coaching.

O diferencial do Coaching é justamente nos dar certo preparo e desenvoltura para lidar com o que há de mais difícil do que a vida se encarregará de trazer até nós. Portanto, não se trata de mero treinamento, já que uma repetição robótica de todos os aspectos da vida para os quais nos prepara o Coaching é algo impossível, e talvez nem mesmo desejável, uma vez que a graça de viver está também em sermos surpreendidos.

Se treinar é adquirir habilidades por meio de um processo de ensino e estudo, o Coaching guarda notáveis diferenciações em relação a essa definição. O que se espera do coachee é que haja um desenvolvimento natural de suas próprias habilidades, e não acúmulo de um conhecimento que não potencialize sua essência.

Outra lição a mais que o Coaching nos dá e que faz sentido em contextos de treinamento é que é preciso planejar, estabelecer metas, ter compromisso com os objetivos e arregaçar as mangas para alcançá-los. Treinar é sempre fundamental, claro, mas importante mesmo é não perder de vista que é preciso agir e dar a cara a tapa, se for o caso, para que acertemos. E esse sentido de pragmatismo, gana e vontade de ir além nada nos fornece mais do que o Coaching.

## O que é consultoria?

Como algo relativamente novo no mercado, consultoria é um termo e, principalmente, uma prática que veio para ficar. Há alguns poucos anos, quase nada se falava desse profissional hoje onipresente que é o consultor. Mas foi-se o tempo em que nossa associação imediata com o verbo que dá origem ao termo fosse a ideia de uma consulta médica clássica.

Quando consultamos alguém, em geral um especialista, estamos em busca de dicas, soluções e caminhos a seguir a fim de lograrmos êxito em nossas empreitadas. Consultar é recorrer a alguém mais experiente e portanto mais versado naquilo em que queremos nos aprimorar. É uma prática corrente que especialistas, mediante um contrato determinado, cedam sua expertise em prol de um negócio, uma atividade ou solução qualquer buscada por seu cliente.

Em geral, uma consultoria se define por uma atividade especializada que identifica e localiza processos que são executados em discordância com o que é aceito como adequado, oferece soluções de melhoria e cria alternativas que aprimorem a atividade exercida em uma organização.

Formular diagnósticos, apresentar alternativas e opções de melhoria é tarefa que requer o know-how de especialistas, porque tais exigências demandam um olho clínico que só o consultor oferece. Como uma versão mais graduada de um aconselhamento, o consultor estabelece em boa parte das vezes uma relação mais formal com a organização que se presta a ajudar. Suas avaliações partem de um olhar técnico e aprofundado, o que faz inclusive com que muitos dos serviços sejam prestados através de pareceres, relatórios, organogramas etc.

A consultoria é constantemente exercida por elementos externos à organização, ao contrário do Mentoring ou do Counseling, que frequentemente são executados com o amparo de agentes que são parte daquele núcleo a que prestam auxílio. O objetivo dos consultores é justamente fornecer um olhar externo que dê conta dos problemas e questões que são por natureza mais difíceis de serem observados por aqueles que já são parte integrante do processo.

O caráter mais técnico do modelo tradicional da consultoria a diferencia também de uma atenção mais humana e voltada para o indivíduo que o Coaching fornece. Se para o consultor o que salta aos olhos são dados, bases de cálculo e números, podemos dizer que a diferença é abismal quando se trata de um coach. Para um coach, o que desperta a atenção e a curiosidade são sobretudo as pessoas e suas relações, emoções e potencialidades. Um bom plano de TI pode de fato dar um novo formato à sua organização, mas cabe a um coach zelar e proporcionar transformação genuína para as pessoas que operam cada máquina, ou manuseiam cada teclado ou informação.

Já o Coaching, diferentemente de entregar soluções prontas para uma melhor performance, estimula o coachee a desafiar-se de modo permanente, com vistas ao desenvolvimento pessoal, profissional e ao aprendizado para identificar, ele mesmo, as soluções para suas principais questões.

Adequar condutas e rotinas de operação a processos já previamente delineados e estabelecidos para maior produtividade é algo que se encontra a muitas léguas de distância do exercício de reinventar a si mesmo de variadas formas, a fim de alcançar os objetivos propostos. Da mesma forma que a vida não se define por um emaranhado de procedimentos operacionais padrão, não se pode esperar de uma consultoria técnica, por mais proveitosa que seja, que ela reduza a complexidade do ser humano a esquemas, prontuários ou manuais de conduta.

Máxima atenção ao capital humano sobretudo é a "consultoria" que o coach fornece, além da atenção individualizada, que pode ativar uma transformação pessoal difícil de ser mensurada, e que muito dificilmente pode ser prevista em planilhas ou novos planos plurianuais.

## O que é ensino?

Ensinar é uma atividade que, a rigor, deixamos para os professores, mas que na prática é assumida por todo pai, mãe, ou simplesmente por qualquer outra pessoa que ame. Ensinar pressupõe um desapego à ideia de deter um saber específico, mas por outro lado só existe quando há um apego ao ser humano a quem transmitimos uma informação nova, e que vem de quem já alcançou um nível mais elevado ao se dar conta de que todo conhecimento deve ser passado adiante.

Ensino é todo aquele saber, conteúdo, prática ou conhecimento que é passado para a frente, independentemente da forma. É uma atividade que só existe em cooperação com a ideia de aprendizado. Só está pronto para ensinar quem verdadeiramente tem o coração aberto para aprender. A recíproca é de fato genuína e todos nós que já estivemos dos dois lados dessa linha sabemos do que se trata.

O ato de ensinar é em si uma prerrogativa daquele que manuseia a mais nobre das artes, a arte do ensino. Mas a um coach cabe exercer esse papel com desenvoltura e propriedade, porque no fundo o que fazemos nada mais é que ensinar. Cabe ao coach ensinar a um coachee que ele pode, sim, achar a saída; que ele tem potenciais e capacidades adormecidos dentro de si; e que ele é o maior promotor das mudanças que sonha ver executadas. Como coach, já tive de ensinar lições básicas como desvendar uma habilidade que está diante do nariz de um coachee relutante em percebê-la. Também me vi diante de situações em que fui obrigado a ministrar árduos ensinamentos, como o de demonstrar que há benefícios e melhorias que só são descobertos nos momentos de máxima adversidade. Falar em ensino para um coach é como tratar de algo corriqueiro, que lhe diz respeito por completo.

Entretanto, o ensino caro a um coach não é o ensino tradicional. Isso porque este requer uma sistemática, uma prática continuada e reutilizada, um passo a passo diferente do que é estabelecido pelo Coaching. A única cartilha obedecida à risca pelo coach é aquela que melhor se adequar ao coachee, o que só deixa claro que as sistemáticas adotadas podem ser tão vastas quanto os clientes e indivíduos a serem desenvolvidos nesse método.

Quando se fala em ensino, é corriqueiro que pensemos que há um conteúdo a ser ensinado. Isto é, pode-se inferir que há um conhecimento que estabeleça uma nítida divisão entre o que é certo e o que é errado, deixando bem claro qual caminho deve ser seguido e de que forma é possível fazê-lo. Ora, não pode haver distância maior entre esse modelo e o que praticamos com o Coaching. Todos os ensinamentos de um coach estão voltados para o fato de que não pode haver uma única maneira de acertar, afinal todos podemos chegar ao lugar desejado por vias diferentes. Em matéria de desenvolvimento humano, o que o Coaching nos ensina de inúmeras maneiras é que o jeito de cada um é o jeito certo!

É correto dizermos que o ensinamento a que o Coaching se propõe é um ensinamento em seu método clássico. Não é algo do tipo ensino à distância, como hoje se tornou comum em muitos lugares. É um ensinar do tipo que só se faz no tête-à-tête, olho no olho, no qual não há espaço para forjar sentimentos ou aparências. E nem faz mal se houver uma distância física real, já que o que não pode existir mesmo é um distanciamento emocional, quando não há envolvimento de cabeça, mente e coração.

Mas a ideia de ensino, por mais que esteja contemplada entre as características do Coaching, é ainda uma demonstração rasa daquilo que um coachee pode experimentar. Porque o ensinar pode ser o mero repasse de uma informação e conhecimento, enquanto na verdade a experiência do Coaching é vivida, sentida na pele, e nunca simplesmente contada ou inoculada com a passividade de quem a recebe. A didática com que o coach se apresenta é a da vivência real, sem intermediários, sem pular etapas, e na qual o maior risco que o coachee corre é o de se descobrir professor e aluno de si mesmo.

## O que é Coaching?

De um jeito ou de outro, é de Coaching que temos falado em todas as páginas até aqui. E a única coisa que não me comprometo a prometer a você, leitor, é que será diferente nas páginas seguintes. O barato dessa experiência como coach, revigorante a cada dia – e que sei que também fará com que você persista rumo ao fim deste livro –, é que nunca há um terreno em que já tenhamos pisado por completo. E se porventura a presença naquele terreno lhe parecer familiar, é certo que a experiência dali extraída não o será. Com o Coaching, mesmo quando repisamos algo, pode-se saber que a sensação, enfoque ou percepção sempre trazem algo novo, e por isso bastante valioso.

Podemos ensaiar uma definição de Coaching conjugando todos os tópicos anteriores, de Mentoring a ensino, um a um com suas particularidades maximizadas. Mas, ainda assim, como foi o caso daquelas definições, será ainda uma explicação parcial, que dará conta de uma parte, deixando descoberto o todo. A respeito disso, aliás, muitos dirão, não sem razão, que o esforço em conceituar o Coaching pode ser sempre em vão, já que nenhuma descrição fará justiça plena à real amplitude do termo.

Sempre incentivei muitos de meus candidatos a coachees a buscarem definições sobre o Coaching com pessoas que passaram por esse processo. Em parte, essa estratégia era uma garantia de que tudo que eu elogiasse de meu métier não fosse simplesmente interpretado como argumento de alguém que quer vender seu peixe. Além disso, esteve sempre muito claro para mim que os depoimentos que colhi de coachees e ex-coachees foram sempre mais ricos e profundos do que eu mesmo poderia formular. Essa velha dica, portanto, continua válida para você, leitor, mas sigamos em busca de uma melhor definição...

Fruto de uma variada miscigenação de ideias e conceitos, o Coaching é um misto de ciência, saberes atávicos, conhecimentos adquiridos, vivências, técnicas, emoções, produtos da mente inconsciente e tudo mais que disser respeito ao conhecimento e à realidade humana. Acrescentem-se aí umas boas pitadas de sonhos e força de vontade do coachee. Ao final, ponha por cima o molho vindo do exclusivo feeling de seu coach. Eis aí uma receita aproximada do que estamos falando.

O Coaching é a mais poderosa ferramenta de desenvolvimento de pessoas de que já se teve notícia. Por trazer para dentro de si fontes variadas de conhecimento, ele se dá a liberdade de pinçar o que há de melhor em cada área de atuação e conhecimento, incorporando o que de fato tem a somar, bem à maneira, aliás, do que ensinamos a nossos coachees. Estes são encorajados a jogar fora tudo aquilo que não lhes faz bem, retendo, contudo, o que lhes proporciona coisas boas.

Navegar por águas nunca antes navegadas é uma definição à altura do que o Coaching pode proporcionar. Nessa experiência, o timoneiro é aquele que pode exercer essa missão melhor do que qualquer outro: você mesmo. Também tranquiliza saber que coach e coachee são os únicos autores do que houver nessa viagem de roteiro e carta náutica, que são constantemente reparados ao balanço das ondas, ou seja, à medida que o barco avança rumo ao seu destino. E antes mesmo do porto final fica bastante claro tanto para os capitães já experientes quanto para os marinheiros de primeira viagem que o melhor da experiência é sem dúvida o oceano de oportunidades abertas.

O Coaching é uma experiência que tem o condão de despertar o que há de melhor em nós, cavando fundo em nossa essência e desenterrando tesouros que desconhecemos ou aos quais não prestamos o devido valor. No IBC, temos como missão algo que diz muito sobre o que o Coaching proporciona a quem com ele trava contato. Deixo aqui essa missão com a convicção de que cada palavra faz todo o sentido e convidando você a descobrir isto de perto: "Despertar e desenvolver nas pessoas seu poder infinito, contribuindo para um mundo melhor".

## ELEMENTOS DO COACHING × OUTRAS ABORDAGENS

| ELEMENTOS ESSENCIAIS DO COACHING | COACHING | TREINAMENTO | CONSULTORIA | MENTORING | TERAPIA | RH |
|---|---|---|---|---|---|---|
| Resolução de problemas | > | > | > | = | > | > |
| Análise de valores | > | < | = | = | > | < |
| Mudanças de comportamento | > | = | = | = | > | = |
| Flexibilidade | > | < | = | > | < | > |
| Oferta de informação | > | > | > | > | = | = |
| Suporte/apoio | > | < | < | > | > | = |
| Reforço | > | < | < | = | > | < |
| Crescimento pessoal | > | < | < | = | > | < |
| Definição de metas | > | < | > | = | > | > |
| Plano de ações | > | < | > | = | = | > |
| Fornecimento de recursos | = | > | > | = | > | = |
| Papel de expert | < | > | > | > | > | > |
| Ensino | = | > | > | > | = | = |
| Desafio | > | < | < | = | = | > |
| Planejamento estratégico | = | < | > | = | < | < |

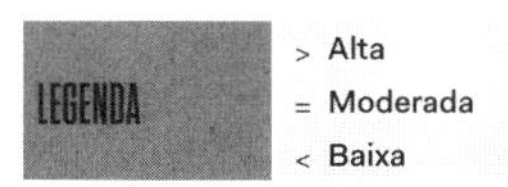


> Alta
= Moderada
< Baixa

| | | | | | | |
|---|---|---|---|---|---|---|
| Exploração de crenças | > | < | < | = | > | < |
| Avaliação | = | > | = | < | < | = |
| Confidencialidade | > | < | = | = | > | = |
| Personalização | > | < | = | > | > | < |
| Baseado em pesquisa | = | = | = | < | > | = |
| Oferta de soluções | < | > | > | > | < | > |
| Aconselhamento | < | > | > | = | < | > |
| Possibilidades transformacionais | > | < | < | > | > | < |

## TÉCNICA DA PERMISSÃO

*Todas as vezes que minhas palavras e meus gestos não fizerem sentido para você, eu peço e permito que você mude minhas palavras e/ou meus gestos, para que façam mais sentido para a sua realidade. Permita-se interiorizar apenas a intenção e a força positiva de minhas palavras e meus gestos.*

Geralmente o coach utiliza esse pequeno texto para dar poder ao coachee, ou a qualquer outra pessoa, de ressignificar algo de que esta não tenha gostado nas ações ou nas palavras daquele. A importância dessa técnica é que ela incentiva as pessoas a verem, de forma efetiva, a intenção positiva nos atos que não lhe agradam e tirarem sempre o melhor da situação. O grande valor disso é que nos ensina a não nos prendermos às coisas que nos magoam, a esquecer e focar só no que esses momentos podem nos trazer de bom.

Lembre-se sempre de nunca esquecer que nós somos o resultado de nossas escolhas e ações. Lembre-se ainda de que nossos pensamentos é que se transformam em escolhas e ações. Algumas pessoas lutam umas contra as outras pela energia que devemos acessar dentro de nós mesmos. Ao invés de tirar a energia do outro, você deve dá-la o tempo todo, não importa o que aconteça.

Quanto mais eu doo energia, mais eu a recebo de volta do Universo, e cada vez mais eu me potencializo.

Verificamos que as pessoas se sentem inseguras e desconectadas dessa fonte sagrada e tentam obter energia dominando umas às outras. Essa situação acaba sendo responsável por todos os conflitos do mundo. É preciso ter em mente que doar é o segredo para se manter conectado, porque sua energia e seu amor crescem primeiro em você e então fluem para os outros. Estamos aqui para fazer algo. Se permanecermos nesse objetivo, ajudaremos a manter e a mover a humanidade.

Aplicando essas palavras e esses ensinamentos, o coach, com certeza, tem tudo nas mãos para apoiar seu coachee na realização de seus sonhos e na concretização de sua felicidade plena. Bem como se utilizar das ferramentas que o Coaching disponibiliza para desenvolver sua função, pois, caso não as leve em conta, não pode ser considerado verdadeiramente um coach.

## PRINCÍPIOS ABSOLUTOS DO COACHING

Durante as sessões de Coaching, o coach precisa se atentar a quatro princípios absolutos do Coaching. É a observação desses princípios que garante o sucesso de todo o processo de Coaching com padrão IBC.

Lembre-se de que, se chamamos esses termos de princípios, é porque eles estão no início de tudo. Internalizar esses quatro princípios é primordial para a execução de um trabalho de sucesso.

### 1. Suspender todo tipo de julgamento

Para realizar uma sessão de Coaching, é fundamental que haja a suspensão de todo e qualquer julgamento do coach em relação ao seu coachee. Essa atitude é fundamental para que o cliente tenha confiança e se abra de modo a deixar que o processo flua de forma positiva.

As crenças, os comportamentos, as escolhas, a orientação sexual, as práticas religiosas, a aparência, nada disso deve ser objeto de julgamento por parte do coach. O trabalho do coach é fomentar as respostas. Elas devem nascer do próprio coachee, e qualquer julgamento pode quebrar o processo e, especialmente, a relação que se estabelece entre eles.

Julgar significa impor limitações a priori, tolhendo de antemão as possibilidades do processo de Coaching e restringindo o poder das transformações a rótulos pouco úteis. Um bom coach sabe também que todos trazemos uma história única, que em parte é o resultado das circunstâncias que nos envolveram. E só quem pode medi-las de maneira exata somos nós mesmos. Por isso, fazer julgamentos em relação ao coachee e às questões por ele trazidas é um gesto que em nada auxilia e, portanto, deve ser deixado de lado.

## 2. Foco no futuro

Esse é o grande diferencial do Coaching, ao contrário de outros modelos de aprendizado disponíveis do mercado. O Coaching trabalha sempre com foco no futuro, ou seja, estimulando ações que levem à conquista do estado desejado pelo cliente, seus objetivos, sonhos e planos traçados.

Revisitar o passado pode, sim, representar uma etapa a ser percorrida, desde que haja a necessidade de curar uma ferida ou aprender com outros exemplos. Às vezes é necessário ressignificar fatos do passado. Nesses casos, o coach volta a esses momentos, utilizando uma das ferramentas maravilhosas das quais dispõe.

Da mesma forma, o presente é não só a realidade a ser modificada como também o ponto central da vida do coachee, mas esse ponto de partida é apenas uma ponte auxiliar para o alcance dos objetivos futuros. O futuro, sim, é o protagonista da trajetória que o coachee deve traçar.

## 3. Ação

Coaching só é Coaching se houver ações específicas no sentido de agir para alcançar os objetivos determinados pelo cliente. Essas ações são realizadas através de diversas tarefas definidas pelo próprio coachee, com o auxílio de seu coach, que deverão ser realizadas ao fim de cada sessão, sempre com foco no alcance dos resultados almejados.

As ações concretizam o processo. O processo de Coaching deve ser tangível, mensurável, praticado cotidianamente, caso contrário as mudanças não são percebidas e o coachee pode abandonar o processo antes de ver os resultados.

## 4. Confidencialidade e ética

Coaching é uma parceria entre coach e coachee em que deve haver confiança e total comprometimento de ambas as partes. Tudo que é tratado durante as sessões permanece no mais absoluto sigilo entre o profissional e seu cliente.

Às vezes os coaches se aconselham mutuamente, compartilhando histórias a fim de um apoiar o outro. Isso é possível e é até aconselhável, mas nunca mencionando nomes ou identificando os coachees. A ética é fundamental para que as pessoas confiem em você.

Como coach, você vai compreender e respeitar o modelo de mundo de seu cliente. Para que isso aconteça, a suspensão ou ausência de julgamento é fundamental na promoção de mudanças satisfatórias na vida dos coachees, da forma e maneira que eles querem e não da maneira que o coach considera ideal. Esse é um dos princípios que regem a carreira de um coach.

Independentemente do que venha a acontecer em um atendimento de Coaching, a regra sempre será: suspenda todo tipo de julgamento. Essa ação vai acelerar seu processo, tornando-o um excelente profissional. Essa é uma das mais poderosas ferramentas que o processo de Coaching transmite às pessoas, pois acredito que esse é o caminho para que elas se tornem de fato seres humanos melhores.

Coaching também é uma abordagem voltada ao futuro, à conquista de objetivos que promovam transformações positivas e duradouras na vida dos clientes. Este é seu grande diferencial: foco no futuro (estado desejado) significa saber onde o cliente está e o que é necessário fazer acontecer para que ele chegue aonde quer.

Além disso, para que haja progresso é necessário juntar o foco à ação. O conhecimento nos inspira a mudar, a prática nos leva a transformar. O Coaching funciona movendo engrenagens em função do desejo do cliente. Realizar ações significa ir além e cumprir todas as tarefas que são determinadas. Essa prática gera disciplina. É o famoso TBC – Tire a Bunda da Cadeira.

Agora, nenhuma dessas ações terá resultado se o princípio da confidencialidade e ética não for utilizado pelo coach. Coaching é uma relação mútua de confiança, comprometimento e parceria. Os conteúdos abordados na sessão pertencem exclusivamente ao cliente; assim, manter o sigilo e a confidencialidade é um pressuposto absoluto para que você tenha sucesso como coach.

Tome muito cuidado para não expor a identidade de clientes ao utilizar exemplos para ilustrar uma situação. Demonstrar a quebra da confidencialidade de um cliente para exemplificar um *case* pode sugerir que isso será feito com todos os clientes, gerando desconfiança e enfraquecendo a relação coach-coachee.

Quando um cliente procura um coach, provavelmente sabe que terá de mudar algum aspecto em seu comportamento. Possivelmente ele está na fase de sonhos e ainda não realizou ações efetivas para conseguir aquilo que deseja. Quando se toma uma posição e se produzem ações para que os sonhos se tornem realidade, começam a surgir os desafios e, assim, o cliente fica frente a frente com suas dificuldades, o que muitas vezes o faz desistir.

Por isso, durante o processo, o cliente começa a analisar seu próprio comportamento e busca a compreensão das atitudes que o conduziram à sua atual situação. Assim, o rumo que o processo terá será dado pelo coach, mediante as ações do cliente.

O coach terá de encorajar seu cliente e, ao mesmo tempo, analisar seu comportamento por meio de feedbacks, determinando a qualidade do trabalho que está sendo desenvolvido e o grau de satisfação do coachee. Pautados em seus valores e propósitos, a confiança e a conexão são o suporte da casa, e por meio delas se cria o comprometimento necessário para a construção do processo. Para isso, é necessário que você tenha real interesse pelo coachee, otimismo genuíno e a crença de que ele é capaz.

# OS PRINCIPAIS PILARES DO COACHING

## Ser humano (humanidade)

Um bom coach entende e se especializa continuamente em tudo que se refere ao ser humano e ao processo de mudanças e aumento de performance. Busca conhecer a psique e a interação corpo e mente (neurologia, biologia e fisiologia), estilos psicológicos, tipos de personalidade, estilos pessoais, comportamento, atitude, motivação, mudança e performance. Em especial, faz parte do grupo de pessoas que procura constantemente por melhorias, evolução, aprendizagem, automotivação e autotransformação, tornando-se exemplo e modelo para aqueles que almejam alcançar o sucesso.

## Metodologia

O Coaching está baseado em metodologias, processos e pensamento sistêmico. É muito mais efetivo se embasado em modelagem de pessoas de sucesso, modelos de excelência. Em nossa metodologia, usaremos modelos de Coaching comprovados na prática e utilizados internacionalmente.

## Técnicas e ferramentas

O Coaching é suportado por técnicas e ferramentas que potencializam os resultados dos clientes de forma efetiva e profissional. Um bom coach procura sempre se atualizar por meio de treinamentos, leitura, troca de experiências, para que atinja os melhores resultados da maneira mais rápida possível, com as tecnologias disponíveis no mercado, desenvolvidas, modeladas e devidamente testadas. Usamos técnicas comprovadas cientificamente e que apresentem resultados efetivos na prática. Além disso, utilizamos roteiros e questionários estruturados, que facilitam a vida dos coaches e geram resultados surpreendentes.

## Competências

Para que o sucesso do Coaching funcione, o profissional coach deve desenvolver um perfil com certas habilidades e competências (planejamento, comunicação, motivação, mudança, visão sistêmica, transformação ética e caráter); certas características (comprometimento, confiança, congruência, generosidade, compaixão, entusiasmo); certos princípios (não julgamento, futuro *vs.* passado, ação); e seguir o Código de Ética e Conduta.

### Condições para mudanças de comportamento

De acordo com vários princípios derivados de teóricos da aprendizagem, a mudança de comportamento é mais provável sob certas condições. E, como coach, é mais provável você provocar a mudança de comportamento se:

- a pessoa formar uma forte intenção positiva, ou assumir o compromisso de executar o comportamento;
- não houver nenhuma restrição ambiental que torne impossível acontecer o comportamento;
- o coachee perceber que tem as habilidades necessárias para desempenhar o comportamento;
- o coachee perceber que as vantagens de executar o comportamento ultrapassam as desvantagens;
- o cliente sentir uma pressão mais forte para executar o comportamento do que para não executar;
- a pessoa acreditar que o desempenho do comportamento é mais consistente que inconsistente com sua autoimagem, e não violar padrões pessoais;
- a reação emocional da pessoa, ao desempenhar o comportamento, for mais positiva que negativa;
- a pessoa perceber que tem a habilidade para executar o comportamento dadas várias circunstâncias.

## TRÊS NECESSIDADES BÁSICAS DO SER HUMANO

**1. Ser ouvido na essência**

Essa é uma das principais habilidades que o coach deve desenvolver para fazer o coachee, durante as sessões, dar o melhor de si. É extremamente frustrante quando queremos conversar, nos abrir com alguém, contar acontecimentos que ocorrem no mais íntimo de nosso "Ser", e as pessoas simplesmente não param para nos ouvir de verdade. Isso porque, de fato, o que elas também desejam é serem ouvidas.

Para ouvir, auxiliar e apoiar seu coachee na essência, é preciso realmente prestar atenção no que ele está lhe dizendo, seja de forma verbal ou não verbal. Ver o que ele está querendo dizer com determinados gestos, com determinadas palavras, ou seja, ficar atento ao que está sendo dito nas entrelinhas.

**2. Ser notado/reconhecido/amado**

Nesse caso, o coach dará total apoio ao coachee, honrando e respeitando a história dele. Terá real interesse pelos fatos que ocorreram e que vão ocorrer na vida dele, para que assim ele possa sentir o quanto é importante no mundo.

**3. Ter o direito de errar**

Como ser humano que é, seu coachee com certeza terá cometido alguns erros ao longo de sua jornada. Sendo assim, sua forma de apoiá-lo será lhe mostrando que todas as ações que realizamos têm uma intenção positiva, por mais que possam nos machucar ou machucar alguém.

Por isso, é importante fazer seu coachee perceber que é preciso se perdoar e perdoar as pessoas que, de certa forma, lhe causaram algum mal. Ajude-o a enxergar que esse pode ser um caminho concreto para a felicidade, pois assim ele estará se libertando de qualquer sombra que esteja pairando sobre seu coração.

# PIRÂMIDE DO PROCESSO EVOLUTIVO

Adaptado de Robert Dilts e Bernd Isert, por José Roberto Marques

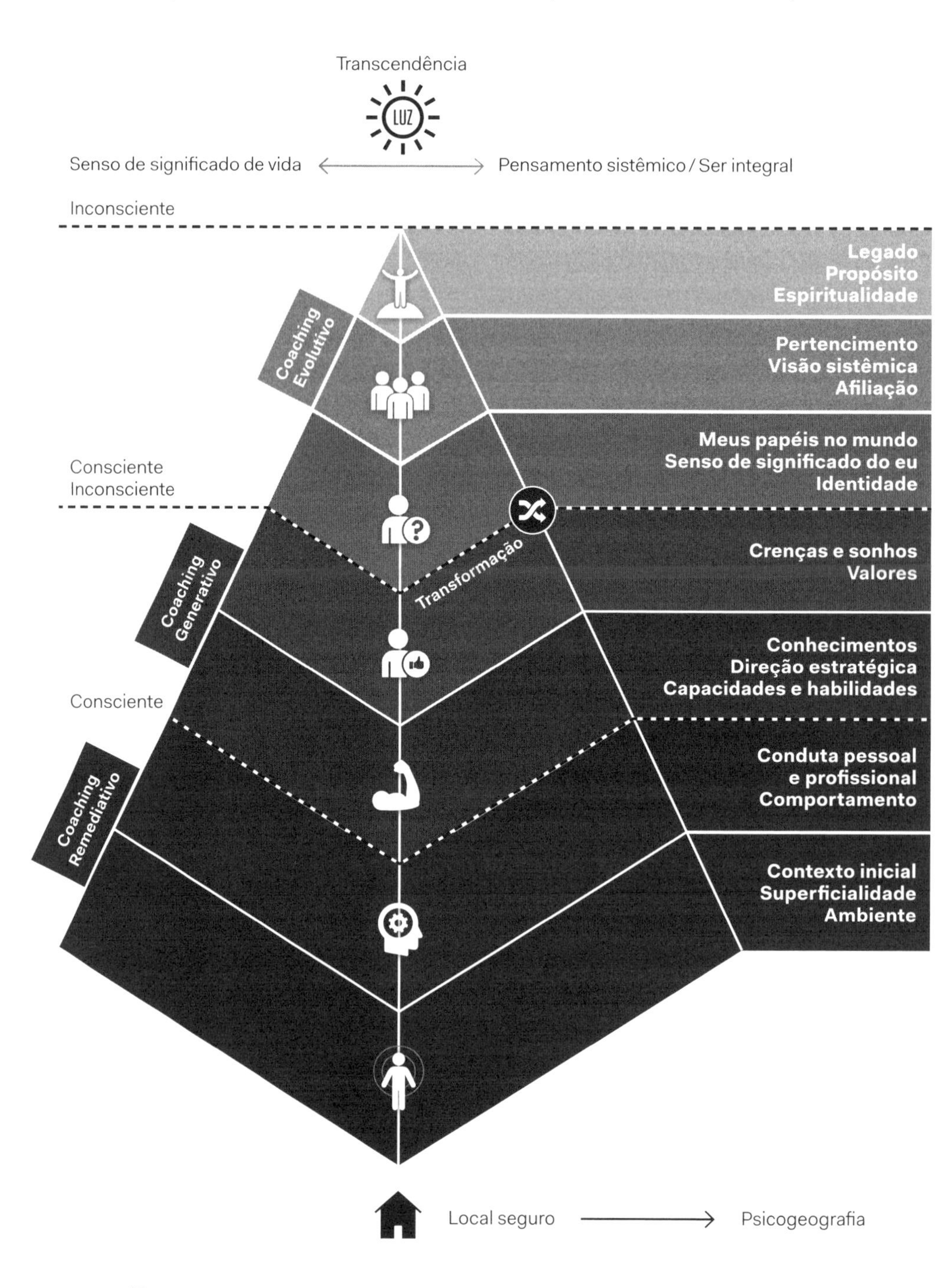

| | |
|---|---|
| LEGADO<br>PROPÓSITO<br>ESPIRITUALIDADE | **Quem mais?**<br>Desenvolvimento espiritual. Minha relação com o Universo e com o que existe fora de mim. Minha integração corpo-emoção-alma-espírito. |
| PERTENCIMENTO<br>VISÃO SISTÊMICA<br>AFILIAÇÃO | **Com quem?**<br>De que grupos eu faço parte? Com quantas pessoas me relaciono nas diferentes áreas de minha vida? O quanto eu pertenço a cada lugar que me relaciono? |
| MEUS PAPÉIS NO MUNDO<br>SENSO DE SIGNIFICADO<br>DO EU IDENTIDADE | **Quem?**<br>Que tipo de pessoa sou eu? Qual é o meu papel no mundo? Qual é a minha missão de vida? |
| CRENÇAS E SONHOS<br>VALORES | **Por quê?**<br>Meus valores, critérios e generalizações sobre o mundo e as pessoas. O que é importante para mim, minha verdade, em que eu acredito? |
| CONHECIMENTOS<br>DIREÇÃO ESTRATÉGICA<br>CAPACIDADES E<br>HABILIDADES | **Como?**<br>Minhas capacidades genéricas. Estratégias e habilidades fisiológicas, emocionais e transcendentais. |
| CONDUTA PESSOAL<br>E PROFISSIONAL<br>COMPORTAMENTO | **O quê?**<br>O que faço em um contexto específico? O que faço com a informação inicial? Como é meu comportamento em um contexto específico? |
| CONTEXTO INICIAL<br>SUPERFICIALIDADE<br>AMBIENTE | **Onde e quando?**<br>O contexto no qual eu ajo. A informação inicial. O meio em que estou inserido. |
| LOCAL SEGURO | Psicogeografia |

A Pirâmide do Processo Evolutivo tem origem nos Níveis Neurológicos de Aprendizagem e Mudanças. A teoria desenvolvida por Robert Dilts e adaptada por Bernd Isert é expandida neste livro. Ela nos ensina que a partir desses sete níveis podemos ter suporte para o desenvolvimento do indivíduo em nível global, desde seu ambiente externo (mais superficial) até sua consciência universal (complexo e profundo).

O Coaching, assim como qualquer processo voltado ao desenvolvimento humano, se beneficia muito do Processo Evolutivo adaptado dos Níveis Neurológicos. A partir dele, podemos enquadrar as demandas do indivíduo em determinado nível e desenvolvê-las.

Como podemos perceber, a elevação nos Níveis Neurológicos é a exata escalada evolutiva humana, que parte de reações mais superficiais, passando por etapas mais interiorizadas em nível individual, chegando até os níveis sistêmicos.

O Coaching, e qualquer outra abordagem de desenvolvimento humano, como a própria educação escolar, pode se beneficiar muito dos Níveis Neurológicos como ferramenta e lente para enxergar a escalada evolutiva do aprendizado humano. Com relação ao processo de Coaching pode ser Remediativo, Generativo ou Evolutivo, dependendo do nível em que o coach atuará no processo do cliente.

Um dos grandes aprendizados dos Níveis Neurológicos é que, quando as mudanças ocorrem nos três primeiros níveis (Ambiente, Comportamento e Habilidades/Capacidades), elas não têm efeito substancial nos níveis superiores. Uma mudança no nível do Ambiente, por exemplo, oferece uma solução Remediativa, no entanto não provoca mudança interior no indivíduo, ou seja, não o prepara para as novas situações que seu ciclo de existência certamente voltará a vivenciar.

Por outro lado, mudanças em níveis mais altos, como o da Identidade e o da Espiritualidade, podem trazer transformações em todos os outros níveis, porque o indivíduo com uma nova visão de si mesmo e do Universo ressignifica ambientes, muda comportamentos e naturalmente está mais propenso e determinado a desenvolver novas habilidades e estratégias.

## Níveis neurológicos de aprendizagem e mudanças

### Primeiro nível: Contexto inicial | Superficialidade

O primeiro nível da Pirâmide do Processo Evolutivo refere-se ao ambiente externo e às informações iniciais. Podemos dizer que é um nível introdutório, as primeiras informações dentro de um contexto ou um diálogo, o que parece ser a causa, o motivo, mas talvez não seja. Por isso, chamo de Superficialidade, pois é o nível primário de crescimento humano. Tudo acontece dentro de um ambiente, seja ele visto como espaço geográfico ou como instituição, campo ideológico.

Também podemos dizer, basicamente, que o nível do Ambiente refere-se ao ambiente externo, o local de trabalho ou de convivência do indivíduo, que inexoravelmente o influencia e é influenciado por ele, pois ninguém pode dizer que está imune às influências externas. Em maior ou menor grau, dependendo de seu nível evolutivo, a relação passiva/ativa do indivíduo com o ambiente varia consideravelmente.

Onde? Quando? Qual o melhor lugar para estar em determinada situação? Nesse nível, trabalhamos com as oportunidades que o ambiente pode nos oferecer, utilizando-as em nosso benefício.

O papel do Leader Coach é o de atuar como guia do liderado, e o tipo de liderança que se adapta é a exercida pelo gerenciamento por exceção de forma ativa, que é o acompanhamento do desempenho de seus liderados, realizando interferências e correções em caso de desvios de normas e comportamentos. Há também o gerenciamento por exceção de forma passiva, em que o líder só interfere na situação quando esta já se tornou séria e problemática.

### Segundo nível: Conduta pessoal e profissional | Comportamento

Como me comporto diante das coisas que acontecem comigo? Essa é a pergunta-chave para compreendermos o segundo nível da pirâmide, o nível da Conduta Pessoal e Profissional. Ele é composto pelas ações que buscam esclarecer quem somos nós. Pode ser considerado o nível mais superficial da comunicação.

Esse nível aborda não somente ações efetivas, mas também as ações potenciais efetivadas no pensamento. Ele se preocupará, dessa forma, com o modo como o indivíduo se comporta, ou seja, suas ações e reações específicas a determinadas situações.

O que fazer? Como eu me comporto? Qual a melhor ação ou reação em determinada situação? Nesse nível, trabalhamos as ações e reações do indivíduo para conjunturas em que ele necessita de mudança, ou para o alcance de algum objetivo específico.

Nesse caso, o Leader Coach atua como um treinador, exercendo a liderança por meio do estímulo por recompensa, oferecendo aos seus colaboradores alguns recursos que os auxiliarão ao longo do processo. Em contrapartida, ele passa a exigir a modificação de alguns comportamentos e melhoria na performance de seus liderados.

**Terceiro nível: Conhecimentos | Direção estratégica**

O terceiro nível é o dos Conhecimentos, que, por sua vez, geram nossas capacidades, habilidades e todo o nosso potencial de transformação. Os conhecimentos e as habilidades transcendem a conduta pessoal porque nos ajudam a lidar com nossas ações no mundo. Esse é o nível das estratégias, das ferramentas, que nos dá o norte para seguirmos no caminho da evolução. Trabalhar o terceiro nível envolve termos trabalhado, ao menos em parte, os dois níveis anteriores.

Refere-se à própria competência do indivíduo, que está relacionada à aplicabilidade de seus conhecimentos e às suas estratégias mentais, que direcionarão suas ações. Também se conecta ao que devemos saber e a como vamos fazer determinada atividade, ou seja, a Direção estratégica para realizar nossas metas.

Como fazer? Quais habilidades e competências eu tenho? As competências dizem respeito a como o indivíduo aplica o conhecimento nas mais diversas situações. Outro fator relacionado a isso é pensar como nos conectamos às estratégias mentais do indivíduo.

Assim, o Leader Coach atua como um consultor ou professor, realizando um tipo de liderança focada no estímulo intelectual, incentivando seus colaboradores a buscarem cada vez mais conhecimento por meio de leituras, cursos e afins, para que se desenvolvam e passem a encarar os momentos de adversidade de uma forma diferente da que estão acostumados, a partir de uma nova perspectiva. O intuito é estimular a criatividade, a inovação e a intuição para focar nas soluções e não nos problemas.

**Quarto nível: Crenças e sonhos | Valores**

Uma crença é maior do que qualquer conhecimento do mundo. Não há conhecimento que seja suficiente para demover um ser humano das coisas nas quais ele acredita. Se o conhecimento não esbarra em nenhuma crença que o contradiga, ele funciona; caso contrário, ele é repelido de nosso plano cognitivo. A boa notícia é que as crenças podem ser trabalhadas, tanto aquelas que nos limitam quanto aquelas que nos permitem evoluir – as que já temos e as que precisamos criar.

Esse nível se relaciona com o porquê das ações e dos pensamentos das pessoas. Os indivíduos fazem as coisas de determinada maneira porque acreditam em alguns princípios; e suas crenças são balizadas por seus valores. Especificamente, as crenças, como o próprio nome já diz, são verdades em que acreditamos e que guiam nossa vida e atitudes. Crenças são nossas verdades individuais. Já os valores são as coisas a que dispensamos certa importância e que, desse modo, balizam e orientam nossas atitudes. Por causa dos valores, agimos de uma ou de outra forma. Crenças e valores estão interconectados.

"Em que eu acredito? O que é importante para mim? Por que ajo assim em determinada situação?" O indivíduo permite ao Leader Coach ir além e desvelar suas crenças pessoais. Essa permissão pode pôr o cliente em uma condição de desafio ao reconhecer verdades limitantes que permeiam sua vida. Pertencem a esse nível os motivadores do indivíduo, ou seja, seus valores. Reconhecê-los permitirá desenvolver sua jornada com mais consciência e lucidez, o que é bom e desejável.

O papel do Leader Coach é o de atuar como mentor de seu liderado, adotando o modelo inspiracional de liderança, no qual ele vai mostrar novas perspectivas que se apresentam com o processo de Coaching, motivando todos a alcançar os objetivos propostos. Com isso, ele vai também se mostrar comprometido com os resultados que cada um, individualmente, quer atingir, o que vai inspirar as pessoas ainda mais a contribuir com tudo e com todos.

**Quinto nível: Meus papéis no mundo | Senso de significado do eu**

Sabendo de minhas crenças, de meus valores, habilidades e conhecimentos, o que tenho a dizer sobre mim? O quinto nível do processo evolutivo é o nível de nossos Papéis no mundo, de nossas práticas, do modo como nos posicionamos na sociedade, que, por conseguinte, forma nossa identidade, o nível do Senso de significado do eu. Ele é decorrente das crenças, sonhos e cultura do indivíduo. São as crenças e os valores essenciais que definem você e sua missão de vida. Essas e outras esferas de influência imprimem no indivíduo sua identidade. Esta, por meio de nossos papéis, relaciona-se com a missão do indivíduo e seu senso de si mesmo.

O nível da Identidade é o nível do "eu". Ele é decorrente das crenças, valores e cultura do indivíduo. Essas e outras esferas de influência determinam sua identidade. A identidade relaciona-se, assim, com a missão do indivíduo e seu senso de significado de si mesmo.

"Quem eu sou? Qual o motivo de minha existência? Qual a minha missão na vida? O quanto eu sou importante e único? Que valor tem minha própria história?" O processo de identidade é o primeiro passo para o relacionamento com o outro. A distância que você tem de algo maior é igual à distância que você tem das outras pessoas ou de si mesmo.

O papel do Leader Coach, nesse sentido, é o de atuar como um tipo de patrocinador e apoiador, sempre com foco no positivo. Ou seja, ele incentiva e ressignifica os contextos ruins, passando uma mensagem de aprendizagem à sua equipe, transformando o que parecia ser ruim em algo significativo e positivo. É um ressignificador. O tipo de liderança que melhor se adapta a esse nível é a consideração individualizada, que oferece todos os caminhos possíveis e ações que se adéquem à identidade, aos desejos e anseios de seu colaborador.

**Sexto nível: Pertencimento | Visão sistêmica**

O nível de Afiliação está relacionado com as seguintes indagações: "Com quem compartilho meus sucessos, intimidades, pontos de melhoria e sonhos? Com quantas pessoas eu me relaciono nas diferentes áreas da minha vida? O quanto eu pertenço aos lugares de que faço parte? Que nível de pertencimento eu me permito viver?". Está ligado também ao nosso nível de Pertencimento aos diferentes locais de que fazemos parte. Tem relação com o "eu dentro do grupo".

Outra boa definição é a aglutinação: o quanto pertenço às diferentes hierarquias e pessoas da minha vida. Nosso sistema de afiliação nos dá a sensação de pertencimento ao Universo.

Esse é o nível da Afiliação. É a conexão do indivíduo com os grupos aos quais pertence. Podemos falar do relacionamento interpessoal desenvolvido por uma pessoa em diversos âmbitos, como família, trabalho, igreja, amigos etc.

Qual o meu papel na minha equipe? O quanto eu sou importante em determinado grupo? A que grupos pertenço? A partir de uma identidade sólida e consciente, o indivíduo pode ter uma afiliação mais saudável com os outros, com grupos específicos, em que é importante tanto o senso do "eu" quanto o pensar coletivo.

O fato é que nós não nascemos para viver isolados. Como seres gregários, temos uma necessidade natural, biológica até, de nos relacionarmos com os demais. E nossa inserção nos diversos meios dos quais fazemos parte deve ser a mais harmoniosa possível, suavizando os conflitos e aparando as arestas, que obviamente existirão em qualquer contexto.

Um olhar de Leader Coach pode ser decisivo para que os membros mais desgarrados de um grupo sejam verdadeiramente integrados e se sintam parte da equipe. Em ambientes organizacionais, o sentimento de rejeição ou de não pertencimento a um time tende a ser o mais nocivo. Sem que a sociabilidade que todos temos seja adequadamente desenvolvida, só restam dois caminhos: a perda de interesse e a tentativa de nos fecharmos cada vez mais. No mundo do trabalho, os dois casos se traduzem em desrespeito a hierarquias, dificuldade de assimilar e partilhar interesses coletivos e queda de produtividade.

Para afastar esses fantasmas, investindo no caminho da Visão sistêmica, o Leader Coach tem a seu favor a possibilidade de identificar e reforçar os papéis de cada um de seus liderados, a fim de incutir neles a impressão correta de que estão todos a bordo do mesmo barco e de que em razão disso o sucesso individual transforma-se em benefícios coletivos.

Diante desse cenário, o Leader Coach atuará como um aglutinador, adotando o perfil de liderança colaborativa, convidando o indivíduo a pertencer a diferentes contextos e a desempenhar diferentes papéis em sua vida.

**Sétimo nível: Espiritualidade | Legado**

Inserido na pirâmide por Dilts, o sétimo nível foi chamado por ele de nível da Espiritualidade. No entendimento do autor, o estágio último é aquele em que nos encontramos com nossa parte divina. A parte em que unimos nossa consciência à nossa parte etérea, nossa centelha divina. Resolvi chamar esse nível de Legado, porque, para mim, o legado transcende a espiritualidade do indivíduo. É o que vai ficar de cada um de nós depois de nossa passagem nesta dimensão física e atemporal.

Esse nível relaciona-se com o sistema universal do qual o indivíduo faz parte. Nele podemos destacar a ética, a religião e a espiritualidade. Refere-se ao senso de significado e de propósito de vida.

"Qual a minha contribuição na sociedade em que vivo? Qual a minha relação com o Universo que me cerca?" Nesse ponto, o indivíduo se torna capaz de pensar como humanidade, como ser integrante do Universo. É o nível da responsabilidade social, da ética e da conexão com algo maior que envolve a todos.

Pensar no legado amplia significativamente nosso horizonte. Uma vez acionado esse botão, é como se nos desprendêssemos de coisas menores que roubam nossa energia e nos distanciam do que verdadeiramente importa. A dimensão do legado tem, além do mais, essa capacidade de motivar a fim de deixar uma obra realizada, um trabalho de relevância ou uma contribuição de impacto.

Até mesmo a pequenez do indivíduo diante da imensidão do Universo acaba sendo contestada quando se pensa no significado do sétimo nível, o legado. Isso porque realizações de peso que deixamos como legado extravasam os limites de nossa existência e deixam marcas muitas vezes indeléveis.

Um Leader Coach se especializa nisso, em uma liderança que sabe chamar a atenção dos demais para os propósitos mais longínquos e duradouros de cada trabalho ou tarefa, incentivando seus colegas, amigos ou subordinados a atentarem aos detalhes, a aprimorarem o resultado final, a darem o melhor, enfim, para que um ato seja diferenciado, no fim das contas, como contribuição e legado.

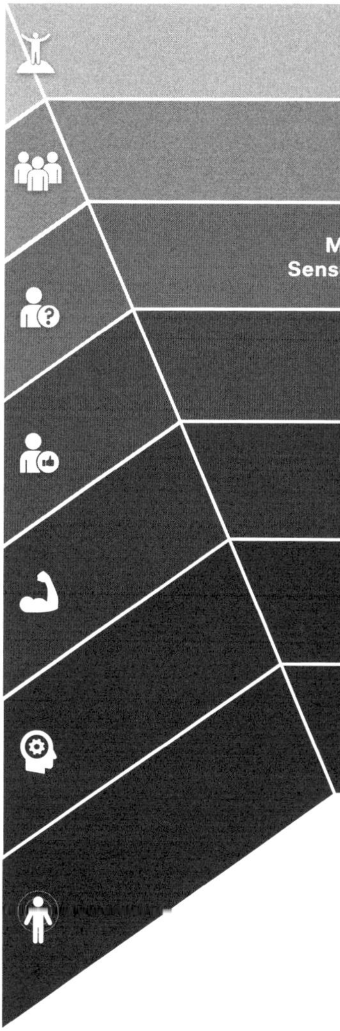

| | PAPEL DO COACH | TIPO DE LIDERANÇA |
|---|---|---|
| **Legado Propósito** | Self-Empowerment | Carismática e visionária |
| **Pertencimento Visão sistêmica** | Aglutinador | Colaborativa |
| **Meus papéis no mundo Senso de significado do eu** | Patrocinador | Consideração individualizada |
| **Crenças e sonhos Valores** | Mentor | Inspiracional |
| **Conhecimentos Direção estratégica** | Consultor Professor | Estímulo intelectual |
| **Conduta pessoal e profissional** | Treinador | Estímulo por recompensa |
| **Contexto inicial Superficialidade** | Guia | Gerenciamento por exceção |

O papel do Leader Coach é atuar como um Self-Empowerment, no sentido abrangente da palavra. Seu tipo de liderança é carismático e visionário, capaz de influenciar as pessoas positivamente, devido à postura de companheirismo que ele adota e demonstra a seus liderados, deixando-os confiantes em si mesmos e principalmente em seu líder.

A consciência dos Níveis Neurológicos de Aprendizagem e Mudanças serve como um valioso instrumento para a evolução do indivíduo. Como gosto de frisar, é só a partir do autoconhecimento, elemento basilar do Coaching, que somos capazes de promover o aperfeiçoamento de nosso "Ser". Em outras palavras, eu lhe asseguro que conhecer a si mesmo é um pressuposto fundamental para todos os que buscam avançar para o topo – o que com certeza é seu caso.

Conhecer todos os sete níveis possibilita, então, maior facilidade de mudança em vários planos do *self*. A transformação pode ocorrer tanto no âmbito conceitual quanto em aspectos práticos. Leve em conta respostas mentais que você dá às perguntas-chave exemplificadas em cada categoria para, assim, analisar (e, se for o caso, modificar) seu conteúdo cognitivo e suas ações.

Perceba em seus colaboradores e principalmente em você mesmo, líder, quais pontos devem ser aprimorados. Essa percepção é uma habilidade importante para o gerenciamento das relações com/entre subordinados. Ter esse discernimento também permite ao gestor identificar o que há de melhor nas pessoas e em si mesmo, ou seja, o que é passível de valorização e incentivo.

Já que é conveniente a um bom Leader Coach conhecer o mais profundamente possível seu círculo social, estar ciente de como travar esse conhecimento é necessário. Condutas, sonhos, direções, valores, propósitos, enfim, todos os elementos referentes aos sete níveis podem ser apreendidos a partir de conversas e atitudes dos demais. É responsabilidade do líder saber fazer essa inferência a partir do que foi ouvido/visto. Estudando as diferentes categorias da pirâmide, sua acuidade analítica será potencializada nesse sentido.

Para facilitar essa identificação, cito a seguir exemplos de frases que indicam um senso de equilíbrio em cada nível, em um contexto corporativo: "Este ambiente é propício para desenvolver nossa função" (nível 1, Ambiente); "Trabalhar em equipe me agrada e já se tornou um hábito para mim" (nível 2, Conduta); "Sei fazer o que você está me pedindo" (nível 3, Conhecimentos); "Acredito que posso aprender isso rapidamente" (nível 4, Crenças); "Sou muito esforçado(a)" (nível 5, Identidade); "O time do qual faço parte é de alto nível" (nível 6, Pertencimento); "Considero os frutos do meu trabalho uma bênção" (nível 7, Espiritualidade/Legado).

O objetivo final pretendido com a teoria do Processo Evolutivo é a conquista da integralidade. Tanto o ser humano quanto o Universo são multifacetados, então a completude pode se dar em vários níveis. Por exemplo: conciliar todas as esferas do "Ser" (sintetizadas nos Níveis Neurológicos), aproximar o máximo possível suas palavras de seus atos, equilibrar o *Self* 1 e o *Self* 2 (consciente e inconsciente), tudo isso gera harmonia e impulsiona a integração do "Ser" com o Universo, isto é, um estado uníssono entre ambos.

# 2

# LIDERANÇA

A liderança é a atividade de influenciar pessoas fazendo-as se empenhar voluntariamente em objetivos de grupo.
**GEORGE TERRY**

O conceito de liderança vem há muito sendo trabalhado e explorado, principalmente no ambiente profissional, porém não é só nas empresas que essa habilidade pode ser desenvolvida e realizada com maestria. Em casa, na igreja, nas comunidades onde vivemos e até mesmo no meio animal, o processo de conduzir um grupo, transformando-o em elementos que geram resultados, pode trazer grandes benefícios para a convivência em equipe e para o crescimento de cada um de seus membros.

A liderança é uma habilidade que gera motivação e influencia os liderados de forma ética e positiva, a fim de que contribuam com entusiasmo para o alcance dos objetivos da equipe e da comunidade da qual fazem parte.

Percebe-se, então, que o papel do líder é vital quando há metas a serem atingidas, e é necessário desenvolver estratégias para chegar ao resultado final com sucesso. Indivíduos com essa habilidade latente têm características que os diferenciam das demais pessoas, exatamente por saberem conduzir e, principalmente, motivar os liderados a colocar em prática os objetivos que foram propostos.

Sendo assim, é importante enfatizar que liderança e motivação devem sempre andar juntas durante o processo, pois é por meio dessa ferramenta que o líder conseguirá levar seus liderados a concluir seus objetivos de maneira satisfatória para ele, para o ambiente e para os membros do grupo. Esses são os elementos mais importantes que envolvem a liderança.

Cada pessoa tem características únicas que a distinguem das outras, pois são advindas de sua personalidade, que por sua vez é formada por fatores que a rodeiam e a acompanham durante toda a vida. Seu repertório emocional, psicológico, cultural e social exerce extrema influência em seu comportamento e faz toda a diferença na execução de seu papel como líder.

É exatamente por esse motivo que existem vários tipos e estilos de liderança. Algumas pessoas são autoritárias, outras excessivamente liberais e outras não têm nem uma característica nem outra, posto que simplesmente não têm perfil para ocupar essa posição. Atualmente, o ideal é que o líder procure ter um pouco de cada estilo, para que possa se adequar às diferentes situações que surgirão no decorrer de sua liderança.

O que não é mais aceitável dentro de um ambiente, seja ele corporativo ou não, são líderes com características extremamente autoritárias, aqueles para os quais a lei que se aplica é a do "manda quem pode, obedece quem tem juízo", exatamente porque não estamos mais em tempos de ditaduras.

Ao contrário disso, a democracia sempre foi almejada e continua sendo. Tendo em vista essa realidade, totalmente modificada, é preciso buscar as necessidades de cada membro do grupo, procurar atendê-las, dar voz a cada um dos membros para que possam contribuir com suas opiniões e respeitá-las da melhor maneira possível.

O tempo em que o colaborador era tratado apenas como um número a mais, quando deveria cumprir todas as ordens sem questionar, não existe mais. Hoje ele almeja ser tratado como o ser humano que é, e ser considerado um elemento fundamental para o desenvolvimento da empresa, ou de qualquer organismo do qual faça parte.

No contexto organizacional, o líder se diferencia do chefe, que é aquela pessoa encarregada de uma tarefa ou atividade e que, para tanto, comanda um grupo de pessoas, tendo autoridade para mandar e exigir obediência. Para os gestores atuais, são necessárias não só as competências do chefe, mas principalmente as do líder, sendo as do líder mais valorizadas tanto pelas empresas como pelos funcionários.

A liderança é um tema importante para quem deseja assumir cargos de gestão, devido ao papel fundamental que os gestores exercem no desenvolvimento de uma equipe e da organização. Podemos considerá-los responsáveis pelo sucesso ou fracasso de determinada empresa, pois liderar não é uma tarefa simples. Pelo contrário, exige paciência, disciplina, humildade, respeito e compromisso, já que a organização é um ser vivo formado de colaboradores dos mais diferentes tipos.

A liderança, de uma forma bem clara, pode ser entendida como a gestão eficaz e eficiente das pessoas de uma equipe para que elas atinjam os objetivos propostos pela organização. É importante também que os objetivos do grupo estejam alinhados com os da empresa, assim será mais fácil chegar ao resultado desejado de forma rápida e eficiente.

Os desafios encontrados no ambiente corporativo são inúmeros, já que ele se modifica constantemente. Por isso, as organizações estão valorizando cada vez mais os gerentes, gestores e diretores que tenham as habilidades de um líder. Qualquer pessoa que aspire a exercer uma dessas funções deve também se conscientizar da necessidade de praticar e desenvolver as ferramentas que a liderança oferece para que se possa ter um melhor desempenho.

## LIDERANÇA E HISTÓRIA

A partir do momento em que o homem viu a necessidade de viver em grupo, começou-se a observar alguns indícios de liderança. Era preciso organizar os membros das sociedades nascedouras para que cada um desempenhasse suas funções de forma a beneficiar todas as pessoas envolvidas no processo. Assim como ocorre atualmente, viu-se a importância de pensar no todo e de acompanhar as mudanças que aconteciam cada vez mais rápido.

O processo de transformação e evolução, ao longo da história, ocorre de forma contínua, sempre movido pelas mãos dos homens. Isso acontece desde que o ser humano aprimorou suas competências e conhecimentos, imprescindíveis para modificar e trabalhar no meio em que vive. À medida que suas necessidades iam surgindo, o homem se via a todo momento instigado a criar mecanismos para supri-las. Assim, a invenção de roupas, ferramentas de trabalho, as formas de se expressar fisicamente e por meio da linguagem são exemplos de como o homem teve de adequar-se rapidamente às mudanças impostas pelo mundo.

Nesse contexto, observou-se que era importante a presença de um indivíduo capaz de valorizar as competências das pessoas, motivando-as e inspirando-as, para que assim elas pudessem se desenvolver, com o intuito de chegar a um objetivo que seria um bem comum a todos. É basicamente isso que um líder faz. Porém, há diversos tipos de liderança, que se dividem entre o comando pela autoridade e o comando pela motivação. O que predominava na Antiguidade, por exemplo, era o poder autoritário.

Se pensarmos na história das civilizações, veremos que algumas religiões e reinados obtinham o poder de comando de várias nações. Imperadores se diziam escolhidos por Deus para estar ali, o que legitimava sua autoridade e permitia que agissem conforme suas vontades, sem poderem ser questionados por isso. No entanto, ao longo desse caminho, o processo mudou e as sociedades passaram a não aceitar passivamente as imposições feitas por essas lideranças.

O que se viu foram novos tipos de líderes surgindo e mobilizando pessoas a lutar por igualdade e por direitos civis. Com isso, as pessoas passaram a se sentir confiantes e a participar ativamente do processo, continuamente motivadas pelo desejo de mudança dessa realidade.

Para que de fato essas transformações ocorressem, era preciso que houvesse um líder capaz de estar presente em todos os momentos, reunindo massas, motivando-as, organizando cada um de seus membros e conduzindo-os rumo à realização de grandes feitos que mudariam a história recente do mundo.

Um exemplo é o pastor Martin Luther King Jr., que lutou pelos direitos civis dos americanos negros, que, nas décadas de 1950 e 1960, eram segregados nos Estados Unidos. Esse líder tinha o poder de influenciar as pessoas por meio de suas palavras. Em seu discurso mais famoso, "Eu tenho um sonho" (*I have a dream*), realizado em frente ao Memorial Lincoln, em Washington, ele declarou que seu maior sonho era que tanto negros quanto brancos se dessem as mãos e que não houvesse mais desigualdade entre raças, e que todos tivessem liberdade para ir e vir sem que sofressem nenhuma violência por isso. Na ocasião, ele reuniu nada menos que 250 mil pessoas que, partilhando desse mesmo sonho, caminharam juntas na Marcha pelo Trabalho e pela Liberdade, em 1963.

Luther King pregava a não violência. Acreditava que somente por meio da mobilização social seria possível alcançar os objetivos que estava propondo à nação americana. Não se tratava de uma luta armada, em que muitos tinham de morrer para que algo fosse provado, mas sim de uma movimentação em defesa da igualdade racial entre negros e brancos.

Sua liderança era carismática, pois ele tinha a capacidade de conduzir multidões, inspirando-lhes confiança e segurança, e as fazendo crer que era importante lutar incessantemente até conseguir alcançar os objetivos desejados.

De lá pra cá, muitas mudanças ocorreram. Os Estados Unidos elegeram, em 2009, seu primeiro presidente negro, Barack Obama.

Outro bom exemplo de liderança é Nelson Mandela, advogado e ex-líder rebelde, presidente da África do Sul entre 1994 e 1999. Considerado o mais importante líder desse país, ganhou o Prêmio Nobel da Paz de 1993 por sua luta contra o *apartheid*, sistema racista oficializado em 1948.

Devido ao seu engajamento – como advogado, antes da presidência – em defesa do povo sul-africano, composto em sua maioria por pessoas negras, Nelson Mandela foi considerado terrorista pelo governo. Por causa disso, ele ficou preso durante 27 anos (1962 a 1990).

O poder de sua liderança está na mobilização que ele conseguiu fazer. Mesmo estando preso, levou a população da África do Sul, bem como pessoas de outros países, a lutar por sua causa e por sua libertação.

Mandela é uma grande influência em todo o mundo, pois se mostrou verdadeiramente preocupado com o povo de seu país e com seu modo de vida. Fez essas mesmas pessoas acreditarem que ele poderia ser a mudança de que todos estavam precisando naquele momento e, por isso, é uma grande referência.

Esses são exemplos de líderes que em muitos aspectos são diferentes, no entanto têm características em comum, como a habilidade de influenciar as pessoas, principalmente por meio da comunicação, e de fazê-las crer que são importantes na concretização de determinada meta, de determinado sonho. Luther King e Mandela tiveram o poder de projetar suas ideias, levá-las adiante e fazer delas um referencial a ser seguido pelos demais.

Contudo, é essencial que os seguidores de líderes como esses, bem como eles mesmos, tenham em mente que não são heróis, mas seres humanos normais, com pontos de melhoria como qualquer pessoa. Caso contrário, todos sempre terão a ilusão de que líderes não podem errar, pois são perfeitos, e o erro trará consigo a decepção.

Para evitar sofrimento para liderados, e principalmente para líderes, é preciso pensar que a liderança é um serviço às outras pessoas, e que é possível que o reconhecimento por essa doação não venha imediatamente. É imprescindível não se deixar abater ou vencer por tais obstáculos, pois eles fazem parte da rotina de um líder. O importante é estar preparado e agregar à liderança conhecimentos e habilidades técnicas, emocionais e comportamentais para superá-los.

É preciso plantar sementes boas, com a consciência de que você está deixando um legado. As pessoas ao seu redor, independentemente de serem seus liderados, irão colher bons frutos e disseminarão seus ensinamentos. Pensando dessa maneira, você estará otimizando seu sucesso quando a responsabilidade da liderança lhe for conferida.

Quanto ao ambiente organizacional, a liderança começou a ser observada com o surgimento do capitalismo, em meio à Revolução Industrial. Era extremamente necessário que essa figura fosse fortalecida, já que se tratava de um ambiente bastante novo e desafiador, o embrião da formação dos "profissionais" que conhecemos hoje, havendo uma necessidade latente de alguém que orientasse e guiasse os trabalhadores dessa época.

Assim, as empresas começaram a se organizar em hierarquias, surgindo então cargos mais especializados, tudo isso orquestrado por um gerente. Este, a essa altura, era responsável por comandar setores e funcionários com o intuito de que trouxessem os resultados esperados pela empresa.

No decorrer do tempo, a função do gerente sofreu inúmeras modificações, pois era preciso se adequar, principalmente, ao regime político de cada período histórico. Durante muito tempo predominou no ambiente corporativo o comando de um gestor extremamente autoritário, comando que sofreu influências do regime militar, com suas formas hierarquizadas de organização.

Percebe-se então que a liderança foi, e ainda é, estimulada tanto por fatos ocorridos ao longo da história como por habilidades do indivíduo, que são inatas e essenciais para gerar desenvolvimento e motivação em seus liderados. Porém, nada impede uma pessoa de desenvolver habilidades e conhecimentos necessários para ser um líder extraordinário.

Muitas mudanças ocorreram e ainda ocorrem. Hoje, dadas as mudanças no perfil de liderança, é imprescindível que uma empresa se preocupe primeiramente com seus colaboradores, com seu bem-estar, com a qualidade de vida no trabalho e suas necessidades. Isso fará com que os profissionais se sintam satisfeitos ao desempenhar suas funções, sejam reconhecidos e possam cumprir com efetividade aquilo que é esperado pela organização.

Exercer a liderança, seja em que ambiente for, exige muito de quem se propõe a realizar essa missão, porém o reconhecimento por desempenhar um trabalho baseado nos princípios desse conceito é extremamente recompensador. Com o tempo, a pessoa logo terá consciência de que liderar é muito mais prazeroso do que a mera sensação de impor sua autoridade.

## O IMPACTO DAS DIFERENTES GERAÇÕES NA LIDERANÇA

Entender a qual geração seus liderados pertencem pode ser muito positivo para desenvolver junto a eles estratégias adequadas ao perfil de cada um, fornecendo o apoio necessário no decorrer do processo. Os profissionais de cada uma das gerações têm diferenças significativas entre si, e o mercado começa a definir em quais funções cada um deles se dá melhor, permitindo que as empresas tirem proveito da diversidade de experiências e atitudes. As gerações são: Baby Boomer, X, Y, Z, Canguru e Google.

## Geração Baby Boomer

São os nascidos depois da Segunda Guerra Mundial, entre 1946 e 1964. Também chamados de "Geração Eu", os contemporâneos desse período costumam utilizar a famosa frase "Não confie em ninguém com mais de 30 anos", por serem bastante céticos devido aos fatos políticos e bélicos que ocorreram nessa fase. Trata-se de uma geração que pretende permanecer ativa.

A geração Baby Boomer foi a responsável pela criação do termo *workaholic*, que, embora esteja associado a um vício, não tem conotação negativa na economia. É um profissional que encara o trabalho como prioridade número um na vida e que mostra uma grande lealdade às empresas em que trabalha. O Baby Boomer não vê problemas em trabalhar anos no mesmo local e tem muita preocupação em seguir a chamada ética corporativa, embora este seja um conceito bastante abstrato nos dias de hoje.

Sua maior vantagem é mesmo a larga experiência no mercado, pois é um profissional que enfrentou todas as crises que aconteceram depois da Segunda Guerra Mundial. Com isso, tem facilidade para projetar cenários e planejar retomadas.

De negativo, há sua resistência às mudanças. Os Baby Boomers normalmente torcem o nariz para jovens que chegam ao local de trabalho com fones de ouvido, trajando jeans e camiseta, e sentem muita dificuldade em realizar mais de uma tarefa ao mesmo tempo. Não conseguem, por exemplo, gerenciar a própria agenda e cuidar dos negócios.

Por sua grande experiência, são os profissionais que ocupam os postos de maior responsabilidade na empresa, nos quais as decisões finais são tomadas. A geração tem também um perfil excelente para analisar e implantar processos consolidados, pois sabe como eles funcionam mais do que ninguém.

## Geração X

Nasceram a partir de 1965, filhos de mães que trabalhavam fora ou de pais divorciados, e são fãs de histórias em quadrinhos. Geralmente, mostram-se céticos em relação a quase tudo e preferem acordos informais, sendo menos leais à empresa do que seus antecessores.

Esses indivíduos não acreditam em hierarquia nas organizações, adoram o trabalho em equipe, gostam muito de dinheiro e não veem mistério nos computadores. A maioria nasceu depois da chegada do homem à Lua (1969) e foi testemunha do surgimento do videocassete, dos CDs e do computador pessoal.

A geração X não cresceu em meio a um ambiente estimulante, mas boa parte dela acaba conseguindo tirar proveito das coisas novas, ainda que não seja com grande eficiência. O processo de aprendizado, no entanto, é um pouco lento. Os profissionais sentem muita falta de orientação e treinamento formal para as coisas novas.

No comportamental, a geração X tem um bom equilíbrio entre família e trabalho, mas cuida desses dois elementos separadamente. Dessa maneira, precisa equilibrar seu tempo na empresa para que o trabalho não atrapalhe sua vida e não seja desmotivado. No cotidiano, tem um pouco de receio de compartilhar suas ideias e experiências, temendo perder créditos por seu trabalho, e não se sente na obrigação de realizar esse tipo de troca. Tem tendência a não querer sofrer interferência em seu trabalho, gosta de trabalhar menos, deseja passar mais tempo junto da família, tem perfil cético e individualista e aprecia a informalidade.

Apesar de haver algumas desvantagens no confronto com a geração Y, esse profissional tem a grande vantagem de ter atravessado crises e de contar com um conhecimento amplo de tecnologia. Ele já era adulto quando a revolução da microinformática chegou ao Brasil, por exemplo, e com isso consegue ter uma visão de mercado bastante ampla.

A geração X é muito bem aproveitada na implantação e supervisão de projetos já testados, pois possui uma grande habilidade de aprender com as velhas experiências. É uma geração cada vez mais requisitada em um mercado no qual as empresas buscam garantir estabilidade para retomar o crescimento após o arrefecimento da crise.

## Geração Y

É formada por pessoas nascidas a partir de 1978 até o fim dos anos 1980 e meados dos 1990. Compartilha o mercado com os Baby Boomers e a geração X, trazendo respostas rápidas, utilizando recursos de informática com excelência e sendo capaz de criar soluções inovadoras.

Foi a primeira geração a conviver desde a vida escolar com a tecnologia da informação. Primeiro foram os videogames e os computadores domésticos, depois a internet e a velocidade com que circulam informações. Hoje os adultos dessa geração são muito disciplinados na busca de uma boa formação, principalmente em disciplinas relacionadas à estratégia e à inovação, e têm mais agilidade para encontrar as informações de que necessitam. É uma geração mais individualista e autônoma, que faz questão de deixar sua opinião em destaque e não abre mão de gerenciar sua vida pessoal simultaneamente à profissional. No dia a dia do trabalho, não tem medo de trocar informações, compartilhar experiências, e tem uma grande capacidade de inovação.

Os nascidos na geração Y têm muita habilidade no uso da tecnologia, são pragmáticos e irreverentes, desejam ter o controle econômico de sua vida e buscam o equilíbrio entre a vida profissional e pessoal.

Entre os pontos de melhoria estão a ansiedade, o imediatismo e o fato de não saberem exatamente como lidar com um momento de crise ou uma bolha de mercado. Outro ponto que as companhias costumam destacar como negativo é a insatisfação que toma conta do profissional caso ele não receba uma promoção depois do primeiro ano de empresa.

A geração Y costuma ter a preferência das empresas em tipos de projetos em que é necessário reestruturar e reorganizar novas ideias. Seu perfil pode ser bastante aproveitado em consultorias voltadas à inovação e em ambientes que buscam o desenvolvimento de novas estratégias de mercado. As companhias que realizam terceirização de serviços se beneficiam desse perfil.

## Geração Z

Ao contrário do que possa parecer, a geração Z não é formada pelos filhos da geração Y; ela nasceu a partir da década de 1990. A letra Z indica uma geração de indivíduos preocupados cada vez mais com a conectividade virtual, de forma permanente. O termo "Z" vem de *zapear*, que quer dizer saltar rapidamente de um canal de televisão para outro. Tem como lema a seguinte frase: "Consumo, logo existo!". São pessoas que gostam de velocidade, querem informação a todo momento e têm a sensação de que tudo o que fazem não está completo, ou seja, não ficam satisfeitos facilmente.

Assim, se as gerações anteriores se conectavam com seu mundo através de um computador de mesa, a geração posterior passou a ficar constantemente disponível e conectada por meio de dispositivos móveis. A noção de grupo passa a ser virtual. Cada pessoa tem seu videogame, sua TV, seu celular e seu equipamento de som. Isso muda radicalmente a forma de comportamento e relacionamento social, já que até então essas formas de diversão, entretenimento ou comunicação eram coletivas.

No final do século 20, a televisão ocupava um lugar central na sala, reunindo a família e os amigos no que se chamava de "horário nobre", da mesma forma que no início do século passado o rádio e demais equipamentos de som ocupavam esse lugar. A geração Z dispõe de todos esses dispositivos em equipamentos portáteis, que não a prendem mais a lugar nenhum. A ideia da família unida em torno da televisão, como ironizado na abertura da série *Os Simpsons*, deixa de existir.

Normalmente se diz que os indivíduos da geração Z nasceram no final do século 20, entre 1990 e 2009. Mas os gerados no início do século 20, independentemente de outras denominações que possam receber, mantêm as características da geração Z (alguns estudiosos já estão chamando os nascidos a partir de 2010 de geração Alfa).

A geração Z será a grande consumidora de tecnologia nos próximos anos. Poucos fabricantes estavam atentos a isso. Enquanto todos festejavam a geração Y como os consumidores do futuro, é a geração Z que acabará consumindo os *gadgets* (dispositivos eletrônicos portáteis) mais badalados e inovadores. Mas como o mercado muda rapidamente, as grandes empresas já atentaram para o potencial consumidor da geração Z. Enquanto grande parte da geração Y procura empresas de tecnologia para fabricar sonhos inimagináveis anos atrás, os grandes consumidores dessa fornada são da geração Z.

## Geração Canguru

Os filhos estão saindo da casa dos pais cada vez mais tarde. Isso é positivo ou negativo? Seja como for, o adiamento está acontecendo no mundo todo, tanto que essa geração que envelhece sob o teto dos pais tem até nome: é a geração Canguru. Segundo dados do Instituto Brasileiro de Geografia e Estatística (IBGE), um em cada quatro jovens adultos brasileiros entre 25 e 34 anos ainda vive com os pais.

Mas como é viver na mesma casa com um filho já adulto, que passou dos 30, 40 anos? Qual é a motivação para postergar a saída? São indivíduos com idade entre 25 e 30 anos que vivem com os pais, compondo um nicho de consumidores com alto poder aquisitivo. Decepcionam-se rapidamente na faculdade, que exige mais foco em poucos assuntos, e não têm paciência.

São pessoas que não "cresceram" porque não se sentem preparadas para encarar a vida. Um traço marcante no filho Canguru é a indecisão referente ao curso que faz. Quando o tema é trabalho, o Canguru não consegue se fixar em emprego algum porque não tolera ser contrariado.

## Geração Google

Adolescentes nascidos a partir de 1993, depois da popularização do computador, e que têm sua capacidade supervalorizada, dão preferência por textos resumidos, e a busca por palavras-chave é uma norma geral. Costumam utilizar com frequência os comandos "Crtl+C" e "Ctrl+V".

Segundo Rowlands, geração Google é uma expressão popular referente aos jovens que cresceram em um mundo dominado pela internet. Essa nova geração é batizada como a geração "Copiar e

Colar" e é caracterizada como aquela que recorre constantemente aos meios tecnológicos para suprir suas necessidades de informação e de relacionamento. Apesar de manipularem com destreza as novas tecnologias, não dominam com competência as técnicas de pesquisa, seleção, tratamento e transformação da informação.

O ato de copiar e colar informações da internet é recorrente e natural. Algumas correntes acreditam que essa ação está reduzindo o intelecto dos estudantes a níveis mínimos de sobrevivência. O pior é que a maioria considera suficiente sua capacidade de pesquisar, avaliar e selecionar os resultados para responder às necessidades pessoais e escolares. Essa nova geração é composta quase exclusivamente pelos indivíduos que encontram no Google sua biblioteca e as respostas para todas as perguntas.

Tivemos a oportunidade de conhecer melhor as características das gerações existentes nas empresas atualmente. Dentro das organizações é possível observar que há profissionais de praticamente todas essas gerações interagindo e trabalhando juntos, dividindo o mesmo espaço, sejam eles gestores ou subordinados. O que, se for bem estruturado e aproveitado, pode agregar bastante valor a qualquer empresa.

Porém, caso não haja essa interação e as diferenças predominem, isso pode gerar problemas de convivência que acabam impedindo o funcionamento adequado de equipes e corporações. Nesse caso, será diante desse cenário que o Leader Coach atuará, aplicando diferentes ferramentas do processo de Coaching em grupo ou trabalhando diretamente com os profissionais de forma individual.

## TIPOS MAIS COMUNS DE LÍDERES

O ato de liderar adequadamente e de forma satisfatória ocorre, é claro, a partir do momento em que o líder está ciente do que se passa com seu grupo e realiza suas ações com base nisso. Por isso, é imprescindível que ele esteja presente do começo ao fim do processo, acompanhando tudo o que acontece com todos de modo geral e individualmente. Assim, as chances de conseguir influenciar e motivar as pessoas de maneira que elas foquem nos objetivos são muito maiores. Isso só é possível a partir do momento em que os liderados se mostram empenhados e comprometidos em pôr em prática tudo o que foi planejado, até que a meta seja alcançada.

Outros fatores que são importantes e que fortalecem a relação entre líder e liderado são o respeito e a confiança, posto que são as bases de qualquer relacionamento. Somado a isso, há também a habilidade que o gestor tem de se adequar às diferentes situações que irão aparecer e até mesmo surpreendê-lo. O jogo de cintura para lidar com o inesperado e com o indesejado fará toda a diferença na condução de sua liderança.

Essas são algumas das características que um líder deve ter. No entanto, sabemos que na realidade nem sempre isso acontece. São muitos os exemplos de líderes que agem totalmente ao contrário desse modelo. É por isso que a seguir mostraremos alguns estilos de liderança, para que possamos saber o que fazer e o que não fazer, o que dá e o que não dá certo, em que situações devemos tomar providências ou somente observar.

## Líder autoritário ou autocrático

Os estilos ou tipos de liderança são variados. Como exemplos, podemos citar o líder que é focado apenas na execução, no cumprimento das tarefas, das regras e normas regidas pela empresa. Esse modelo de liderança pode ser denominado autoritário ou autocrático, pois seu desempenho leva em consideração somente as opiniões do chefe, individualmente, sem ouvir o que os liderados têm a dizer. O gestor define o que será feito, como será feito e quem o fará, sem perguntar nada a ninguém. Esse tipo de atitude é ineficiente, pois tende a trazer insatisfação aos colaboradores, que, por consequência, não desenvolverão um trabalho a contento.

Outra consequência que esse modelo de liderança traz é a falta de mobilização por parte do liderado, pois como o líder sempre está à frente de tudo, tomando todas as decisões, o colaborador simplesmente não faz questão de participar, executa somente o que lhe mandam. O sentimento de insatisfação predomina e ele acaba se sentindo uma máquina de produção. Assim que termina um trabalho já lhe enviam outro, simplesmente para que ele o execute.

Esse tipo de gestor é comparado a um ditador, já que, estando ou não presente, sua figura denota cobrança e punição severa em caso de erros. O líder com esse perfil faz elogios, críticas e julgamentos de forma pessoal, desconsiderando os fatores profissionais que devem predominar nas relações de trabalho.

Esse tipo de liderança pode ser utilizado com funcionários novos, que ainda não foram treinados e desconhecem as tarefas que irão desempenhar, bem como as regras e normas da empresa. Ele também funciona com pessoas que precisam de acompanhamento constante e de uma grande quantidade de detalhes nas informações e ordens. É preciso usar esse perfil também quando o liderado tenta desafiar seu superior, desrespeitando-o e não cumprindo suas obrigações.

**Características:**

- Liderança com base no poder.
- Preocupa-se com processos.
- Acredita que os fins justificam os meios.
- Pouca habilidade para feedback/desenvolvimento dos liderados.
- Incapacidade de ouvir.
- Baixa competência para lidar com pessoas.

## Líder democrático

Aqui, as pessoas são estimuladas a colaborar, participar efetivamente das decisões, emitindo opiniões para que se possa chegar a um objetivo comum ao grupo.

Debatendo ideias e informações é possível ter mais alternativas a serem seguidas, tendo o líder o papel de orientar, aconselhar e conduzir a equipe ao longo do caminho. Assim como nas decisões, o grupo também participa da divisão das tarefas, escolhendo os parceiros com os quais irá trabalhar.

Mesmo que o funcionário desfrute de um grande espaço para desempenhar suas funções, é importante que ele tenha ciência de que o espaço é limitado, pois termina onde a autoridade do líder começa. Tendo em vista essa realidade, não é necessário que o líder esteja presente a todo momento, pois o liderado sabe o que deve fazer, bem como até onde pode ir.

O líder democrático sabe utilizar com maestria a ferramenta de feedback, e é por isso que ele se atém aos reais acontecimentos da empresa e da equipe, levando em consideração o desenvolvimento profissional de cada membro da equipe, focando sempre no futuro, para que haja melhorias constantes.

**Características:**

- Sabe qual é sua missão de vida e tem visão de futuro.
- Conhece a si mesmo.
- Conhece seus valores e os vivencia.
- Sabe da essencial diferença entre liderar e gerenciar.
- Implementa sua visão de futuro sem medo.
- Respeita a diversidade e sabe se relacionar.
- É um coach e tem o Coaching como filosofia de vida e estilo de liderança.
- Tem uma vida equilibrada.
- Tem integridade e humanidade.
- Tem ambição por deixar um legado positivo.

## Líder liberal

Outro tipo de líder que podemos citar é o liberal. Esse modelo é indicado para equipes bastante desenvolvidas e maduras, a ponto de desempenharem suas funções sem que haja a necessidade de supervisão ou condução constantes. Nesse caso, a interferência permanente do líder pode ser vista com maus olhos pelos liderados, que não se sentirão à vontade para desenvolver suas tarefas de maneira satisfatória.

O motivo disso é que, não havendo uma figura controladora presente a todo momento, as pessoas se sentem mais à vontade para trazer inovações e pôr em prática sua criatividade. Esse cenário gera um grande estímulo à participação e ao engajamento por parte do liderado durante todo o processo.

Isso não quer dizer que o líder deva se ausentar e se isentar de suas responsabilidades, pois de qualquer forma é necessário dar suporte e direcionamento, verificando se a equipe está tendo progresso ou não; caso não tenha, seu papel é alinhar o que cada um dos membros do grupo tem de melhor para alcançar os objetivos desejados. Do contrário, será considerado negligente e desinteressado pelo que acontece com a equipe, tendo como consequência erros que refletirão diretamente no resultado final.

**Características:**

- Exerce pequenas influências.
- Abordagem "deixa rolar".
- Procrastinador.
- Não traça planos/não aponta caminhos.
- Não se envolve no trabalho do grupo.

Esses são alguns dos exemplos mais típicos de liderança que existem hoje. Os tipos podem ser designados com outros nomes, porém se trata basicamente dos mesmos modelos. No entanto, é possível encontrar vários outros estilos que serão expostos no decorrer desta leitura.

É importante ter conhecimento sobre cada um deles, que uma hora ou outra lhe será útil, já que no mundo as mudanças são constantes e no ambiente corporativo não é diferente. Nele, é imperativo ter flexibilidade para lidar com todos os tipos de situações que aparecerem.

## TESTE: TIPOS DE PERSONALIDADE

"Ninguém é igual a ninguém. Todo ser humano é um estranho ímpar", refletiu o poeta Carlos Drummond de Andrade. E não por acaso cada um de nós tem um modo de formar seus valores, comportamentos e de enxergar a vida.

Ao longo da vida, desenvolvemos nossas percepções sobre as pessoas e o mundo ao nosso redor, influenciados por nossos pais, família, amigos, religião, grupos sociais, como também pela negação ou aceitação dos valores da sociedade em que estamos inseridos.

O teste de Tipos de Personalidade aqui proposto é uma inovação, pois traça o perfil de cada um de nós como líderes com base em um questionário que apresenta nossas preferências e na maneira como elas determinam nossos comportamentos e os valores que nos motivam.

Nessa análise, são traçados sete modelos que indicam as características centrais de cada um dos tipos de personalidade: controlador, perfeccionista, carente, fazedor, mediador, protetor e ditador. Um fator comum a todos nós, no entanto, é o de que, quanto mais rápido entendemos nossos valores, capacidades e habilidades, os pontos fortes e de melhoria, as motivações pessoais e profissionais, mais potencializamos ou limitamos nossos resultados e mais efetivas são nossas ações.

Descubra quais são suas características e qual perfil se adéqua mais à sua personalidade. Com certeza você ampliará a consciência de suas capacidades e comportamentos e poderá ainda compreender melhor como as pessoas que convivem com você agem e se comportam.

Para refletir mais sobre o assunto, a seguir você encontrará doze blocos de perguntas e respostas. Leia-os com cuidado e escolha, em cada bloco, a resposta com a qual mais se identifica (marque apenas uma resposta por bloco).

1. **Quando precisa tomar uma decisão rápida, você:**
   **a)** Toma no mesmo instante, seguindo o bom senso.
   **b)** Toma no mesmo instante, seguindo sua intuição.
   **c)** Toma no mesmo instante, porque sabe que vai dar certo.
   **d)** Prefere analisar o cenário, mesmo que isso demore um pouco.
   **e)** Avalia as consequências para os que dependem de sua decisão.
   **f)** Convoca antes uma reunião urgente entre os interessados.
   **g)** Pede a outra pessoa que tome a decisão por você.

2. **Você chega em casa cansado, depois de um dia estressante, e encontra tudo fora do lugar. Então:**
   - **a)** Chama os responsáveis pela bagunça, manda arrumar a casa e sai.
   - **b)** Manda alguém pôr as coisas no lugar e vigia o cumprimento da ordem.
   - **c)** Guarda tudo, sem se preocupar se está colocando nos lugares certos.
   - **d)** Arruma as coisas com cuidado, colocando-as em seus devidos lugares.
   - **e)** Chama as pessoas, fala da necessidade da casa organizada e pede ajuda para arrumá-la.
   - **f)** Nem liga; dá de ombros e vai para seu quarto descansar.
   - **g)** Não entende por que fizeram aquilo com você.

3. **Quando alguém o recrimina, você:**
   - **a)** Acha que a pessoa está errada.
   - **b)** Explode e manda a pessoa sair da sua frente.
   - **c)** Procura mostrar que está com a razão.
   - **d)** Fica indignado, mas não demonstra.
   - **e)** Avalia se ela está mesmo com a razão.
   - **f)** Ouve o que a pessoa tem a dizer.
   - **g)** Fica aborrecido por ter feito algo errado.

4. **Ao ser apresentado a uma pessoa, você:**
   - **a)** Desconfia dela de imediato, mesmo sem conhecê-la.
   - **b)** Sabe que ela não pode ameaçar seu modo de vida.
   - **c)** Avalia criticamente suas roupas, seus gestos, o modo de falar.
   - **d)** Mostra-se à disposição para o que ela precisar.
   - **e)** Sorri com todo o seu charme e começa a conversar.
   - **f)** Trata-a com simpatia, mas não se dedica a conhecê-la melhor.
   - **g)** Compara-se com ela e se considera inferior.

5. **No trabalho, você recebe um elogio. Então:**
   - **a)** Sorri, certo de que o elogio é mais do que merecido.
   - **b)** Não dá importância, só se interessa por sua própria opinião.

**c)** Fica feliz porque seu talento foi reconhecido.
**d)** Fica feliz, mas acha que poderia ter feito melhor.
**e)** Diz que seu sucesso se deve também às pessoas que o cercam.
**f)** Fica sinceramente agradecido e demonstra essa gratidão.
**g)** Acha que a pessoa fez isso só pra agradar.

**6. Em relação à sobrevivência, você:**
**a)** Sempre foi independente.
**b)** Acha que quem depende dos outros é um fraco.
**c)** É tranquilo, pois sabe que nunca terá problemas com isso.
**d)** Procura dar sempre o melhor de si.
**e)** Faz questão de sustentar a casa.
**f)** Acha que o certo é dividir as despesas.
**g)** Fica inseguro, temendo não conseguir se sustentar sozinho.

**7. Para ser feliz, você precisa:**
**a)** Ver as coisas acontecendo como planejou.
**b)** Ter tudo sob controle.
**c)** Estar sempre em ação.
**d)** Ter certeza de que fez tudo certo.
**e)** Saber que as pessoas precisam de você.
**f)** Estar tranquilo.
**g)** Sentir-se amparado.

**8. Se pudesse voltar ao passado, você:**
**a)** Faria tudo outra vez.
**b)** Teria mais poder para fazer as coisas.
**c)** Seria muito mais ativo.
**d)** Faria ainda melhor.
**e)** Ajudaria mais os outros.
**f)** Escolheria uma vida mais tranquila.
**g)** Seria outra pessoa.

**9. Você fica aborrecido:**
**a)** Quando as coisas não saem a seu gosto.

**b)** Quando o contrariam.
**c)** Quando está sem fazer nada.
**d)** Quando é obrigado a jogar conversa fora.
**e)** Quando percebe que sua ajuda não é necessária.
**f)** Quando assiste a uma discussão.
**g)** Por qualquer motivo.

10. **Quando lhe pedem ajuda, você:**
**a)** Ajuda, mas a seu modo.
**b)** Organiza tudo e estabelece o que cada um deve fazer.
**c)** Põe-se à disposição no mesmo instante.
**d)** Avalia o que pode efetivamente fazer.
**e)** Diz "sim" sem pestanejar.
**f)** Faz o que pode para ajudar.
**g)** Ajuda, mesmo achando que não pode fazer muita coisa.

11. **No comando da casa, você:**
**a)** Sente-se muito à vontade.
**b)** Distribui tarefas para todos.
**c)** Tenta diminuir o estresse do convívio diário entre as pessoas.
**d)** Faz sempre mais do que pode.
**e)** Finge que está sempre tudo bem.
**f)** Toma decisões e estabelece regras levando em conta a opinião de todos os moradores.
**g)** Sente que não nasceu para isso.

12. **Diante de um fracasso, você:**
**a)** Procura os responsáveis pela situação.
**b)** Busca o culpado pela falha e exige correção.
**c)** Reconhece seu erro e procura aprender com ele.
**d)** Inconformado, fica noites sem dormir.
**e)** Assume a responsabilidade.
**f)** Pensa: "Tudo bem, a coisa não era mesmo muito importante".
**g)** Fica arrasado e demora meses para se recuperar.

| TABELA DE PONTOS | AVALIAÇÃO |
|---|---|
| Cada **a** vale 1 ponto | 12 a 22 pontos – **Controlador** |
| Cada **b** vale 6 pontos | 23 a 32 pontos – **Mediador** |
| Cada **c** vale 7 pontos | 33 a 43 pontos – **Perfeccionista** |
| Cada **d** vale 3 pontos | 44 a 56 pontos – **Protetor** |
| Cada **e** vale 4 pontos | 57 a 69 pontos – **Carente** |
| Cada **f** vale 2 pontos | 70 a 79 pontos – **Ditador** |
| Cada **g** vale 5 pontos | 80 pontos ou mais – **Fazedor** |

Agora, vá até seu tipo de personalidade e descubra seu perfil.

| | PERSONALIDADE | PONTOS FORTES | PONTOS DE MELHORIA | DICAS |
|---|---|---|---|---|
| CONTROLADOR | • Assertivo<br>• Confiante<br>• Autoritário<br>• Tem iniciativa<br>• Líder natural<br>• Forte<br>• Afetivo | • Gosta de desafios<br>• Gosta de ser reconhecido pelas suas habilidades | • Desejo e ambição<br>• Adora contrariar<br>• Egoísta<br>• Teme a fraqueza, obediência e submissão aos outros<br>• Teme fracassar, por isso não expõe suas emoções | • Aceite suas fraquezas<br>• Aceite que as pessoas são diferentes, criativas e nem sempre hostis<br>• Vivencie emoções em vez de escondê-las |
| MEDIADOR | • Receptivo<br>• Aberto<br>• Sereno<br>• Paciente<br>• Gentil<br>• Decidido<br>• Despretensioso | • Gosta de harmonia<br>• É cuidadoso<br>• Afetuoso<br>• Evita julgar<br>• Conservador nas questões familiares<br>• Sabe ouvir | • Procrastinador<br>• Evita tomar iniciativas<br>• Não gosta de mudanças<br>• Tenta fugir da realidade, correndo o risco de cometer excessos como uso de drogas, álcool ou muito trabalho | • Reaja ao negativismo<br>• O conflito faz parte da natureza humana; pense nas discussões como algo saudável<br>• Confie mais em si mesmo |
| CARENTE | • Retraído<br>• Tímido<br>• Dependente<br>• Não tem iniciativa<br>• Quieto | • Observador<br>• Intuitivo<br>• Aprende rápido<br>• Muito inteligente<br>• Bom conselheiro<br>• Compreende bem as limitações humanas | • Inseguro<br>• Se apega às pessoas com facilidade<br>• Se faz de vítima<br>• Se sente rejeitado | • Seja mais autoconfiante<br>• Aprenda a se valorizar<br>• Anote no caderno os seus sucessos<br>• Sinta-se útil ensinando o que sabe às outras pessoas |

| | | | | |
|---|---|---|---|---|
| PERFECCIONISTA | • Responsável<br>• Imparcial<br>• Objetivo<br>• Exigente<br>• Disciplinado<br>• Autocrítico | • Esforçado<br>• Incapaz de cometer injustiças<br>• Equilibrado para tomar decisões<br>• Ético e sabe respeitar os demais | • Não aceita o mundo imperfeito<br>• Quando descontrolado, se torna arrogante<br>• Raramente ri e não gosta de brincadeiras<br>• Dificilmente admite os próprios erros | • Aceite que você vive em um mundo imperfeito<br>• Aceite os próprios erros e limitações<br>• Aceite as coisas que não podem ser mudadas e que não prejudicam ninguém; esse será um grande passo na direção da tranquilidade |
| PROTETOR | • Amoroso<br>• Gentil<br>• Confiável<br>• Sensível<br>• Prestativo | • Afetuoso<br>• Compreensível e amoroso<br>• Sincero<br>• Solícito<br>• Transmite segurança | • Precisa se sentir querido<br>• Quando se torna superprotetor, conviver com ele fica difícil<br>• Teme a rejeição<br>• Tem medo de falhar | • Olhe para si mesmo com humildade<br>• Receba dos outros o mesmo amor que sabe dar<br>• Esteja atento para não exagerar na proteção |
| FAZEDOR | • Ambicioso<br>• Comunicativo<br>• Eficiente<br>• Competente<br>• Líder<br>• Realizador<br>• Popular | • Agradável<br>• Educado<br>• Admite os próprios erros<br>• Estimulador<br>• Talentoso<br>• Esforçado | • Gosta de chamar a atenção<br>• Depende da opinião alheia<br>• Teme a rejeição<br>• Acredita que só ele é capaz de fazer as coisas acontecerem | • Reconheça que você tem valor<br>• Explore melhor as próprias qualidades<br>• Tenha mais calma<br>• Controle a ansiedade |
| DITADOR | • Mandão<br>• Autoritário<br>• Decidido<br>• Ativo<br>• Explosivo<br>• Emocional<br>• Vaidoso | • Capaz de tomar decisões rápidas<br>• Persistente<br>• Supersincero | • Acredita que só ele é o certo<br>• Costuma magoar as pessoas pelo excesso de sinceridade<br>• Teimoso<br>• Egoísta | • Cooperar é mais importante que obedecer<br>• Use suas qualidades, liderança e iniciativa para estimular os que o cercam<br>• Um verdadeiro líder reconhece o erro; volte atrás e comece tudo de novo |

# IDENTIFICAÇÃO DO ESTILO DE LIDERANÇA

Imagine que você se encontra, de repente, diante de doze situações diferentes. Como agiria diante de cada situação? Leia atentamente cada uma das alternativas, assinalando aquela que mais se parece com o que você costuma fazer e ao final transponha suas respostas para o quadro.

**Situação 1** **Você vinha manifestando cordialidade e preocupação com o bem-estar de seus subordinados, que por sua vez vinham retribuindo com um alto nível de produtividade. De repente, eles deixam de reagir favoravelmente à maneira como você os trata, e a produtividade passa a cair rapidamente.**

- **a)** Eu insistiria na padronização das rotinas e na necessidade de execução das tarefas.
- **b)** Eu me colocaria à disposição para discutir informalmente com o grupo, mas não insistiria.
- **c)** Eu conversaria com meus subordinados e depois estabeleceria as metas.
- **d)** Decidiria não intervir.

**Situação 2** **Você vem tomando as precauções necessárias para que todos os seus subordinados se mantenham constantemente a par de seus deveres e responsabilidades. Os resultados alcançados por sua equipe estão em franca ascensão.**

- **a)** Eu estabeleceria um relacionamento cordial com meus subordinados, mas me certificaria de que eles continuassem conscientes de seus deveres e responsabilidades.
- **b)** Não tomaria providência alguma.
- **c)** Faria meus subordinados perceberem que eu os valorizo e conto com eles.
- **d)** Eu insistiria na importância dos prazos e das tarefas.

**Situação 3** **Você costuma deixar seus subordinados à vontade para resolver os problemas, mas eles não conseguem solucionar**

**um deles. O desempenho e as relações interpessoais do grupo têm sido bastante satisfatórios.**

**a)** Eu envolveria os meus subordinados no problema e participaria da solução com eles.
**b)** Deixaria por conta de meus subordinados.
**c)** Eu agiria com rapidez e firmeza para mudar o curso dos acontecimentos.
**d)** Eu encorajaria o grupo a trabalhar no problema e me poria à disposição para o que fosse necessário.

**Situação 4 Seus subordinados vêm pensando em introduzir uma mudança na rotina. Eles têm mantido bons padrões e são sensíveis às necessidades de mudança.**

**a)** Eu permitiria que o grupo introduzisse aquelas mudanças. Não exerceria pressão.
**b)** Eu determinaria se iria haver mudança ou não, e a forma como seria executada.
**c)** Daria autonomia ao grupo para decidir seus próprios rumos.
**d)** Aproveitaria a sugestão do grupo, mas seria eu quem autorizaria a mudança.

**Situação 5 Seus subordinados vêm reduzindo a produtividade nos últimos meses. Ninguém tem se preocupado muito em cumprir metas. Tempos atrás, uma determinação de funções foi útil para o grupo. Contudo, é necessário "cobrar" o pessoal constantemente para que suas tarefas sejam executadas dentro dos prazos.**

**a)** Eu daria autonomia ao grupo para decidir seus próprios rumos
**b)** Eu aproveitaria as sugestões do grupo, mas me certificaria de que os objetivos fossem atingidos.
**c)** Eu determinaria as metas de meus subordinados e depois acompanharia sua execução.
**d)** Permitiria que o grupo participasse da fixação das próprias metas. Não exerceria pressão.

**Situação 6** O executivo a quem você sucedeu era excessivamente rígido e autoritário. Seus subordinados vinham mantendo bons padrões de desempenho. Você deseja preservar o mesmo nível de produtividade, mas também deseja tornar o ambiente mais humano.

**a)** Eu faria meus subordinados perceberem que eu os valorizo e conto com eles.
**b)** Eu insistiria na importância dos prazos e das tarefas.
**c)** Eu decidiria não interferir.
**d)** Eu faria o grupo participar dos problemas, mas me certificaria de que os objetivos fossem atingidos.

**Situação 7** Você está planejando mudanças de grande profundidade. Seus subordinados têm feito sugestões quanto às mudanças necessárias. Eles vêm demonstrando versatilidade na atuação.

**a)** Eu determinaria as mudanças e supervisionaria criteriosamente sua execução.
**b)** Eu persuadiria meus subordinados a aprovar as mudanças, mas deixaria que eles organizassem sua execução.
**c)** Eu seria receptivo às sugestões de mudança, mas manteria o controle da execução.
**d)** Eu evitaria confrontos. Não interferiria.

**Situação 8** Você sente certa insegurança em relação aos seus subordinados e acha que o que está faltando é uma atitude mais diretiva de sua parte. Entretanto, a produtividade de seus subordinados é bastante boa, e o relacionamento entre eles é plenamente satisfatório.

**a)** Eu não interferiria.
**b)** Eu discutiria a situação com meus subordinados e depois providenciaria as mudanças que fossem necessárias.
**c)** Eu tomaria providências para que meus subordinados se mantivessem dentro de normas bem definidas.
**d)** Eu tomaria cuidado para não exercer pressão excessiva, pois poderia prejudicar o relacionamento com meus subordinados.

**Situação 9** Você foi designado por seu superior para coordenar um grupo de trabalho incumbido de apresentar recomendações de mudanças. Esse trabalho, entretanto, está bastante atrasado. O grupo não tem metas definidas. Nas reuniões, além da baixa frequência, prevalece um clima de congraçamento social. Contudo, o grupo possuía as qualificações necessárias para contribuir com o projeto.

**a)** Eu deixaria por conta do grupo.
**b)** Eu aproveitaria sugestões do grupo, mas me certificaria de que os objetivos fossem atingidos.
**c)** Eu determinaria as metas de meus subordinados e depois supervisionaria sua execução.
**d)** Eu permitiria que o grupo fixasse suas próprias metas. Não exerceria pressão.

**Situação 10** Seus subordinados, em geral aptos a assumir responsabilidades, não estão reagindo bem aos novos padrões de desempenho que você estabeleceu recentemente.

**a)** Eu permitiria que o grupo determinasse seus próprios padrões de desempenho. Não exerceria pressão.
**b)** Eu insistiria nos novos padrões já estabelecidos e supervisionaria rigorosamente o desempenho do grupo.
**c)** Eu evitaria confrontos, não exerceria pressão.
**d)** Eu aproveitaria as sugestões do grupo, mas me asseguraria de que os novos padrões fossem atingidos.

**Situação 11** Você foi promovido para um novo cargo. Seu antecessor era um executivo que procurava não se envolver nos assuntos de seus subordinados, que vinham atuando de maneira bastante adequada. As relações entre eles eram boas.

**a)** Eu tomaria providências para que meus subordinados se mantivessem dentro de normas bem definidas.
**b)** Eu faria o grupo participar das decisões e estimularia as boas contribuições.
**c)** Eu discutiria com o grupo seu desempenho e depois verificaria a necessidade de adotar novos procedimentos.

**d)** Eu continuaria deixando o grupo à vontade.

**Situação 12 Seus subordinados apresentam as qualificações adequadas às funções que exercem. Contudo, informações recentes revelam a existência de certas dificuldades entre eles. Trata-se de um grupo com uma invulgar folha de serviços, que vem atingindo suas metas a curto e longo prazo. No passado, a equipe trabalhava em harmonia.**

**a)** Eu tentaria, junto aos meus subordinados, a iniciativa que me parecesse mais indicada, e depois verificaria a necessidade de novas providências.

**b)** Eu daria autonomia ao grupo para que resolvesse os problemas, sem qualquer interferência.

**c)** Eu agiria com rapidez e firmeza para mudar o curso dos acontecimentos.

**d)** Eu me poria à disposição do grupo para discutir o assunto, mas tomaria cuidado para não melindrar as relações existentes.

| | DETERMINADO | PERSUASIVO | COMPARTILHADOR | DELEGADOR |
|---|---|---|---|---|
| 1 | a | c | b | d |
| 2 | d | a | c | b |
| 3 | c | a | d | b |
| 4 | b | d | a | c |
| 5 | c | b | d | a |
| 6 | b | d | a | c |
| 7 | a | c | b | d |
| 8 | c | b | d | a |
| 9 | c | b | d | a |
| 10 | b | d | a | c |
| 11 | a | c | b | d |
| 12 | c | a | d | b |
| **Total** | | | | |
| | E1 Determinado | E2 Persuasivo | E3 Compartilhador | E4 Delegador |

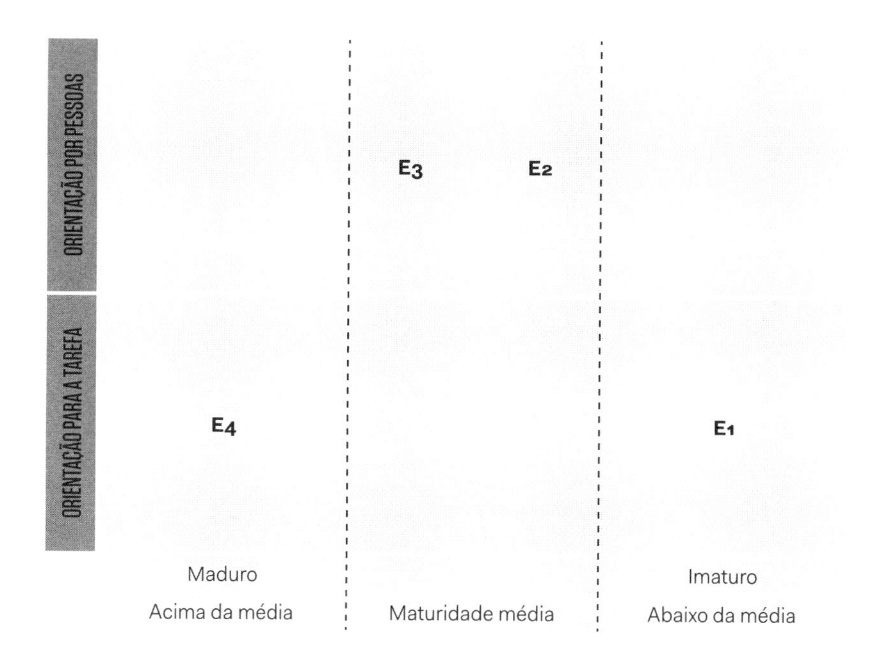


Tendo agora realizado o teste, você já tem uma noção melhor de seu perfil e das características que o definem. Duas linhas mestras orientam os quatro perfis de liderança traçados. Vamos a eles e seus significados.

## Orientação por pessoas

O nome já deixa claro que esse perfil põe as pessoas em primeiro lugar. Ótimo! Uma das grandes falhas que perseguem alguns tipos de líder é negligenciar o componente humano, dar pouca importância às pessoas do time ou organização. Incorrer nesse erro é um tiro no pé, afinal de contas um líder precisa cativar seus liderados, que, a partir daí, seguirão os comandos dados e manterão a coesão daquela unidade. Quem se orienta por pessoas acaba tendo sempre em mente que são mesmo elas o objetivo final de qualquer trabalho individual ou em equipe. Afinal, de que valeria cada função, posto ou ocupação em qualquer ambiente de trabalho se não tivesse a finalidade de promover a vida das pessoas em melhores condições?

Mas, como nem tudo são flores, quem se orienta por pessoas também tem seus pontos fracos. O mais comum deles é perder de vista o foco daquela tarefa específica, para a qual o líder deve mobilizar a equipe. Pessoas falham, têm pecados, vaidades e cometem infinitos erros, e quem se deixa levar por elas em qualquer situação acaba sendo tragado por esses erros e tropeços, que dificultam o caminho para chegar a um ponto determinado.

A impessoalidade é também uma habilidade bem-vinda quando se trata de executar tarefas com objetividade e produtividade acentuadas. Por isso, os líderes que se orientam por pessoas devem se resguardar da tentação de verem seu foco desviado em razão da condução ora torta, ora otimista de qualquer um de seus colaboradores.

## Orientação para a tarefa

Um faro aguçado para um ponto fixo no horizonte e uma obstinação com o dever a ser cumprido são características que em geral descrevem a essência do tipo de liderança orientada para a tarefa. Esses profissionais costumam ser os mais confiáveis quando se trata de entregar uma tarefa, e não é sem grande dificuldade que eles admitem a falha no cumprimento de uma missão. Um ponto louvável desse perfil, podemos dizer, é certo pendor para incorporar o lema do personagem clássico do cinema nacional, o Capitão Nascimento, segundo o qual "Missão dada é missão cumprida". O calcanhar de Aquiles dessas lideranças, no entanto, fica por conta da pouca sensibilidade aos reclames e às dificuldades de seus liderados, que são relegados a segundo plano. O ideal para esse perfil é perseguir a execução da tarefa em atenção ao caminhar da equipe. Até porque ele muito dificilmente conseguirá entregar uma tarefa adiante no futuro se ficar presa a uma questão ou dificuldade cá do presente.

# 3

# COACHING E LIDERANÇA

No futuro, todos os líderes serão coaches. Quem não desenvolver essa habilidade, será automaticamente descartado pelo mercado.

**JACK WELCH**

O Coaching pode ser aplicado à liderança de duas formas: **Leadership Coaching** (Coaching de liderança) ou **Coaching para desenvolvimento de liderança.**

| | LEADERSHIP COACHING | COACHING PARA DESENVOLVIMENTO DE LIDERANÇA |
|---|---|---|
| ESTILO DO PROCESSO | Formal. | Informal. |
| CONTEXTO | A empresa ou líder contrata um coach para o desenvolvimento de competências de liderança através de sessões formais de Coaching. | Líderes que utilizam o Coaching como ferramenta e estilo de liderança. |
| APLICAÇÕES | Desenvolvimento de habilidades / competências de liderança.<br>Preparação para assumir um novo posto de liderança.<br>Formação para começar a atuar como Leader Coach na organização. | Team Building – desenvolvimento integral ou de membros da equipe.<br>Facilitar resultados através da liderança. |

## Leader Coach

A forma mais comum de Coaching informal é colocada em prática quando um líder utiliza recursos, conceitos e ferramentas do Coaching como estilo de liderança. O Leader Coach é um conceito que vem se expandido de forma rápida, e sem dúvida é o estilo de liderança que mais apresenta resultados.

## As cinco etapas do coaching informal

### 1. Fazer uma parceria

O Coaching só acontece quando há uma relação confiável entre o líder e seus seguidores. Nessa etapa, os líderes determinam o que direciona seus seguidores e aonde eles querem chegar com sua carreira.

### 2. Inspirar comportamentos

Nessa etapa, os líderes ajudam os seguidores a determinarem quais habilidades ou comportamentos terão maior aproveitamento se desenvolvidos. Geralmente essa etapa serve para rever os resultados do desempenho avaliando o feedback de 360°, valores e relatórios de personalidade etc.

### 3. Aumentar habilidades

Os líderes trabalham com seus seguidores para construir projetos de desenvolvimento que capitalizem em experiências no trabalho, e criam projetos de Coaching para suportar o desenvolvimento de seus seguidores.

### 4. Promover a persistência

Os líderes se reúnem com seus seguidores periodicamente a fim de fornecer feedback, ajudar na manutenção do desenvolvimento de seus projetos e estabelecer com eles essas novas tarefas para desenvolver habilidades necessárias.

### 5. Construir o ambiente

Os líderes necessitam rever periodicamente seu desenvolvimento e o que estão fazendo para desenvolver seu ambiente de trabalho. A maioria das pessoas quer ser bem-sucedida, o que faz dessa etapa necessária para atrair e ter seguidores para seu grupo de trabalho.

## Os aspectos que envolvem líder e liderado baseados em coaching

- O liderado coordena o processo.
- O Leader Coach tem as perguntas e o liderado tem as respostas.
- O Leader Coach encoraja o liderado a descobrir soluções em vez de impô-las.
- O liderado é responsável pelo resultado; o Leader Coach serve o liderado em busca dos objetivos.

## Pesquisas sobre liderança e coaching

### O que torna uma empresa um lugar ruim para trabalhar

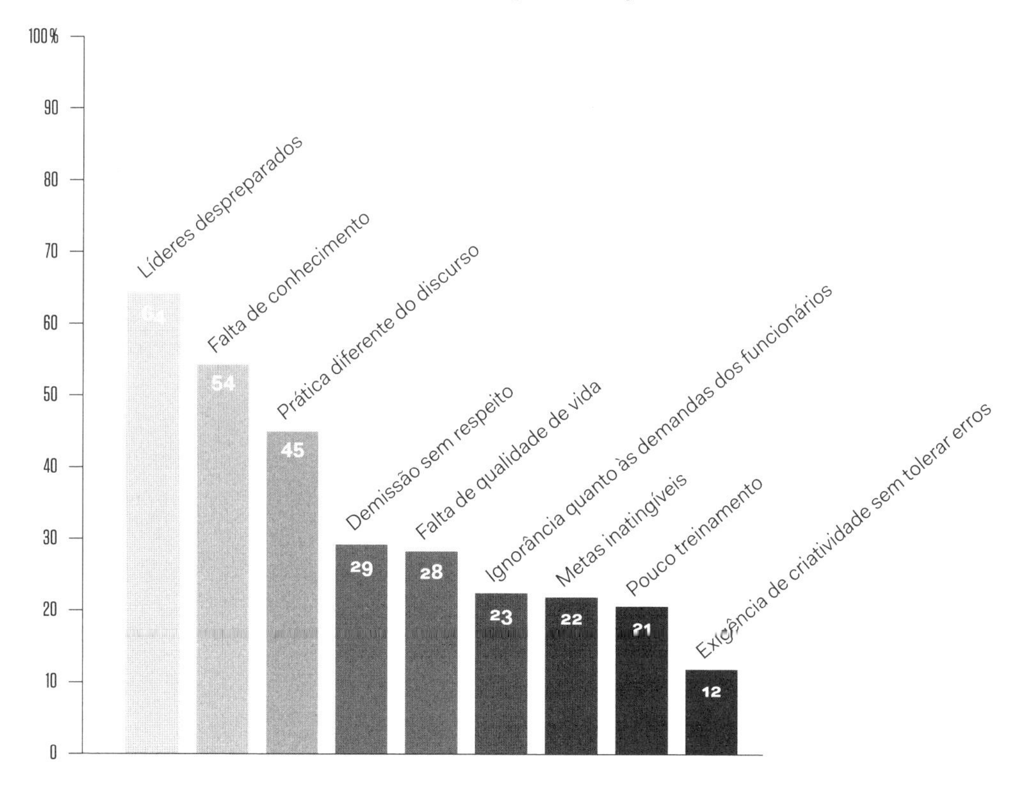


Fonte: The Conference Board, New York.

Quais habilidades os líderes precisam desenvolver atualmente?

- Agilidade mental e percepção cognitiva.
- Pensamento estratégico, considerando a competição global.
- Capacidade de classificar o que é mais importante entre fontes diversas de informação.
- Tomada de decisões em ambientes de ambiguidade e incertezas.
- Boa comunicação.
- Clareza na transmissão de suas ideias.
- Capacidade de influenciar e de ser persuasivo em diferentes grupos.
- Capacidade de delegar com eficácia.
- Capacidade de identificar, atrair, desenvolver e reter pessoas talentosas.
- Capacidade de aprender com as experiências.
- Transparência na divulgação de suas ações.
- Capacidade de reconhecer os próprios erros.
- Versatilidade quando for necessário assumir um novo caminho.

Ocupar um posto de liderança não necessariamente faz de alguém um líder nato. Como temos dito ao logo deste livro, um líder se faz com o desenvolvimento de habilidades diversas. Negligenciar o exercício dessas habilidades pode representar o avesso da ideia de liderança. É por isso que menos de 50% das pessoas em posição de liderança conseguem construir equipes de alta performance.

As principais razões são:

- Objetivos e expectativas de desempenho incertos para líderes.
- Líderes que gastam grande quantidade de tempo para realizar atividades abaixo de seu nível de competência.
- Ausência de feedback honesto e assertivo por parte dos líderes.
- Dificuldade em reconhecer as potencialidades individuais entre seus liderados.

**Como desenvolver líderes**

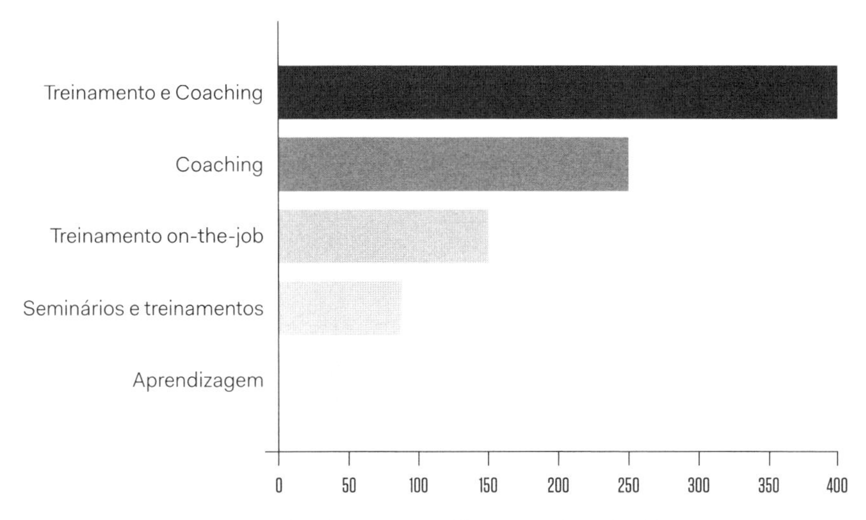


Fonte: D. R. Peterson, *Coaching that Makes a Difference* and *Leadership Matters*, Curphy, 2004.

## DIFERENÇAS ENTRE LEADER COACH E CHEFE

Esses dois estilos têm características bastante distintas e que precisam ser esclarecidas. A maioria das pessoas está acostumada com o modelo "Manda quem pode, obedece quem tem juízo", no qual o funcionário só tem obrigações, que são designadas pelo chefe, sem contribuir ou questionar nada. Muitos funcionários nem sequer têm conhecimento de que esse tipo de líder está cada vez mais obsoleto nas empresas.

**Resultado a longo prazo**

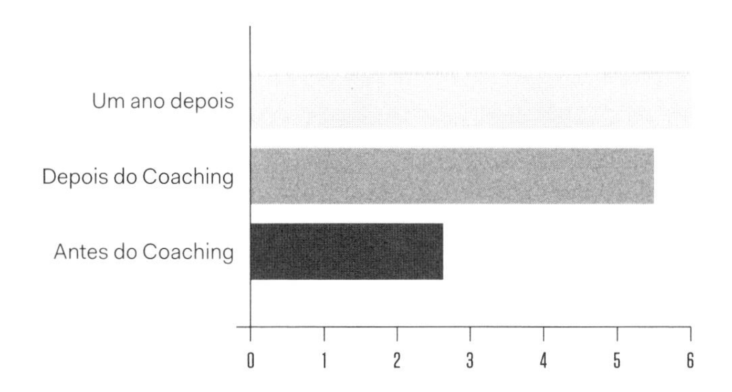

**Quais os fatores mais úteis aprendidos no Coaching?**

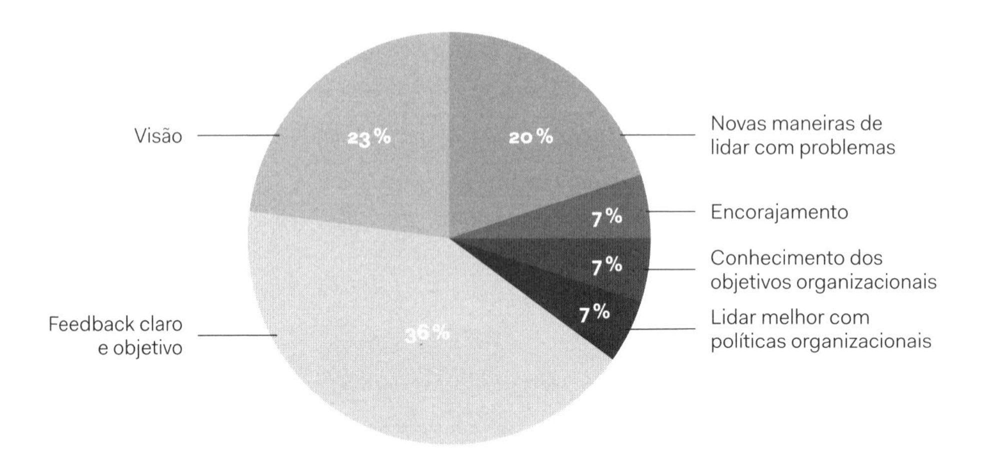


Fonte: D. R. Peterson, *Coaching that Makes a Difference*, Curphy, 2004.

É importante que essas diferenças sejam identificadas para que todos saibam da existência do Leader Coach, um estilo de liderança que está sendo exigido pelo mercado atualmente.

| LÍDER | CHEFE |
| --- | --- |
| Inspira ação, é pura motivação. | Dá ordens, é durão, centraliza o poder, recebe o crédito pelos resultados. |
| Toda a equipe recebe o crédito pelos resultados. | Desmotiva as pessoas. |
| Motiva as pessoas. | Afunda seus liderados. |
| Desenvolve seus liderados. | Lidera pela autoridade. |
| Lidera pelo exemplo. | |

Essa ilustração já nos dá uma noção de quão gritantes são as diferenças entre os dois modelos. Percebemos que o Leader Coach é focado muito mais nas pessoas, preocupado em motivá-las, desenvolvê-las e compartilhar os louros de cada conquista com todos, reconhecendo que o bom resultado só foi possível devido à participação e ao envolvimento de cada um.

| LÍDER | CHEFE |
|---|---|
| É treinador. | É comandante. |
| Ouve. | Fala. |
| Inova. | Administra. |
| Desenvolve. | Quer estabilidade. |
| Quer desafios. | |

Já a maior preocupação do chefe é com os resultados. Ele não medindo forças e consequências para alcançar esse objetivo. Seu perfil é autoritário, ou seja, ele exige que as pessoas façam somente o que manda e não aceita sugestões ou contribuições; só ele sabe de tudo o que se precisa para atingir as metas. O Leader Coach tem como objetivo desenvolver e implantar o conceito de capital humano dentro da organização. Ele se põe totalmente à disposição de todas as pessoas que fazem parte da empresa, para auxiliá-las a estabelecer uma missão, visão e foco no futuro, estimulando-as a analisar tudo o que é preciso para desenvolvê-las e para aplicar essa nova cultura de liderança na empresa.

| LÍDER | CHEFE |
|---|---|
| Compartilha. | Guarda para si. |
| Puxa. | Empurra. |
| Comunica. | Comanda. |
| É maestro. | É mestre. |

As distinções entre essas duas figuras são inúmeras; no entanto, basicamente as que mais se destacam são:

- O chefe vê como uma de suas funções a necessidade de sempre estar empurrando as pessoas para que elas façam o que ele quer; já o Leader Coach crê que deve engrandecer e conduzir todos no melhor caminho para isso.
- O chefe, por estar em uma posição de comando, acredita que sua maior atribuição é apenas dar ordens; o Leader Coach desenvolve em todos a capacidade de tomar decisões, ou seja, de ser independente.

- O chefe só enxerga as adversidades como grandes problemas a serem resolvidos; o Leader Coach enxerga nesses casos uma oportunidade para gerar desenvolvimento e aprendizado em seus liderados.
- Quando os erros acontecem, o chefe se preocupa apenas em buscar culpados; o Leader Coach se preocupa em fazer sua equipe aprender com esses erros para que não se repitam futuramente.

| LÍDER | CHEFE |
| --- | --- |
| Faz junto. | Manda. |
| É admirado. | É temido. |
| Corrige os erros. | Procura culpados. |
| Assume os riscos. | Tem medo. |
| Demonstra alteridade. | Demonstra autoridade. |
| É criativo. | Sabe tudo. |
| | É fazedor. |

## POR QUE OS LÍDERES FALHAM?

Veja a seguir algumas classificações de líderes com base em suas falhas mais recorrentes:

**Coloridos:** os líderes com essa tendência acreditam que são "quentes" e têm uma necessidade doentia de serem o centro das atenções. Extremamente preocupados em serem observados, são incapazes de compartilhar méritos, manter o foco e atingir resultados.

**Imaginativos:** os seguidores questionam o julgamento dos líderes com essa tendência, pois estes pensam de maneira excêntrica, frequentemente mudam de ideia radicalmente e tomam decisões estranhas ou ímpares.

**Diligentes:** por causa de suas tendências perfeccionistas, esses líderes frustram e tiram o poder de suas equipes por meio da microgerência da priorização insatisfatória e da inabilidade para delegar.

**Obedientes:** esses líderes lidam com o estresse tentando agradar seus superiores. Falta-lhes coragem, não conseguem recusar pedidos irreais, não defendem seus liderados e, como resultado, acabam por "queimá-los".

**Cuidadosos:** pelo fato de terem medo de errar, esses líderes alienam suas equipes, não tomam decisões e demoram para agir.

**Reservados:** em momentos de estresse, esses líderes se tornam extremamente retraídos; são incomunicáveis e não se preocupam com o bem-estar de sua equipe.

**Procrastinadores:** esses líderes passivo-agressivos se esforçam somente para atender sua própria agenda; assim, procrastinarão, ou não atenderão os pedidos que não estiverem em seu planejamento.

**Confiantes:** por causa de suas tendências narcisistas, esses líderes geralmente conseguem atingir resultados. Mas seus sentimentos de posse, inabilidade de compartilhar os méritos do sucesso, tendência a responsabilizar os outros por seus próprios erros e a inabilidade de aprender com experiências resultam frequentemente em seguidores insatisfeitos.

**Emocionais:** líderes com essa tendência têm dificuldade para construir equipes por causa de suas oscilações dramáticas de humor, explosões emocionais e inabilidade para persistir em projetos.

**Céticos:** líderes com esses traços de personalidade têm uma desconfiança doentia em relação aos outros, questionam constantemente os motivos e desafios da integridade de seus seguidores e estão sempre atentos a sinais de deslealdade.

Muitas empresas sofrem da síndrome do "nós somos diferentes", ignorando pesquisas como as destacadas no início deste capítulo para o bom desenvolvimento de sua liderança. O Coaching é um método eficiente para alcançar resultados diretos, construindo equipes de alta performance e desenvolvendo líderes extraordinários.

Algumas características de líderes com grande potencial cujas carreiras não decolam:

- Intimidam, são ríspidos.
- Frios, arrogantes.
- Traem a confiança de seus subordinados ou pares.
- São ambiciosos demais.
- Têm problemas específicos de performance.
- Incapazes de pensar estrategicamente.
- Incapazes de delegar ou de trabalhar em equipe.
- Têm dificuldade de se adaptar ao superior.

# 4

# SELF-LIDERANÇA

Qualquer situação na qual você se encontre é um reflexo exterior de seu estado interior de existência.

**EL MORYA**

A liderança interior é um aprendizado que precisamos desenvolver e aprimorar como indivíduos para que possamos nos tornar líderes melhores em nossa vida e consequentemente em nossa profissão. Uma habilidade essencial para obter êxito na vida pessoal e profissional é trabalhar a forma como lidamos com nossas emoções, com os acontecimentos do dia a dia.

O segredo é desenvolver a mudança de dentro para fora, ou seja, devemos buscar uma maneira de fazer nossas emoções, pensamentos e ações trabalharem em nosso favor e não contra nós. A partir do momento em que você atingir o equilíbrio interno, seus resultados serão automaticamente positivos, tanto para você quanto para as pessoas ao seu redor.

O intuito aqui é trabalhar nossa inteligência emocional, aprender a lidar com as adversidades e com o modo como elas nos atingem, para nos tornarmos indivíduos e profissionais de sucesso, para sermos líderes melhores e termos a habilidade de desenvolver pessoas melhores.

No entanto, temos de estar sempre atentos ao adversário que vive à espreita, tentando nos prejudicar. Muitas vezes ele até consegue. Cabe a nós controlar e superar esses obstáculos, que nos impedem de atingir nossos objetivos. São pensamentos negativos, suposições às vezes errôneas que criamos em nossa mente e travam nossas ações. Com isso, é possível concluir que somos adversários de nós mesmos.

Somos os principais interessados em alcançar sucesso em nossa vida e em nossa profissão; entretanto, por vezes nos tornamos os maiores sabotadores desse progresso. Precisamos nos empenhar em desenvolver, principalmente, o autoconhecimento para que assim saibamos de que maneira nos portar quando a tristeza ou a insegurança, entre outros sentimentos, quiserem nos impedir de seguir em frente.

Para que passemos a controlar com maior habilidade nossas emoções e desenvolvamos a liderança interior, existem alguns passos que podemos trilhar para realizar verdadeiras transformações em nossa vida. São eles: despertar e tomar consciência do que realmente nos impede de operar verdadeiras mudanças e melhorias em nossa vida; controlar nossos desejos, saber quais deles, de fato, são necessários para nossa satisfação pessoal e profissional; escolher o próprio caminho e não deixar que ninguém faça isso por nós, pois nenhuma outra pessoa além de nós mesmos sabe o que passamos, sabe de nossas dores e sofrimentos. Por isso, temos de ser os donos de nosso próprio destino.

É importante também trabalhar com paixão, convencermo-nos de que podemos fazer o que desejarmos, entrar em ação, não ter medo, sair da teoria e pôr em prática tudo o que aprendemos com nossas experiências. Afinal, as experiências com certeza nos ensinam muitas coisas, boas ou ruins, para que assim possamos concretizar nossos sonhos.

Não podemos nos esquecer de que, para que isso aconteça, devemos assumir a responsabilidade, tomar consciência de que as mudanças só ocorrem em nossa vida se nós as permitirmos, ou seja, tudo depende de nós. Devemos tirar a bunda da cadeira (TBC) e entrar em ação. Dessa forma, a mudança interna ocorrerá automaticamente, conseguiremos mudar pensamentos, emoções e o adversário que temos dentro de nós, que nos deixa mais longe de nossa realização.

Oferecer aceitação e carinho, sem julgar as ações e atitudes das pessoas, compreendendo que todos erram, buscando sempre um ponto positivo nos erros de cada um, inclusive nos nossos. Assim estaremos servindo às pessoas ao nosso redor, deixando-as à vontade na nossa presença. Vivamos o presente, o aqui e o agora. Não nos preocupemos com o que já passou, pois isso nos serve de experiência.

Remoer o passado é uma das piores coisas que podemos fazer conosco; sentimentos como rancor e vingança só fazem mal a nós mesmos. Com relação ao futuro, este depende mais de nós do que imaginamos. Pense mais no que fazemos agora e não tanto no que acontecerá, já que "O que fazemos aqui ecoa na eternidade". É mais importante prestarmos atenção no que estamos fazendo com nossa vida agora, porque no futuro vamos colher os frutos. Se eles serão bons ou ruins, dependerá de nossas ações atuais.

## CRENÇAS LIMITANTES

Trabalhar nossas crenças é uma das coisas mais importantes que devemos realizar para darmos início às mudanças em nossa vida. Crenças são as coisas nas quais acreditamos com tanta veemência que nos fazem entrar em ação, ou ficar paralisados, diante de determinadas situações.

Todos temos crenças que, para nós, são totalmente indiscutíveis. Defendemos teses e ideias com tamanho afinco que, por vezes, só servem para nos deixar cegos e totalmente fechados ao recebimento de uma nova perspectiva.

Debater nossas ideologias, as crenças das outras pessoas, e nos disponibilizarmos livremente para a discussão de ideias novas, novos conceitos, nos ajudará a adquirir conhecimentos inéditos. Teremos um leque diferenciado de atitudes, e não só aquelas que realizávamos perante as inúmeras situações com as quais temos de lidar em nosso dia a dia.

Não podemos nos limitar em nossas crenças; precisamos abrir espaço na mente para receber novas informações, analisá-las e refletir sobre elas. Quanto mais desenvolvermos essa capacidade de reflexão e análise dos momentos pelos quais passamos em nossa vida, mais teremos a possibilidade de, aos poucos, nos libertarmos dessa redoma na qual fazemos questão de nos prender.

### Traçar novos planos

Fazer uma análise das crenças que nos limitam é um caminho pelo qual devemos passar para iniciar as mudanças em nosso comportamento e para que possamos traçar novos planos em nossa vida. Para tanto, é necessário trabalhar os pensamentos que moldam nossas ações.

Conhecer melhor quem somos e o que queremos para nossa vida pessoal e profissional e quais as ferramentas de que dispomos para alcançar esses objetivos, nos fará ter mais consciência e facilidade em estabelecer nossas metas e definir a maneira como iremos alcançá-las. Ou seja, teremos clareza dos planos que iremos traçar para nosso futuro.

Tendo esses elementos nítidos em nossa cabeça, será possível resistir mais facilmente às influências negativas que sofremos. Elas servem apenas para distorcer a realidade e nos deixar confusos com relação aos nossos sonhos, desejos, objetivos e metas.

Assim, depois de encontrar o que verdadeiramente irá nos levar à nossa felicidade, devemos descartar tudo o que venha a nos impedir de percorrer esse caminho, ou seja, necessidades irreais e pensamentos negativistas, que nada mais são do que criações de nossa mente, bem como desconsiderar o que as pessoas que tentam nos puxar para baixo têm a dizer, tentando nos fazer retroceder em nossa jornada. Dessa forma teremos mais chances de conseguir o que almejamos.

## ESCOLHER O PRÓPRIO CAMINHO

A partir do momento em que vencemos nossas crenças limitantes e começamos a pôr novos planos em ação, estamos prontos para seguir o caminho que escolhemos trilhar em nossa vida. A possibilidade de escolher o que queremos e o que faremos para alcançar nossos objetivos faz com que desenvolvamos nossa liderança interior de forma efetiva.

Isso acontece porque nos vemos diante de várias possibilidades e, dentre todas, escolhemos uma de acordo com nossa história de vida, nossas emoções, sentimentos, valores, princípios e critérios, ou seja, sendo fiéis a nós mesmos.

Um dos maiores erros que estamos acostumados a cometer é fazer nossas escolhas com base em influências externas, principalmente aquelas escolhas que vão nortear nossa vida, e que são mais importantes para nosso futuro. Muitas vezes a sociedade nos impõe um modo de vida com o qual somos obrigados a lidar e viver, sem termos espaço para questionar. As pessoas que vão contra esses padrões sociais acabam sendo isoladas.

No entanto, pessoas vistas com maus olhos pelas que já se renderam aos padrões têm maiores chances de encontrar a felicidade ao longo de sua jornada. Com isso percebemos que é preciso avaliar se o que nos é imposto realmente vai nos deixar mais felizes no futuro, pois esse caminho quem vai percorrer somos nós, e somente nós. Ninguém mais vai sentir o que sentimos, vai viver o que vivemos ou ser o que somos.

Ninguém tem o direito de nos impor nada, nem de dizer o que temos ou não temos que fazer. Quando escolhemos nosso caminho, temos de ouvir apenas o nosso ser interior, que conhece e sabe do que precisamos para sermos pessoas mais completas e definitivamente felizes.

## O MEDO

O medo é um grande obstáculo que vamos encontrar em nosso caminho e que sempre devemos combater. Nenhum ser humano está livre desse sentimento, que muitas vezes nos impede de seguir em frente, fazendo-nos desistir de nossos sonhos e objetivos.

São muitos os medos com os quais temos de lidar ao longo da vida. Eles se manifestam porque todos nós temos algumas inseguranças, e uma delas é não conseguir atender às expectativas das pessoas ao nosso redor, que, por consequência, vão acabar julgando ou criticando nossas ações, independentemente de estarmos errando ou acertando.

O que podemos tirar de lição disso é que esse tipo de situação vai ocorrer, ou seja, as pessoas que fazem parte de seu círculo social ou profissional inevitavelmente irão, em algum momento, criticar negativamente os seus atos. Sendo assim, não há muito o que você possa fazer em relação a isso, pois qualquer ação que realize será insuficiente para mudar a opinião dos outros. Então, deixe que falem e siga firme em seus propósitos até conseguir alcançá-los.

Tememos também não realizar nossos sonhos e, devido a isso, sequer nos arriscamos. Muitas pessoas sonham ter uma casa própria, se tornar empreendedoras, assumir um cargo importante em uma empresa, mas não se empenham nessa busca. A verdade é que a concretização de um sonho, seja ele qual for, além de requerer bastante esforço de quem o sonha, necessita de coragem e força. Coragem para enfrentar os momentos de frustração e força para se levantar quando houver baixas durante a jornada.

Com medo de lidar com esses períodos adversos, muitos passam a vida inteira adiando tarefas, postergando a realização das ações que farão toda a diferença entre uma vida de felicidade e uma vida cheia de frustrações. Sejamos fortes, ousemos ir além. Ultrapassemos as barreiras e os obstáculos que o que é externo a nós nos impõe. Acreditemos em nosso potencial, honremos nós mesmos nossa história e, assim, faremos com que as outras pessoas a honrem e respeitem também. Só assim será possível ter coragem para seguir em frente sem deixar que nada interfira.

## Nada a temer a não ser o próprio medo

"Pema Chodron, *When Things Fall Apart*"

Havia uma grande professora. Ela treinara muitas e muitas valorosas guerreiras. Um dia, anunciou à sua aluna mais promissora e corajosa que esta atingira o ponto de seu treinamento e que era chegado o momento de enfrentar e lutar contra o medo. No entanto, a aluna não queria fazer isso! Ela estava com medo, com muito medo. Aquela era uma ideia amedrontadora e aterrorizante. Parecia ser algo agressivo demais, algo impossível; ela não estava pronta.

Ainda assim, sua professora insistiu. Com enorme temor, a estudante finalmente concordou e saiu para lutar contra o medo. Ela não precisou procurar muito longe ou por muito tempo, porque o medo se esconde em cada esquina. Então, quando virou a primeira esquina, ela ficou cara a cara com o medo. O medo dela, seu medo, nossos medos. Ela prosseguiu para encará-lo e, à medida que ele se aproximava mais e mais, de repente ela se jogou no chão, se prostrou e por três vezes pediu respeitosamente para lutar contra o medo.

Nesse momento, o medo ficou muito impressionado, porque é preciso ser uma aluna sábia para respeitá-lo, e, como ela o havia respeitado de forma tão completa e evidente, o medo concordou com o embate.

Porém, a aluna clamou: "Obrigada por concordar em lutar comigo, mas, por favor, me diga, como eu posso derrotar você?".

"Oh! Ahh!", disse o medo, falando no início de forma suave. "Minhas armas são muito poderosas e escolhidas cuidadosamente para cada pessoa com quem eu luto. Chegarei bem perto do seu rosto, falarei com você com muita energia e farei ressoar uma voz poderosa como o trovão em sua cabeça. Vou lembrá-la de todas as suas fraquezas, de todas as vezes em que derrotei você, de todas as suas inseguranças, de todas as vezes que você me enfrentou e de todas as vezes que você perdeu para mim. Vou lembrá-la de quão pequena, insignificante e sem valor você realmente é".

"Ah não!", disse a aluna, chorando. "Eu vou perder o controle! Como poderei derrotar você? Impossível!"

"Impossível?", disse o medo. "Somente se você ouvir o que eu lhe disser e agir de acordo. Mas, se você não me escutar e não fizer o que eu lhe disser, eu não tenho poder." E assim, dizem que a aluna aprendeu a lutar contra o medo e a derrotá-lo. O medo dela, seu medo, nossos medos.

## ASSUMIR NOSSA RESPONSABILIDADE

Como dito, nada em nossa vida acontece por acaso, tudo vem como fruto de nossas ações. Os resultados delas nos mostram que devemos estar prontos para assumir a responsabilidade de cada ato que realizamos.

Tudo o que fazemos tem o poder de causar mudanças não só a nós mesmos, mas também àqueles que nos rodeiam. Por isso, é preciso que estejamos bastante atentos às nossas ações. Elas não devem, de forma alguma, ter a intenção de prejudicar quem quer que seja. Caso isso ocorra, devemos ter a consciência de que precisamos assumir a responsabilidade pelos nossos atos, bem como ter consciência de que teremos a resposta por aquilo que fizermos.

Todos nós alguma vez na vida já ouvimos alguém falar: "Fulano está colhendo o que plantou". Isso quer dizer que os resultados que obtemos ao longo da vida são consequência de tudo o que fazemos e pensamos. Se emanarmos apenas alegria e energias positivas, com certeza o retorno que teremos será só de coisas alegres e positivas em nosso caminho. Se, ao contrário, nossa programação mental for negativa e pessimista, e nossas ações forem voltadas somente para prejudicar quem está próximo de nós, no futuro os prejudicados seremos nós mesmos.

É simples. Se fizermos uma avaliação de nossa conduta de alguns anos atrás, o resultado é o que somos e o que temos hoje. Assim, as implicações do que fazemos agora surgirão rapidamente em nosso futuro. E, quando estivermos colhendo os frutos de nossas escolhas, caso sejam negativos, a tendência é que terceirizemos a responsabilidade desses acontecimentos.

Mas precisamos entender que ninguém mais, a não ser nós mesmos, é o responsável por tudo o que acontece conosco. Somos nós que temos o poder de tomar as decisões mais importantes para nossa vida. Por isso, precisamos estar cientes de nossas ações para que estas tragam somente benefícios a nós e a todos os que estiverem por perto.

## COMO ELIMINAR A CULPA DE NOSSA VIDA?

O caminho para eliminar a culpa é primeiramente entender que somos seres normais, imperfeitos e passíveis de cometer erros. Em segundo lugar, precisamos aprender a nos perdoar todas as vezes que cometermos um erro. Para tanto, devemos compreender que errar faz parte do aprendizado do ser humano.

Costumamos exigir muito de nós mesmos e das pessoas que nos rodeiam. Isso nos leva a criar expectativas irreais, o que consequentemente traz grandes decepções; quando percebemos que não conseguimos atender às expectativas, começamos a criar um sentimento de culpa que tem o poder de causar inúmeros efeitos negativos dentro de nós.

A consequência disso é uma aflição que nos toma, pois acreditamos que isso ou aquilo não deu certo por nossa culpa, porque não fizemos o suficiente para conseguir o que queríamos. Esse sentimento muitas vezes toma conta de nosso ser de tal forma que não nos deixa enxergar as variáveis da situação, que não somos super-heróis ou super-heroínas que têm a obrigação de acertar sempre.

Devemos bloquear esse comportamento "patológico" e nos aceitar do jeito que somos. Precisamos, de uma vez por todas, eliminar a culpa de nosso caminho, para que possamos seguir em frente com nossa vida, sem nos deixar abater, seja por coisas grandes ou pequenas. Compreendendo e internalizando esses fatos, desenvolveremos mais uma ferramenta que nos tornará verdadeiros líderes interiores.

## Mudar a nós mesmos

Se quisermos mudar algo em nossa vida, em nosso trabalho, onde quer que seja, precisamos, primeiramente, fazer uma autoavaliação, conhecer nossos pontos de melhoria e iniciar um processo de mudança em nós mesmos.

As transformações devem começar de dentro para fora. A partir do momento em que nos empenharmos em mudar os comportamentos que mais precisam de ajustes, perceberemos as coisas ao nosso redor, gradualmente se modificar conosco.

Para operar tais mudanças, precisamos iniciar um processo de autoconhecimento que é imprescindível para qualquer indivíduo que deseje desenvolver sua liderança interior. Devemos buscar nossos pontos de melhoria e procurar maneiras eficientes de modificá-los. É primordial, também, conhecer as crenças que nos impedem de alcançar nossos objetivos. Entendendo quem somos e como podemos agir em relação a nós mesmos, estaremos prontos para ver a mudança acontecer no mundo ao redor.

## Dar aceitação e carinho

O ato de aceitar todas as pessoas ao nosso redor exatamente como elas são, ou seja, de suspender todo tipo de julgamento, é uma grande ação de carinho, tanto com elas quanto conosco. Isso porque, quando nos desarmamos e nos permitimos conhecer quem nos rodeia, desprendidos de qualquer preconceito, estamos colocando de lado todos os pontos de melhoria que esses indivíduos podem ter e focando apenas no que eles têm de positivo a nos mostrar.

Precisamos pensar e analisar quão é penoso para nós ficarmos focados nas coisas erradas que as outras pessoas fazem, bem como em seus defeitos. Criticar e julgar quem nos rodeia, seja em casa ou no trabalho, acaba criando um enorme desgaste, pois não conseguimos, ou não nos permitimos, enxergar o que de belo o outro tem. Isso traz uma grande dose de angústia, pois temos a ilusão de que as pessoas deveriam ser como nós ou do jeito que queremos.

Temos de entender que não estamos aqui para julgar o comportamento de ninguém. Nosso dever é aceitar as pessoas exatamente como elas são, com suas qualidades e pontos de melhoria, mostrando-nos à disposição para ajudá-las caso seja necessário. Atitudes assim caracterizam o carinho que devemos ter com todos ao nosso redor.

A compreensão de que vivemos em um mundo carente de atenção e afeto nos fará perceber o quanto perdemos tempo julgando os outros em vez de reconhecer seus pontos fortes. Vamos mudar nosso comportamento: vamos elogiar mais e aceitar as diferenças das pessoas. Vamos nos empenhar em dar o devido reconhecimento aos que nos cercam, o que é um merecimento e também uma busca: ser reconhecido, elogiado e aceito, isso é o que todos queremos e merecemos.

## Viver o presente

Hoje é um dia importante em sua vida. Comece este e os próximos dias pensando assim, e a forma como você passará a encarar sua realidade será totalmente diferente. Viver o presente significa nos desvencilharmos das amarras do passado, que muitas vezes não nos deixam seguir em frente. É também deixar que as coisas aconteçam naturalmente, no seu fluxo normal, sem nos preocuparmos tanto com o futuro, com o que virá, pois isso depende apenas de nossas ações agora.

Devemos viver intensamente nossas experiências diárias, agradecer por elas, pois elas nos dão a noção de que estamos vivos, e isso por si só é uma grande bênção. Precisamos visualizar cada dia em nossa vida como uma nova oportunidade para fazer diferente e para fazer a diferença. Pensar em demasia no que já passou, no que já aconteceu, é um sofrimento do qual nós mesmos podemos nos poupar.

Existem pessoas que só vivem no passado e outras que vivem apenas no futuro, mas só existe o presente. Muitas vezes levamos anos e anos para entender isto: o presente, o hoje, o aqui e o agora foram criados pelo passado e constroem o futuro. Quando dominamos o presente e entendemos o passado, começamos a criar nossa nova história.

A dor é um momento que vivemos e a partir do qual podemos escolher aprender ou sofrer por isso. Podemos interpretar positivamente todas as nossas atitudes passadas ou presentes. Devemos reconhecer nossas vitórias e fracassos, mas sempre com foco no positivo.

O presente recria o passado, pois quando você entende suas ações dá um novo sentido para o que aconteceu. E o futuro é apenas a imaginação; quando chegar, será o presente. A vida, a escolha, a mudança, a cura e a potencialização acontecem todos os dias em que decidimos fazer dele nosso presente.

Portanto, nós somos o que realizamos agora. Somos a permissão que damos à interpretação e à percepção de nós mesmos. Certamente, a capacidade que temos de ressignificar o passado e de honrar e respeitar nossa história tem uma relação direta com resultados e com o estado de equilíbrio interno. O aqui e agora e a permissão de viver o tempo presente, que é o único tempo no qual existimos, é a maior e única forma de nos tornarmos o que queremos ser: pessoas melhores a cada dia!

Lembre-se sempre de nunca esquecer: tudo acontece no tempo presente, e o passado é uma grande interpretação e percepção que temos de nós mesmos, se acertamos, erramos e honramos ou não nossa história. Lembre-se ainda de que o futuro é uma projeção que realizamos hoje, aqui e agora e que vai nos levar ou não aonde queremos chegar.

Tudo é uma decisão de poder escolher fazer hoje o que queremos amanhã. Quando o futuro chegar, será o presente; assim, só existimos no presente; todo o restante é um significado, interpretação ou projeção que fazemos no tempo presente. Permita-se ir além a cada dia. Ouse fazer e o poder lhe será dado.

## VOCÊ, AUTOR DO SEU PRÓPRIO LIVRO

**Vivência/Metáfora**

**1. Imagine que você possa, por meio de uma sequência de poderosas perguntas, refletir sobre seu desenvolvimento pessoal e profissional. Diante de sua história e ações, como seria para você alavancar grandes sonhos e conquistas?**

**2. Apresento agora um questionamento para desencadear essa alavancagem e os passos futuros. Ao responder, busque "na alma, no sentimento e nas sensações" as respostas, deixe fluir! Se sua vida fosse um livro, qual seria o título? Como estariam estampados na capa a mensagem principal e o subtítulo? Que pessoa(s) estaria(m) na dedicatória e nos agradecimentos?**

3. Como seria a introdução do livro?

4. E o título do primeiro capítulo?

5. Você seria capaz de imaginar o título do último capítulo de seu livro, lembrando-se de que esse livro representa sua vida?

6. Se esse livro contasse as diferentes fases de sua vida, e essas fases estivessem em capítulos distintos, qual seria o título do capítulo que você está vivendo agora? O que você pode sentir com base em sua resposta? Qual é o aprendizado?

7. Onde você se encontra nesse capítulo da vida?

8. Qual será o título do próximo capítulo de sua vida? Aonde você quer chegar? Suas conquistas já são suficientes ou ainda falta alguma coisa?

9. Que decisões você tem procrastinado em sua vida? Com qual intenção positiva tem agido? O que você pode fazer, agora, para que as decisões fluam e para que você aja imediatamente? O que te impede você de escolher, decidir e resolver o mais rápido possível?

10. Quais características de sua personalidade você imagina que podem melhorar? Há alguma delas que você tem tentado mudar, mas não tem conseguido? Você sabe por quê? E se soubesse, qual seria a resposta?

11. O que acontece na sua vida que impacta direta ou indiretamente na conquista da sua felicidade?

12. O que acontece/aconteceu na sua vida que você acredita que impacta direta ou indiretamente na conquista do seu sucesso?

13. Qual é a alavanca da sua vida hoje? Seu motivo maior de vida? Sua meta principal? Que pequena mudança você acredita que pode fazer na sua vida para trazer um excelente resultado? Há alguma coisa que você pode fazer, agora, para que ter um acréscimo no próximo capítulo da sua história?

14. Qual é o primeiro passo que você pode dar em direção a essa mudança?

15. O que você escolhe e decide fazer?

16. Como você pretende fazer? Tem alguém que pode lhe ajudar ou só depende de você?

**17. Quando vai fazer? Se você pudesse detalhar essa ação, como você faria?**

**18. Se nesse livro houvesse um capítulo do melhor momento da sua vida, qual seria o título? Em poucas linhas, você pode explicar essa parte do livro?**

**19. É interessante que haja um capítulo no livro relacionado à gratidão. Qual seria o título desse capítulo? Quais são as dez principais pessoas ou ações que seriam mencionadas nele? Acesse suas memórias positivas.**

a.

b.

c.

d.

e.

f.

g.

h.

i.

j.

**20. Se outra parte do livro falasse sobre os tropeços e deslizes da sua vida, como seria o título desse capítulo? Qual seria a essência dele?**

# 5

# O LEADER COACH

O Leader Coach é realmente inspirador, e hoje é dele o papel de agregar de forma sistêmica esse espírito nos resultados da empresa.

**JOSÉ ROBERTO MARQUES**

Um tipo de liderança que está sendo bastante valorizado no ambiente corporativo é o que se alia ao Coaching para potencializar o desenvolvimento das pessoas e os resultados dentro da empresa. O chamado Leader Coach tem o perfil de uma pessoa inspiradora, pois seus exemplos e profissionalismo são motivações para que os colaboradores produzam mais e melhor. Respeito, flexibilidade e motivação são as características que mais se destacam, já que ele obtém a lealdade de seus liderados por não se impor e pela capacidade de ouvir e aceitar as contribuições de sua equipe.

Um bom líder conhece seus colaboradores um a um, confia em suas capacidades, sabe delegar e dar os feedbacks necessários à evolução, aperfeiçoamento e crescimento do grupo do qual faz parte. Sabe planejar as ações e montar boas estratégias, sendo visionário e mensurando a todo momento os resultados, para que assim eles possam ser melhorados, primando sempre pela qualidade.

Para isso, é preciso ter as atribuições indispensáveis ao currículo de um líder, como a educação, tanto formal quanto informal, cursos, treinamentos e afins; a necessidade de um momento de reflexão sobre o aprendizado que se tem após cada lição obtida, para que assim o significado das experiências seja de fato assimilado.

É importante correr riscos e saber lidar com eles, bem como com os erros que poderão ser cometidos; assumir responsabilidades e ter competência para gerenciar e realizar suas tarefas de modo a satisfazer todos ao seu redor, ou seja, funcionários e empresa.

O Leader Coach tem um estilo empreendedor, sempre trazendo novas ideias e soluções, motivando a todos e não deixando que seus liderados percam o foco. Ousado, ele acredita que é possível fazer mais e melhor, sendo proativo, não apenas delegando, mas também agindo em função de um objetivo maior, que é o bem-estar de sua equipe alinhado aos desejos da organização.

Outra característica importante de um Leader Coach é que ele se empenha sempre em ouvir a todos na essência, levando em consideração as opiniões e sugestões de seus colaboradores. Além de tudo, sabe compartilhar, dividindo seu conhecimento e experiências, sem temer que estes se tornem ameaças para si mesmo no futuro. Ele presta atenção e percebe as necessidades das pessoas, e isso é fundamental para quem deseja ocupar um cargo de liderança.

Ouvir seus colaboradores na essência é fundamental, pois é nesses momentos que se encontram os pedidos de apoio e orientação. Sendo assim, o líder deve ouvir com interesse o que cada um dos membros de sua equipe tem a dizer, fazendo do feedback o momento ideal para isso. É preciso abrir espaço para que todos possam se expressar, mesmo que o que ele ouça acabe batendo de frente com suas próprias opiniões.

Nota-se, com todas essas características, que a pessoa que recebeu esse aperfeiçoamento por meio do Coaching é realmente um profissional diferenciado, pois não prioriza apenas os resultados. O coach mantém a qualidade nas relações interpessoais, uma boa comunicação, e vê sempre novas possibilidades de evolução para si e para seus liderados.

O profissional que tem como base os ensinamentos que o Coaching proporciona tem a habilidade de direcionar as ações com extrema eficácia rumo aos objetivos desejados. Na organização, uma de suas maiores atribuições é auxiliar o liderado na descoberta de como ele pode contribuir cada vez mais e melhor para esses objetivos, atendendo, assim, às expectativas que a empresa tem em relação ao funcionário. Isso é feito respeitando as necessidades e limites de cada um como ser humano, buscando sempre potencializar o desenvolvimento profissional e pessoal do indivíduo.

As equipes geridas por um Leader Coach têm ganhos relacionados ao autoconhecimento e à autoconfiança, o que aumenta o engajamento dentro da empresa, pois o nível de satisfação no trabalho também crescerá gradativamente à medida que as mudanças positivas estiverem ocorrendo.

O Coaching tem o poder de melhorar o ambiente organizacional, pois acredita e dissemina em seus ensinamentos que todos são responsáveis pela própria felicidade e pelo próprio bem-estar. Assim, a pessoa acaba procurando os caminhos que a levarão ao objetivo que deseja.

Para tanto, é preciso criar o desejo de melhoria e evolução contínua, assim como buscar o autoconhecimento. É nisso que o Leader Coach irá auxiliar. Para ele, a prática da liderança é tida como uma filosofia, em que se crê que a aquisição de conhecimento e o desenvolvimento são processos que não se encerram somente ali no ambiente de trabalho. Eles devem ser mantidos em todos os lugares dos quais fazemos parte.

Por esse motivo, ele apoia o colaborador no desenvolvimento de sua inteligência emocional e o ajuda a descobrir as áreas nas quais tem mais aptidão para realizar seus trabalhos e as funções que lhe trazem mais prazer. Além disso, ajuda o colaborador a lidar com as dificuldades que encontra ao longo de seu caminho.

Com isso, o Leader Coach irá definir metas para si mesmo, analisando o que tem feito de incongruente ao longo da vida, o que o fez agir dessa forma, e como ele irá agir daqui para a frente, para começar as transformações em sua vida e na vida dos que o rodeiam.

O papel do Leader Coach dentro de uma organização não é comandar, muito menos controlar seu liderado, mas servi-lo, influenciando positivamente e motivando-o, elevando seu patamar a todo momento, tanto em termos pessoais quanto profissionais. A partir do momento em que o funcionário começa a se sentir verdadeiramente parte do processo, passa a decidir de que forma será controlado e influenciado pelo seu superior.

O líder desenvolve seus liderados através do Coaching por meio de perguntas poderosas e provocativas que os levam a refletir sobre o que se passa em seu interior, no ambiente ao redor e nas mãos de quem detém poder de mudança em sua vida.

São inúmeros os questionamentos e as reflexões a que isso leva. O intuito é fazer com que o indivíduo passe a ter mais consciência de que ele é o responsável por determinar metas e sonhos, bem como por planejar de que forma percorrerá o caminho para alcançar esses objetivos.

Diante disso, cabe ao Leader Coach desenvolver novas habilidades e conhecimentos, deixando o liderado à vontade para colocar em prática toda a sua criatividade e se tornar líder de si mesmo, sem, é claro, passar por cima da autoridade de seu superior. Nesse momento, os talentos começarão a surgir, tendo em vista que estão sendo incentivados a se descobrir como verdadeiros profissionais.

Esse é mais um desafio que aparece para o líder: manter os liderados comprometidos com os processos nos quais já estão inseridos, para que permaneçam empenhados, desenvolvendo-se e aprimorando seus conhecimentos mais e mais. O gestor tem o dever de explicar ao liderado a visão, a missão e os objetivos da organização de modo que ele compreenda e os aceite, alinhando-os com seus próprios objetivos.

Quando o colaborador está ciente de todas essas informações e sabe nitidamente qual papel deve desempenhar, o motivo de ter de realizar determinadas tarefas, e o impacto que seu comportamento gera no resultado final, ele se sente parte fundamental desse processo, estimulado a produzir cada vez mais e melhor.

Tudo isso é consequência do comportamento do gestor, que aos poucos vai se tornando um verdadeiro Leader Coach, merecendo maior respeito e confiança de seus liderados. No entanto, o processo de deixar os velhos hábitos para trás não é uma missão muito fácil para esse líder. Ele precisa ter disciplina e comprometimento com a mudança para saber onde inserir os ensinamentos do Coaching na sua rotina, tanto dentro da empresa quanto em casa, ou em qualquer lugar aonde vá.

É nisso que o Coaching auxilia a pessoa que está ocupando o cargo de líder. Ele torna mais fácil e até mesmo menos dolorosa essa transição na vida do indivíduo, buscando aprimorar as competências que este já tem para que desenvolva novas habilidades necessárias para liderar.

Tendo essa filosofia já incorporada ao seu repertório e ao seu dia a dia, o líder passa a realizar suas funções com maior eficiência, incentivando e motivando sua equipe, compreendendo que seus colaboradores são peças fundamentais para a organização, o que o faz valorizá-los cada vez mais.

Nesse contexto, ele passa a incluí-los sempre nos processos de tomada de decisão, o que aperfeiçoará seu conhecimento e lhes dará maior segurança para emitir suas opiniões. Porém sua missão não se encerra aí: é preciso que o líder acompanhe cada um dos membros de sua equipe até que consigam alcançar o resultado final, dando apoio, orientação e transformando as intenções de todos em ações efetivas, geradoras de bons resultados.

Ele consegue esse intento utilizando dinâmicas de grupo e fazendo análises individuais no intuito de descobrir o que desenvolver em cada um. Com isso, é possível despertar e criar um ambiente confortável ao autodesenvolvimento, à automotivação, à autoliderança, à criação de planos de ação e, consequentemente, ao crescimento profissional e pessoal.

Percebe-se então quão importante e quão responsável é a figura do líder em uma organização, pois está em suas mãos a capacidade de gerar resultados positivos ou negativos. Basicamente, o progresso ou declínio de uma empresa e de sua equipe depende da competência desse líder para gerenciar e organizar o ambiente, tornando-o propício para que todos se sintam confortáveis para atuar e desempenhar suas funções de forma satisfatória.

Até este momento, observamos as inúmeras características que um Leader Coach deve ter. Ainda veremos muitas outras atribuições detalhadamente. No entanto, em um contexto geral, o Coaching auxilia o indivíduo a desenvolver as seguintes habilidades:

- Estar aberto às inovações.
- Ajudar os funcionários a liderarem seu trabalho.
- Conhecer toda a organização.
- Contratar pessoas.
- Dar feedback.

- Demitir pessoas.
- Fortalecer a missão e os valores da organização.
- Motivar pessoas.
- Pensar positivamente.
- Reconhecer os erros.
- Saber avaliar com razão em vez de usar a emoção.
- Saber ouvir as pessoas.
- Saber planejar.
- Ser criativo e talentoso.
- Ser ético.
- Ser bem-humorado, comprometido, justo, respeitoso e parceiro.
- Ser profissional.
- Ter coragem.
- Tomar decisões.
- Ter uma visão voltada para o futuro.

A pessoa que deseja se desenvolver profissionalmente e auxiliar no crescimento da carreira de seus liderados deve buscar a evolução contínua, ou seja, aprimorar seus conhecimentos e suas habilidades a todo instante.

Diante desses modelos e de suas particularidades, podemos observar que a liderança é algo que faz parte do indivíduo, incorporando ao grupo características com o poder de gerar resultados nas mais diferentes situações. Essas habilidades vão ajudar o Leader Coach a intermediar o contato entre a empresa e o grupo e entre as distintas áreas que compõem a organização, bem como desenvolver um planejamento que alcance os resultados esperados.

Tudo é questão de aprendizado, de busca e de desenvolvimento do potencial que todos temos internamente, e, claro, questão de força de vontade, de querer batalhar e se empenhar em dar o melhor de si aos colaboradores, à empresa e, obviamente, a si mesmo.

Sem satisfação pessoal, não adianta ser um líder nato ou desenvolver essas características, pois o trabalho não será feito com prazer e não vai gerar felicidade, que é o fator mais importante para um Leader Coach.

É imperativo que essa motivação de realizar grandes feitos para todos seja uma característica do indivíduo que embasa sua liderança no Coaching, pois, assim como ele busca a realização dos envolvidos no processo, também almeja a autorrealização.

O líder sabe que o caminho para o sucesso só existe por meio das pessoas, e por isso ele se empenha em conhecê-las, em saber sempre mais sobre cada uma delas, compreendendo-as e entendendo suas necessidades. Somente dessa forma ele será capaz de praticar uma liderança eficaz.

O indivíduo que se encontra nessa função precisa se certificar de ter algumas dessas características, caso contrário poderá causar danos e prejuízos quando, na verdade, deveria ajudar a empresa e sua equipe a crescer.

## DESENVOLVENDO LÍDERES

Para darmos um pouco mais de profundidade às contribuições que o Coaching pode oferecer ao ambiente organizacional no que diz respeito à liderança, veremos agora características que compõem um Leader Coach. A seguir saberemos como esse líder pode utilizar todas as suas ferramentas e habilidades para servir aos seus liderados, tornando-os verdadeiros líderes, fazendo com que aprendam a ter autonomia para gerir sua carreira e harmonizá-la com sua vida pessoal.

Aproveitando que estamos no processo de análise do ambiente corporativo, há uma reflexão que deve ser feita e que não é tão simples assim; pelo contrário, para muitos chega a ser um tanto difícil. Diz respeito ao tipo de líder que o mercado espera hoje.

Tentando esclarecer mais essa questão, é preciso levar em consideração que a competitividade no mercado nunca deu e nunca dará folga a nenhuma empresa que queira se manter de portas abertas por um longo período. A tendência sempre será essa, e, à medida que a organização for exigida, ela exigirá muito mais de seus colaboradores. Por isso, é importante prepará-los para enfrentar os desafios que esse cenário impõe a todos os que nele queiram atuar.

É nesse contexto que o Leader Coach se encaixa, buscando entender o potencial de seus liderados e se empenhando no desenvolvimento constante deles. Seu papel é compreender o conceito de capital humano e aplicá-lo de modo efetivo e na prática, sem ficar somente no plano teórico. Para tanto, ele deve tirar o melhor de cada um, como bom coach que é, ensinando-os a acessar essas ferramentas e a utilizá-las para que possam desempenhar suas funções com a maior eficiência possível, de maneira que atendam às expectativas da organização.

Tornar-se um Leader Coach é uma tarefa que lhe consumirá bastante suor e dedicação, já que será necessário que você deixe para trás os hábitos com os quais já estava acostumado e incorpore novos em sua vida. Nem todos estão preparados para lidar com mudanças, ainda mais com aquelas que devem ocorrer de dentro para fora para serem verdadeiramente eficazes.

O que se sabe é que atualmente essa transição é necessária e pode ocorrer de duas maneiras: preventivamente ou dramaticamente. Não preciso nem dizer qual é melhor, pois as descrições falam por si. A empresa que insistir em não dar prioridade aos seus colaboradores, atualizando conhecimentos e potencializando suas habilidades, sofrerá mais tarde, de forma dramática, as consequências, sendo cobrada pela competitividade, que simplesmente não perdoa ninguém e acabará pagando com sua sobrevivência.

Para que isso não aconteça e para fazer com que a organização esteja no mesmo patamar que as outras, ou até mesmo à frente delas, o estilo de liderança que mais se adéqua a esse processo é o do líder que tem formação em Coaching. Ele faz com que os resultados almejados pela organização sejam alcançados mais rapidamente, otimizando, assim, o tempo gasto na elaboração e na execução de projetos.

Esse perfil se tornou valorizado a partir do momento em que as exigências e as regras do mercado mudaram, quando se tornou evidente a necessidade de renovação dos modelos de liderança. Hoje as empresas anseiam por equipes cada vez mais produtivas, mais eficientes e, principalmente, com maior capacidade de adaptação às mudanças. No entanto, tais profissionais não vêm prontos, devendo ser estimulados, motivados e desenvolvidos, o que é uma das missões do líder.

Outra atribuição que se espera, além de tudo isso, é que o líder ultrapasse a simples função de dar ordens, criando um ambiente propício ao desenvolvimento contínuo da equipe, tornando-a melhor e alcançando os tão desejados resultados extraordinários. É preciso fazer os colaboradores se tornarem autossuficientes e efetivos, sentindo-se motivados e empenhados na busca por seu próprio crescimento.

Uma das grandes diferenças que encontramos no Leader Coach é o fato de que ele utiliza sua posição privilegiada de forma mais humana, preocupando-se com o desenvolvimento tanto profissional quanto pessoal de sua equipe, pois sabe que o sucesso de um só acontece se o outro estiver igualmente satisfeito. A capacidade de conseguir equilibrar esses dois ambientes da vida de um ser humano, bem como a sensibilidade e sabedoria presentes em suas atitudes, são a base para que ele mesmo se sinta satisfeito em realizar um trabalho tão primoroso.

Volto a repetir que nem tudo serão flores nesse caminho, e em algum momento ele pode vir a ser tortuoso. Tratando a situação de forma bastante realista, você vai encontrar profissionais com grande dificuldade para pôr em prática esse desenvolvimento que está sendo disponibilizado a você. Isso acontece porque eles não se sentem prontos, pois o que precisam é de alguém que esteja sempre ao seu lado, motivando-os, acompanhando e orientando-os rumo à mudança.

É preciso se pôr no lugar de cada um deles e pensar que podem ter passado por experiências ruins na gestão de outros líderes que não têm o mesmo know-how de um Leader Coach. Compreensão, paciência e persistência são os ingredientes que o farão atingir essa meta.

Dentro desse processo de transformação para se tornar um Leader Coach, o essencial é que este desenvolva sua liderança de forma mais humanizada, tornando esse conceito parte da cultura da empresa. Dessa maneira, os funcionários terão cada vez mais vontade e liberdade para desempenhar suas funções com qualidade.

Para isso, é importante que o líder tenha à sua volta pessoas capazes de tomar decisões e de conduzir suas carreiras sem a necessidade de supervisão constante. Essa equipe trabalha com base no modelo de alta performance, em que os principais objetivos são a superação dos desafios diários, a evolução contínua do potencial de cada um, e, o que é fundamental, procuram atingir as metas por meio do trabalho em grupo, contando uns com outros para que no final o resultado seja alcançado.

Esse ambiente propício à realização do trabalho em equipe, que gera resultados extraordinários, só é possível a partir do tipo de liderança que o grupo tem. A forma como tudo é conduzido depende única e exclusivamente da maneira como o líder escolhe fazer. Cada indivíduo que compõe a equipe age conforme aponta seu líder; esse é o reflexo da pessoa que todos veem como mentor.

Para que as pessoas atinjam patamares mais elevados de desenvolvimento, é preciso que o líder procure dar apoio com o intuito de estimular a expansão do potencial de cada um e de gerar aprendizado, tanto com as experiências em grupo quanto com as individuais.

O sentido disso é passar a considerar os membros que contribuem com seu crescimento e com o crescimento da empresa como elementos essenciais, como seres humanos com recursos a serem constantemente trabalhados. Essa é a verdadeira humanização, realizada por meio dos ensinamentos que apenas o Coaching possibilita ao líder.

Esse modelo de aprendizado cria condições para o desenvolvimento de habilidades, bem como para o aumento de nossa capacidade de ação perante os desafios. Nos momentos determinantes, por mais que o líder tenha todas as ferramentas e conhecimentos necessários para tomar as decisões finais, ele não conseguirá caminhar sozinho para alcançar os resultados que deseja. É preciso que sua equipe esteja alinhada, sabendo as horas certas para agir, sem esperar que tudo fique apenas nas mãos dele.

A organização que utiliza esse modelo, no qual o Leader Coach realiza suas ações proporcionando aos seus liderados um espaço para que o aprendizado aconteça de forma mais rápida do que normalmente aconteceria, terá maiores chances de sucesso. À medida que as pessoas já tiverem essa cultura incorporada em sua rotina de trabalho, apresentarão como retorno o resultado em um tempo ainda menor.

Durante a implementação dessa nova cultura, o líder deverá desempenhar vários papéis, como o de instrutor; aquele que auxilia seus liderados no amadurecimento de sua carreira, transmitindo ensinamentos e conhecimentos, fazendo despertar em cada um habilidades de liderança, desenvolvendo seu poder de decisão, que eles são responsáveis tanto por suas ações quanto por seus resultados. Ele desempenhará, também, o papel de facilitador, contribuindo para o processo de descoberta de habilidades no alinhamento dos objetivos de todos e pesquisando as informações disponíveis e necessárias para realizar todas essas tarefas.

Sua função é também fazer a equipe passar a definir metas, missão e visão para determinar como quer estar a curto, médio e longo prazo. Estabelecendo esses objetivos, a probabilidade de obter o comprometimento de todos com os projetos e com os anseios da empresa é muito maior.

Depois de iniciar esse processo de mudanças, certamente os resultados irão surgir. Assim, é preciso começar a mensurá-los para saber se têm sido satisfatórios ou não. Não estou falando apenas dos resultados esperados pela empresa, mas também dos que envolvem a evolução e a transformação de cada indivíduo e do grupo como um todo.

Será por meio do feedback, uma ferramenta essencial ao Leader Coach, que este poderá ter acesso tanto ao que está ocorrendo ao seu redor como às opiniões e contribuições de todos os seus colaboradores. Realizando-o constantemente, será possível aumentar a autoestima do grupo, o que gera, em consequência, uma melhora na performance de todos.

Com base no feedback, o líder consegue avaliar o andamento do processo, ponderando sobre o que cada um tem e o que é preciso desenvolver na equipe para alcançar os objetivos propostos. Munido dessas informações, o líder se colocará ao lado de seus liderados, como um parceiro, para auxiliá-los na resolução dos problemas que surgirão ao longo do caminho, dedicando para isso tempo e energia.

Como grande líder que é, ele também terá o desafio de fazer seus liderados romperem com as crenças que, por vezes, acabam paralisando as pessoas na tomada de decisões. Nesse contexto, ele utilizará todo o background que o Coaching lhe dá para fazer os colaboradores praticarem o TBC, ou seja, Tirarem a Bunda da Cadeira. Assim, os liderados vão aos poucos esquecendo os lugares-comuns aos quais são levados, realizando novas tentativas e experiências e desenvolvendo seus recursos internos e externos para que sejam utilizados nos momentos decisivos de suas carreiras e na empresa.

Aperfeiçoando essas competências, bem como muitas outras necessárias ao desempenho de um bom trabalho, o líder estará investindo na melhoria do relacionamento entre os profissionais e na performance de sua equipe. Consequentemente, os resultados virão mais fácil e rápido.

Para implantar essa nova cultura, o líder ousado encontrará inúmeros desafios à sua frente, mas é necessário enfrentar todos com coragem e determinação, pois, como já foi dito, os resultados serão extremamente satisfatórios para quem quer que esteja envolvido nesse processo, direta ou indiretamente.

## Benefícios

Os benefícios naturais desse processo poderão ser observados tanto a curto quanto a longo prazo, dependendo da adaptação das pessoas às mudanças que ele apresentará. É possível que no começo sejam difíceis de ser encaradas e tragam certo desconforto, pois, dependendo também do contexto, podem ser consideradas radicais. No entanto, com o passar do tempo perceberemos que todos começarão a se adequar e a sentir os sintomas positivos dessa nova realidade, que se mostra cada vez mais satisfatória e prazerosa de ser vivida.

Isso acontece porque, no momento em que o Coaching se alia ao conceito de liderança, ele passa a potencializar o indivíduo, que irá se transformar em um líder focado principalmente no capital humano de sua empresa, o que já é um grande diferencial. O resultado disso é quantitativo, pois seu objetivo é atender também aos anseios da organização, tendo em vista que, depois da incorporação dessa nova cultura, seus colaboradores se tornarão pessoas que aprendem com todo tipo de experiência.

Com isso, o nível de adaptabilidade e a competência de saber lidar com as dificuldades com certeza lhes darão inúmeras vantagens diante do mercado competitivo, cada vez mais exigente.

Esses são os ganhos que líderes e liderados terão nesse cenário, que está em constante mudança e pede que todos estejam preparados para enfrentar os diversos tipos de adversidades que venham a surgir. Os grupos que encaram essas situações como desafios ou obstáculos a serem ultrapassados conseguirão lidar de forma mais fácil com o estresse, por exemplo, modificando a energia negativa que este traz e transformando-a em incentivo para ações melhores e efetivas. Esse tipo de atitude, em momentos considerados cruciais, é de extrema importância, pois atua como uma linha tênue que separa o sucesso do fracasso.

O estresse nas situações mais corriqueiras de nosso dia a dia é um fator determinante, que pode trazer grandes problemas caso as pessoas não saibam lidar com ele. Por isso é importante que o líder tenha a habilidade de mostrar como vai fazer para transformar esses momentos em ganhos e conquistas. A equipe que conseguir sobressair e se destacar diante desses obstáculos, bem como tiver êxito em seus intentos, será, com toda a certeza, considerada uma equipe de alta performance.

Nesses momentos, a organização que apoiar equipes com autonomia suficiente para realizar suas ações, com o poder de tomar as decisões mais assertivas possíveis e com habilidades para lidar com as dificuldades do caminho, promoverá um amadurecimento maior e mais rápido de seu capital humano.

Esse investimento vai gerar uma reação em cadeia, na qual os colaboradores terão participação direta no crescimento da empresa, atitude que incentiva sempre mais o uso do capital intelectual. Essa ação, finalmente, vai culminar no alcance dos resultados esperados, bem como no aumento do valor e da competitividade da empresa no mercado.

Analisando todo esse contexto, é possível perceber que o que o mercado mais valoriza em um colaborador é a capacidade de lidar com os contratempos, que serão muitos ao longo desse processo. Quanto mais desenvolvida e estimulada for essa competência, maiores serão as chances de ele ter sucesso em sua carreira.

O que mais as empresas buscam em um profissional, em meio a tanta competitividade, é que ele saiba se adaptar com facilidade às transformações do ambiente e do mercado. Que esteja aberto ao constante aprendizado e, como já foi dito, saiba responder satisfatoriamente às adversidades. Existem ainda outras características, no entanto essas são as mais importantes para que se tenha uma equipe de alta performance, com alto poder de autonomia.

Para o liderado, os ganhos que esse processo trará envolvem questões como o aumento da autoestima e autoconfiança, pois é isso que seu líder transmite como principais ensinamentos, independentemente de suas ações, ou se ele comete erros ou não. Tendo o Leader Coach como modelo principal a ser seguido, o colaborador faz questão de incorporar essas habilidades e ferramentas a seu dia a dia, obtendo maiores chances de conquistar oportunidades melhores em sua carreira.

Desenvolvendo as competências de um Leader Coach, as chances de ter estabilidade pessoal e profissional, de se manter no emprego, bem como de se tornar um indivíduo cada vez mais valorizado e requisitado pelo mercado, aumentarão significativamente. Afinal, hoje as organizações têm sentido falta de pessoas com essas características para ocupar cargos de gestão em suas equipes.

As empresas que dão valor a colaboradores com tais características se preocupam em estimulá-los e motivá-los, experimentando novas possibilidades, novos caminhos para alcançar os objetivos. Nesse ambiente, as pessoas têm espaço e liberdade para atuar e dar o melhor de si. O resultado disso são equipes cada vez mais satisfeitas e empenhadas em buscar atingir as metas, o que será um bem comum a todos, assim como o aumento das possibilidades de promoção e melhores salários.

Avaliando agora os benefícios que o líder terá a partir do momento em que os efeitos desse novo estilo de liderança começarem a surgir, podemos perceber que ele passará a ser alvo de admiração, tanto por parte de seus superiores como de sua equipe. Isso é essencial para que ele consiga influenciar positivamente seu grupo, conduzindo-o a um caminho que leva a resultados extraordinários.

Diante dessa situação, ele cria um ambiente propício à colaboração mútua, a partir do qual todos terão interesse genuíno em ajudar uns aos outros. O sentimento de gratidão para com o líder será significativo, pois ele apoiará o liderado em seu crescimento, tanto pessoal quanto profissional. Como forma de agradecimento ao bom trabalho desempenhado pelo líder, o grupo fará questão de realizar com afinco e motivação o que ele pede, mostrando orgulho de fazer parte de uma equipe vitoriosa. Tais atitudes mostram o reconhecimento que esse líder tem, o que consequentemente o fará se manter no cargo e conseguir alcançar o que almeja em termos profissionais. Ele se vê, assim, em uma rota de crescimento contínuo.

Por falar em motivação, da mesma maneira que o líder se sente bem para continuar fazendo esse trabalho eficaz, assim também se sente a equipe que é reconhecida pelo que vem realizando, com excelência, dia após dia. O tempo em que as pessoas eram atraídas para um emprego apenas pela questão financeira já não existe mais. É claro que esse fator é determinante, mas não é um elemento motivador em primeiro grau. Ao contrário disso, caso a empresa trate o funcionário apenas como mais um, acreditando que ele está sendo "muito bem pago" para fazer seu trabalho, sem merecer nada além disso – como benefícios e atenção –, em pouco tempo o colaborador se sentirá desmotivado e sua produtividade cairá.

Hoje as pessoas se sentem mais satisfeitas em uma empresa que as respeita, com um gestor que as desafia a dar o melhor de si, auxiliando-as para conseguir isso. Esse apoio é manifestado quando o Leader Coach faz sua equipe se sentir parte fundamental da organização, mostrando a seus membros que eles fazem toda a diferença por ali estarem reconhecendo que sem eles, verdadeiramente, nada seria possível.

Esse reconhecimento pode vir por meio de elogios e agradecimentos quando uma meta é alcançada. Atitudes como essas são essenciais, pois é esse tipo de valorização que todo funcionário tem buscado atualmente.

# OBJETIVOS DO LEADER COACH

**1. Auxiliar o liderado na busca por respostas**

O processo de transformação proposto pelo Coaching tem como base principal o autoconhecimento. A partir do momento em que o indivíduo passa a conhecer, verdadeiramente, seus recursos internos – seus sentimentos, pensamentos, o porquê de ele agir de um jeito e não de outro –, ele passa também a realizar as mudanças necessárias para a autorrealização. Mas não é dando fórmulas prontas, indicando ou aconselhando um melhor caminho a ser seguido que o coach estará apoiando seu coachee/liderado.

Quem tem o poder de tomar as decisões e sempre deve ter é a pessoa que está passando pelo processo. O papel do coach, no caso do Leader Coach, é o de auxiliar sua equipe a aprender a estruturar pensamentos por si própria e não esperar que tudo parta do líder.

A tentação de distribuir conselhos a todos é muito grande. É bem mais cômodo do que ensinar o ser humano a se responsabilizar por buscar o caminho para a própria felicidade. Porém, não é aconselhando que o líder conseguirá fazer seu liderado evoluir; pelo contrário, agindo dessa forma ele vai acabar criando uma relação de dependência, fazendo o colaborador se sentir inseguro; assim, todas as ações que ele realizar terão, antes, de receber a "bênção"do líder.

Receber conselhos impede que a pessoa obtenha algumas coisas, como a possibilidade de gerar aprendizado com as experiências e de desenvolver novas habilidades para aprimorar seus conhecimentos e seu poder de resolução. O objetivo do Coaching não é esse; pelo contrário, é fazer as pessoas serem levadas a refletir, por meio de sugestões ou perguntas, para que assim possam expandir seu potencial, fazendo suas próprias escolhas sem esperar por ninguém para alcançar o que desejam.

**2. Desenvolver novos potenciais**

Como estamos falando em aprendizado e desenvolvimento, o Leader Coach também tem essa preocupação para com seus liderados. Seu foco será trabalhar na substituição de comportamentos que estão prejudicando o bom andamento da equipe e desenvolver novas atitudes que sejam efetivas e eficientes. Ele não espera que os problemas e as adversidades se manifestem para poder tomar uma providência; suas ações são realizadas para prevenir situações como essas, incorporando tal cultura à organização.

Seu trabalho é feito no sentido de mostrar ao liderado que ele tem muitas opções a serem seguidas além daquelas com as quais já está acostumado. Quando a pessoa tem um extenso leque de opções a serem aproveitadas e colocadas em prática, maiores são as chances de que os resultados sejam satisfatórios.

Trabalhar nas mudanças de comportamento não é tarefa fácil; no entanto, é preciso observar que nem sempre aquilo que estamos acostumados a fazer é adequado em determinadas situações. Nesse caso, fazer a pessoa aprender a pensar um pouco mais nas alternativas que tem e buscar outras que ainda não conhece é importante para que ela possa evoluir e não fique presa a um ou outro comportamento.

### 3. Contribuir para o aprendizado

Umas das grandes habilidades do Leader Coach tem é fazer sua equipe obter aprendizado em cada uma das experiências pelas quais passar. É preciso dar atenção especial aos momentos em que o liderado comete um erro ou tem de lidar com dificuldades que poderão surgir. Nessas horas, o líder precisa ter equilíbrio, mostrando ao liderado, por meio das perguntas poderosas, de que forma ele pode acessar seus recursos internos para reverter a situação.

É assim que um verdadeiro líder compreende e apoia seus liderados. Dessa forma, sempre que acontecer algo que não estava previsto, todos saberão como agir, ou seja, primeiro refletirão sobre o que está ocorrendo, por meio das perguntas, e em seguida buscarão as ferramentas necessárias para resolver o problema. Essa é verdadeiramente uma equipe disposta e aberta ao aprendizado.

Ações como essas são importantes em ambientes em que, quando um erro ou algo inesperado acontece, a única preocupação é apontar culpados. Equipes de alta performance agem totalmente ao contrário, pois, em vez disso, buscam primeiro as maneiras de resolver situações, trabalhando em equipe e se ajudando para que nada atrapalhe o alcance dos objetivos.

### 4. Feedback objetivo

A forma como se conduz o processo de Coaching dentro de uma organização é totalmente diferenciada. O tempo é um fator bastante valorizado, que não pode ser, de maneira alguma, desperdiçado. É por isso que, já no início, o prazo para o cumprimento de cada tarefa é previamente estabelecido, pois as chances de ele ser respeitado são maiores se comparadas a outras metodologias.

O Leader Coach aborda as questões com seus liderados levando em consideração a economia de tempo. Seus feedbacks ou mesmo as conversas que têm com os membros da equipe são realizados utilizando as técnicas e ferramentas do Coaching para que tanto o aprimoramento e desenvolvimento de competências quanto os resultados ocorram de forma mais rápida.

Ao auxiliar sua equipe a encontrar, por si só, os meios para resolver as adversidades e alcançar mais rapidamente seus objetivos, o líder estará criando novos líderes que serão responsáveis pelas próprias ações, o que fará toda a diferença no final desse processo.

### 5. Desenvolver competências

Entre as várias habilidades que o Coaching oferece ao líder e ao liderado está a grande oportunidade de aperfeiçoar as competências que o colaborador já possui e desenvolver aquelas de que ainda necessita. Desse modo, essa atividade dará um novo direcionamento à sua carreira, seguindo rumo ao sucesso profissional.

Estando apto a atender aos anseios da empresa, o funcionário passa a ser um grande concorrente a promoções futuras. A partir disso, ele passará a ser bem-sucedido, tanto pessoal quanto profissionalmente. Essa é uma forma de se preparar para quando as oportunidades aparecerem, sendo capaz de aproveitá-las da melhor maneira possível.

## Foco na solução

Como todo e qualquer processo, o Coaching também precisa ser previamente planejado para que se possa alcançar os resultados esperados. Será impossível chegar a algum lugar sem, primeiramente, saber o que se quer atingir e em seguida planejar as ações com foco na solução e nos resultados.

Para que todas as ações sejam efetivas, é primordial que haja uma estruturação das ideias e de como tudo será realizado, pois sem isso todas as contribuições serão em vão e as pessoas não saberão o que cada uma deve fazer dentro do processo. O papel do Leader Coach, nesse caso, é trazer para si a responsabilidade de organizar todos os pensamentos e ideias que seus liderados terão, bem como ouvir suas queixas e a partir delas buscar as opções para solucionar todas as questões.

Depois disso, sua função será orientar e acompanhar a evolução de cada um e do processo até que se chegue aonde se deseja, ou seja, a resultados extraordinários para a empresa, para a equipe e para o líder, que se sentirá extremamente satisfeito com o trabalho que vem realizando.

## EVOLUÇÃO

O modelo de liderança baseado no Coaching oferece ao indivíduo suporte necessário para lidar com as situações corriqueiras, e também com as inesperadas, de maneira eficiente. Por isso é considerado o modelo ideal no ambiente corporativo atual, pois trata-se de uma liderança desempenhada com os mais altos níveis de conhecimentos e habilidades.

Hoje as empresas querem exatamente isso para seus mais altos cargos, tendo em vista que esse é o melhor modelo a ser incorporado à cultura organizacional. A probabilidade de uma organização se manter competitiva no mercado é muito maior, bem como a de continuar tendo o respeito e o empenho de seus funcionários para que essa realidade seja mantida.

### Processo de aprendizado

Como processo de aprendizado que é, o Coaching preza pelo aperfeiçoamento e desenvolvimento do ser humano. Por isso, sabe-se que esse caminho será percorrido em meio a erros e acertos. Sem julgamentos, o Leader Coach tem a função de compartilhar seus conhecimentos com os liderados, fazendo com que os momentos de acertos se tornem mais frequentes do que os de erros.

Agindo assim, ele contribui para que todos saibam lidar com esses altos e baixos, que no início estarão presentes a todo momento, até que se consiga incorporar o comportamento de alta performance à rotina da equipe.

Nesse sentido, é imprescindível investir nos ensinamentos e principalmente na prática constante, já que sem ela não há possibilidade de progresso ao longo desse caminho. A pessoa que está passando pelo processo de aprendizado deve ter a oportunidade de praticar sem ser julgada e sem levar "bronca" por qualquer erro que venha a cometer.

A forma de chamar atenção para o que está sendo feito errado é: enfatizando o que foi feito de correto, estimulando a repetição dessas ações. Assim é possível gerar aprendizado, mostrando que tudo o que acontece se transforma em experiências boas e ruins, que nos trazem oportunidades de aprender e melhorar.

## Pondo o processo de coaching em prática

Ao iniciar ou implantar o processo de Coaching em uma empresa é preciso, primeiro, procurar conhecer as pessoas com as quais se vai trabalhar. Em uma equipe, seja ela numerosa ou não, é imprescindível que o líder busque saber o que cada um almeja para seu futuro profissional, quais as competências, habilidades e conhecimentos dessa pessoa e quais precisam ser desenvolvidas.

Essa avaliação é importante, pois é necessário conhecer a realidade com a qual se vai trabalhar para saber onde será preciso realizar mudanças e onde não. Apenas assim é possível pensar nas pretensões que se tem e em como se dará o processo de desenvolvimento dos profissionais que contam com a orientação de seu líder, bem como o crescimento que a organização terá com isso. A consciência do estado atual e do estado desejado é essencial para que se possa ter sucesso ao longo de toda a jornada.

Esse mapeamento também é importante, pois o Leader Coach precisa saber de que forma vai abordar seu liderado para que possa, estabelecer com ele a conexão necessária para o progresso de ambos. Somente por meio do respeito e da confiança é que o gestor vai conseguir servir como fonte de apoio, fazendo com que o colaborador se sinta motivado a iniciar esse processo.

O apoio do líder nesse momento, em que seus liderados estarão passando por modificações internas e serão levados a confrontar suas crenças, ficando mais fragilizados e inseguros, fará cada um ter força para enfrentar o necessário à sua evolução, tanto profissional quanto pessoal.

Esse acompanhamento faz qualquer ser humano se sentir verdadeiramente importante, o que é uma necessidade que todos nós temos. A partir disso, a pessoa passa a se sentir segura o suficiente para se tornar líder de si mesma e consequentemente da sua carreira. Isso só é possível se o líder mostrar que está de fato interessado no sucesso de seu liderado, sem julgá-lo e sem se pôr na posição de superior, mas sim na de parceiro que está ali para apoiar o colaborador até que este consiga alcançar os resultados que deseja.

Para que se possa estabelecer um vínculo de confiança entre líder e liderado é preciso que o gestor ponha em prática a capacidade de ouvir seu coachee/liderado. Mais uma vez, observamos a importância da escuta na essência do processo de Coaching. É só por meio dela que o Leader Coach conseguirá obter o respeito e a confiança do liderado.

A partir do momento que os membros da equipe se sentirem à vontade para falar, seu papel é ouvi-los, primeiramente sem emitir opiniões antecipadas e sem julgar suas histórias, honrando e respeitando tudo o que for dito. A consequência disso será uma possibilidade maior de avaliação do comportamento que os impede de seguir adiante e de realizar ações efetivas para modificar tais comportamentos.

O líder vai ajudar seus liderados nessa mudança, prestando atenção a seus modelos mentais, que são crenças e pensamentos que fazem as pessoas agirem de um modo em vez de outro em determinadas situações. Nesse contexto, o Leader Coach acompanha a pessoa na reavaliação desse cenário, para buscar as opções que ela não consegue enxergar para efetivar a mudança. No entanto, antes disso, ele buscará ouvir as qualidades e pontos de melhoria que seu liderado tem, mas sem a consciência desses e do quanto eles são importantes para dar melhor direcionamento às suas ações.

O Leader Coach deve ter a clareza de que, para o processo ter resultado positivo, é preciso que ele saiba separar o papel que irá desempenhar e o que o seu colaborador fará. Friso isso porque é comum que o líder acabe tomando para si as responsabilidades que são do liderado e vice-versa. Para que isso não aconteça, o líder deve ter consciência de que o resultado não depende dele, mas sim das ações efetivas do coachee/liderado.

Sua função é orientar, acompanhar, apoiar, mostrando ao colaborador que ele deve buscar em seus recursos internos o poder para a real transformação em sua vida. Ou seja, a responsabilidade para o desenvolvimento profissional acontecer é dele. O que quero dizer é que, se a pessoa não se empenhar para pôr em prática esses recursos, nenhum esforço que o líder realize adiantará. Toda a bagagem que o Coaching oferece será em vão, diante da apatia de quem não deseja realizar ações efetivas e eficazes para produzir grandes feitos em sua história.

Caso queira se responsabilizar por todo o processo, o líder estará cometendo um grande erro, pois não vai gerar progresso a nenhuma das partes envolvidas e vai acabar se sentindo frustrado porque, no final, nada terá dado certo. Outros erros que o coach pode cometer, intencionalmente ou não, é desconsiderar o código de ética que rege a profissão de coach e quebrar a confidencialidade que se deve ter para com seu coachee.

Em uma sessão de Coaching ou mesmo em uma conversa informal que o colaborador venha a ter com seu líder, ele pode acabar expondo fatos de sua vida pessoal que não comentaria com mais ninguém. Isso acontece porque ele se sente à vontade para conversar com seu gestor.

Entretanto, se o líder, mesmo que sem querer, utilizar a história do liderado como exemplo, citando nomes e acontecimentos em detalhes, estará quebrando sua confiança e não ajudará em nada no processo de evolução do liderado. Pelo contrário, ele pode estagnar e até mesmo piorar a situação.

Lembre-se sempre de nunca esquecer que Coaching não é terapia. Por mais que o colaborador se sinta à vontade para conversar com você sobre os assuntos que o afligem profissional ou pessoalmente, quando se trata de problemas emocionais, você não é o profissional adequado para resolvê-los. Nesses casos, o que você pode fazer é orientá-lo a buscar ajuda em outro tipo de processo, explicando o que é o Coaching e como ele funciona.

Outro fator que pode acabar deixando o indivíduo desestimulado é passar a impor desafios ao liderado que são cada vez mais impossíveis de ser superados. Novamente, você deve atentar ao fato de que o processo não depende de você para ter resultados positivos; assim, procure conhecer os limites de seu colaborador e proponha metas justas. Aos poucos, você e o liderado vão perceber que, inconscientemente, ele mesmo estará se desafiando a ultrapassar esses limites a todo momento.

Por falar em metas, no Coaching elas são importantíssimas. Apenas tendo clareza sobre quais objetivos se deseja alcançar será possível estabelecer as ações a serem realizadas, bem como qual o tempo necessário para que se chegue ao resultado final.

Toda pessoa tem basicamente dois tipos de metas que deseja alcançar. Uma diz respeito ao desenvolvimento de habilidades, conhecimentos e competências necessários para algum tipo de transformação que esteja prestes a acontecer, como uma mudança de cargo, que exija ainda mais responsabilidades do indivíduo.

Para tanto, é preciso que o Leader Coach auxilie essa pessoa a aprimorar o que ela já tem e a desenvolver o que é necessário para assumir essa nova responsabilidade.

O outro tipo de meta que alguém pode querer atingir é a que diz respeito à situação, ou seja, quando é preciso desenvolver alguma competência para melhorar sua performance diária. O que diferencia esses dois tipos de metas é o tempo: as ações da primeira são realizadas tendo em vista o futuro; já as da segunda se dão pensando no presente, no que pode ser mudado aqui e agora.

A partir do momento que o Leader Coach sabe quais metas cada um dos membros de sua equipe deseja atingir, sua missão é avaliar quais são os objetivos da organização e equilibrar o que as duas partes almejam. Afinal, o colaborador está ali para atender às expectativas da empresa.

Enquanto um estiver contribuindo com o outro no alcance dos resultados, o sucesso de ambos será garantido. Do contrário, o cenário exposto será de pura frustração, pelo fato de cada um ter investido tanto em algo que simplesmente não levou ninguém a lugar algum.

O próximo passo do líder é auxiliar seu liderado a realizar uma busca por seus recursos internos. Por meio da ajuda e do apoio do Leader Coach, o colaborador vai analisar quais competências já tem e quais precisam ser desenvolvidas. Toda essa análise será feita de acordo com sua visão e não com a de seu líder.

Não será uma tarefa fácil para o liderado, pois, para isso, ele vai ter de ser imparcial consigo mesmo, desconsiderando julgamentos e críticas a seu respeito. O líder acrescentará a visão que os companheiros de trabalho têm sobre esse colaborador, assim estará munido de informações de várias outras pessoas para poder separar o que precisa ser trabalhado e o que é apenas fruto de "achismos" da parte do liderado.

Outro benefício que essa análise trará é a possibilidade de definir a meta que precisa ser atingida com mais "urgência", ou seja, o que é necessário desenvolver prioritariamente em cada um para que dar início ao processo de transformação.

À medida que cada objetivo for alcançado, outros serão estipulados. Dessa maneira será mais fácil chegar ao resultado final e fazer que ele seja positivo, pois será dividido em pequenas partes, tornando a caminhada um pouco mais suave.

Esse processo faz parte do plano de ação, necessário a qualquer estratégia que se queira montar. Ao longo do caminho, o papel do Leader Coach será o de sempre dar apoio aos colaboradores e desafiá-los a superar cada etapa desse processo.

Para isso, ele tem a seu favor o espaço que a organização oferece para que isso aconteça, ou seja, o líder conta com a conveniência de ter o profissional grande parte do dia na empresa, tendo chance de desenvolver suas habilidades mais rapidamente.

Pode-se observar que o ambiente da organização que tem a cultura do Coaching implementada é ideal para que o colaborador tenha a liberdade de pôr em prática o que vem aprendendo quantas vezes forem necessárias, avaliando os erros, que são pertinentes a qualquer aprendizado, e considerando-os como experiências que não devem ser repetidas. Quando já estiver realizando as ações com a excelência que o Leader Coach lhe ensinou, o coachee /liderado terá a satisfatória sensação de dever cumprido, de desafio vencido e superado, apesar das dificuldades que apareceram.

No momento em que isso acontecer, o líder saberá que cada uma das vitórias conquistadas deve ser comemorada, por menor que seja.

Essa é uma das maiores e melhores contribuições que o Leader Coach pode dar ao liderado, pois este verá que seu gestor está reconhecendo seu esforço e o quanto seu trabalho está sendo valorizado. Assim, ele se sentirá motivado a levar adiante sua trajetória de evolução.

Entretanto, voltando ao início do processo, assim como é necessário fazer uma lista das metas que se quer atingir, também é preciso analisar os possíveis obstáculos que essas situações trarão. Deve-se contar com eles, porque são mais do que normais em um processo de aprendizado.

A partir do momento em que você e seu colaborador estabelecem um plano de ação que visualiza "as pedras no caminho", considerando inclusive os imprevistos, a probabilidade de alcançar os resultados desejados é muito maior.

É claro que poderão surgir problemas inesperados. Com eles líder e equipe também devem lidar. Porém, para cada um que for previsto, o papel do líder é buscar junto ao seu colaborador as possibilidades para enfrentá-lo. É necessário procurar as respostas que serão dadas assim que esses intempéries surgirem, para que ninguém seja pego de surpresa.

Qualquer situação que venha a ser uma barreira futura deve ser levada em consideração, desde a mais fácil de lidar até aquela cujo enfrentamento o coachee acha que lhe dará o maior desgaste. Podem ser limitações internas que a pessoa precise rever e superar, ou dificuldades externas, como a falta de tempo ou de recursos necessários para realizar determinada tarefa. Nada, absolutamente nada poderá passar.

Independentemente do tipo de obstáculo que será abordado, o que precisa ser trabalhado para modificar a realidade atual de seu liderado é o modelo mental, isto é, a forma padronizada como o indivíduo pensa e fala e as coisas nas quais ele acredita que direcionam suas atitudes.

O modelo mental tem uma grande influência na vida de todo ser humano, porque determina como a pessoa vai encarar a realidade, como ela vai se comportar diante dos fatos. Diante de uma dificuldade, o indivíduo pode ter pena de si mesmo, se sentir vítima e culpado pela situação, porque aprendeu a encarar os fatos dessa maneira.

Nesse contexto, o Leader Coach vai auxiliar o colaborador a encontrar caminhos para modificar seu modelo mental, fazendo-o parar de ter autopiedade e passar a buscar soluções rápidas e eficientes para resolver a questão.

# 6

# LIDERANÇA DE ALTA PERFORMANCE

Se suas ações inspiram os outros a sonhar mais, aprender mais, fazer mais e serem melhores, você é um líder.

**JACK WELCH**

A análise dos princípios de liderança propostos por Jack Welch é uma excelente oportunidade para pôr em prática uma liderança eficaz que gera resultados extraordinários. Os ensinamentos que esse líder nos deixou são intensos e infinitos. Todos aqueles que têm a intenção de um dia liderar uma equipe, uma empresa ou ter seu próprio empreendimento precisam aprimorar seus conhecimentos, técnicas e habilidades.

Para quem ainda não tem familiaridade com a história e as contribuições que Jack Welch deu às inúmeras pessoas que tiveram a oportunidade de trabalhar com ele, bem como ao mundo dos negócios, farei uma breve explanação.

Jack Welch iniciou seus trabalhos na General Electric (GE), empresa de serviços e tecnologia, em 1960. Em 1981 tornou-se presidente da empresa, proporcionando-lhe grandes contribuições e criando conceitos inovadores que modificaram a história dessa organização de maneira significativa.

Com criatividade e empenho, Welch transformou a cultura organizacional da GE a partir de um cenário extremamente difícil, cheio de adversidades, em que conseguiu se destacar por não ter se deixado abater e por ter visto nessa condição uma oportunidade para reinventar a empresa e a si mesmo. Acredito ser importante falar um pouco sobre esse estilo de liderança renovador, diferente de tudo o que vinha sendo feito até pouco tempo atrás.

## LIDERE

Para Jack Welch, liderar vai muito além de simplesmente comandar e esperar que as pessoas façam o que o líder deseja. Em sua visão, isso não é liderar, e sim gerenciar. Ser líder é estabelecer visão, missão e influenciar positivamente os membros da equipe a seguirem o caminho que busque a realização de suas metas.

Antes de pôr a "mão na massa" é importante escolher as pessoas que vão ajudá-lo a concretizar o objetivo proposto. A partir do momento em que você se empenha em conhecer mais quem faz parte de sua equipe, bem como da empresa, essa tarefa acaba se tornando mais fácil.

Assim, quando essa escolha for feita, não seja detalhista demais e não interfira tanto no processo. Tenha certeza de que os profissionais com os quais você trabalha são excelentes, confie neles e deixe-os agir. Com isso, eles confiarão mais em si mesmos, pois saberão que você acredita e aposta no potencial de cada um. A consequência disso é que os resultados esperados surgirão mais rápido e serão os melhores possíveis, superando suas expectativas.

Essa é uma boa maneira de fazer todos se envolverem e contribuírem com as melhores ideias para fazer as coisas darem certo. Nesse caso, nenhuma pessoa pode ser excluída desse processo, e todas as ideias devem ser valorizadas. Por mais que naquele momento algumas delas não sejam relevantes, haverá uma hora em que, com certeza, elas serão úteis.

São as ideias mais ousadas, audaciosas e inovadoras que fazem as verdadeiras transformações ocorrerem em qualquer lugar. Esse é o intuito aqui: operar mudanças e mostrar que elas são necessárias para o sucesso da empreitada que se inicia.

## ELIMINE A BUROCRACIA

Aqui está mais uma fórmula para contribuir para a informalidade na empresa: acabar com a quantidade excessiva de burocracia, que geralmente se encontra na maioria das organizações, também gera maior possibilidade de que os resultados ocorram mais rápido.

Para que isso aconteça é preciso que todos estejam empenhados em, ao menos, colaborar para uma diminuição significativa, por exemplo, na necessidade de um projeto ter de passar pelas mãos de diversas lideranças para ser aprovado ou não.

Padrões como esse demandam um tempo que a empresa muitas vezes não tem, o que pode acabar gerando desgastes desnecessários, não só financeiros, mas também da dedicação que o funcionário está mostrando naquele momento. O intuito de desburocratizar os processos e procedimentos internos da empresa é fazê-la ganhar em agilidade, tornando-se mais eficiente para alcançar suas metas e objetivos.

## VEJA A MUDANÇA COMO UMA OPORTUNIDADE

Tudo o que foi falado até agora são elementos efetivos para iniciar um grande processo de transformação de vida pessoal e profissional. Em geral, as pessoas se acostumam a ficar na zona de conforto e a aceitar a realidade que estão vivendo como se fosse imutável. Não fazem nada para mudar, pois acabaram se contentando com o que já têm.

É por esse motivo que as mudanças são frequentemente encaradas com certa dificuldade, pois nos fazem parar para analisar e refletir sobre coisas que não estão indo bem e que precisam ser modificadas para trazerem resultados positivos.

No caso da GE, muita coisa precisou ser modificada para que enfim ela se tornasse a multinacional de sucesso que é hoje. Esse foi o legado que Jack Welch deixou aos seus funcionários: ele os fez passarem a visualizar a mudança como uma oportunidade de se renovarem e de renovarem a organização como um todo.

No entanto, para que essas transformações surtissem efeito, foi preciso motivar todos a se engajarem e a se disponibilizarem a pôr em prática o que era proposto em direção a esse processo de mudança.

A partir do momento em que as coisas começarem a ser visualizadas dessa maneira, ou seja, a mudança como uma oportunidade e não como uma ameaça, tudo passa a ocorrer de maneira mais fácil. Para isso, é preciso saber lidar com os novos acontecimentos, tanto os que foram planejados quanto, e sobretudo, os inesperados, pois o modo como você vai se comportar diante desses fatos fará toda a diferença e lhe dará vantagem perante seus concorrentes.

Não se pode esquecer também de que a preparação para receber as novidades é extremamente importante para fazer as coisas darem certo. Prestar atenção em tudo o que está ocorrendo, bem como se antecipar aos fatos, são maneiras eficientes e eficazes de ensinar os membros de sua equipe a lidarem bem com as mudanças que vão acompanhá-los ao longo da carreira e da vida.

## MUDANÇAS NUNCA TERMINAM

É importante que as pessoas entendam que somos seres em constante processo de evolução; assim, não podemos ficar presos a uma só coisa, a uma só situação, a um só momento. Se assim ficarmos, nós mesmos estaremos impedindo que coisas novas e melhores aconteçam em nossa vida.

Por mais que tenhamos uma rotina diária, se pararmos para refletir, é possível observar que algo novo sempre está acontecendo conosco todos os dias. Pequenas ou grandes coisas que no futuro farão diferença em nossa vida e trarão mudanças significativas.

Enquanto elas estão acontecendo, não nos damos conta, pois muitas vezes elas ocorrem devagar. Mas os resultados que as sutilezas diárias trazem nos pegam de surpresa, e quando percebemos estamos completamente transformados, modificados.

O que estou querendo dizer aqui é que as mudanças acontecem mesmo quando nós não queremos, quando não estamos preparados para recebê-las, ou seja, elas são inevitáveis, e não podemos lidar com elas da forma como estamos acostumados: com muita dificuldade.

Se passarmos a encará-las como o famoso "cavalo selado", como uma oportunidade única de recomeçar e se reinventar, deixando que essas transformações tragam coisas boas, bons ensinamentos e aprendizados definitivos em nossa vida, teremos maiores chances de obter sucesso na vida e na carreira.

## LIDERE PELA MOTIVAÇÃO

A liderança que mais tem dado bons resultados às organizações é a realizada pela motivação e não pela intimidação. Isso ocorre porque as pessoas preferem, obviamente, ser incentivadas a contribuir com ações e ideias, recebendo total apoio de seu líder, seja em que circunstância for, do que serem obrigadas a realizar uma tarefa para um chefe que não confia na capacidade de seus colaboradores e impõe suas vontades autoritariamente.

Esse tipo de gestor não consegue ter saldos positivos. Se os tem, eles chegam de forma muito mais demorada do que normalmente ocorreriam caso ele estivesse estimulando seus liderados a buscar sempre desempenhar sua melhor performance na realização dos projetos propostos pela organização.

Motivar é mostrar que a contribuição de todos é extremamente importante para impedir que as engrenagens de uma empresa parem de funcionar. É fazer todos perceberem que seus esforços não são em vão; ao contrário, são eles que farão o sucesso acontecer na vida de todos que estiverem envolvidos nessa caminhada.

Outra forma de demonstrar o quanto seus colaboradores são importantes e, em consequência, motivá-los é agradecer por todos os seus feitos, independentemente de terem acertado ou não. É preciso valorizar cada ideia, cada contribuição, pois elas mostram quão comprometida a pessoa está com o crescimento da empresa.

O reconhecimento é o combustível que todo líder precisa oferecer a seus funcionários para trazê-los para junto de si e fazer com que eles continuem colaborando com os intentos da empresa, alinhando-os com seus próprios objetivos.

## DESAFIE A TRADIÇÃO

Em um momento em que tudo acontece com rapidez, quando as mudanças muitas vezes nos pegam de surpresa, não é possível ficar preso a um único estilo de gestão, a uma única forma de conduzir os negócios. Como estamos em constante processo de transformação, é necessário se adequar a essa realidade.

É preciso desafiar cenários antigos, analisá-los, aproveitar o que está dando certo e descartar o que vem atrapalhando o progresso da organização. Não adianta manter comportamentos tradicionalistas que um dia deram certo, mas que já não surtem o mesmo efeito de tempos atrás.

Para mudar um cenário que prioriza o que deu certo no passado, é importante buscar opiniões e sugestões dos colaboradores, já que eles terão participação ativa na implementação desse projeto de mudanças. Aqui, a palavra-chave é renovação. É preciso encontrar novos horizontes para que se possa sempre continuar caminhando, evoluindo.

## PRIVILEGIE A INTELIGÊNCIA

O intuito aqui é incentivar todos a darem suas contribuições por meio de ideias e sugestões sobre o que precisa ser mudado ou melhorado na empresa, e em seguida implementar as que mais se adéquem à nova cultura organizacional que se deseja adotar.

Para isso, é preciso que os líderes incentivem e abram espaço para que seus colaboradores emitam as opiniões que julgarem pertinentes. Também é dever do líder escolher as melhores ideias, recompensando-as e certamente dando o devido crédito aos autores.

Além de motivar sua equipe a sempre contribuir, esse líder estará criando possibilidades para que a organização se torne um ambiente propício ao aprendizado, em que todos se disponham a tirar o melhor de todas as experiências e a visualizar sempre uma oportunidade para o crescimento e a evolução da empresa.

Outra maneira de estimular seus colaboradores é investindo em seu desenvolvimento profissional por meio de cursos e treinamentos. Quanto maior o conhecimento do ser humano, maior será sua criatividade e perspicácia, e, consequentemente, sua capacidade de sempre ter boas e novas ideias, o que só tem a gerar resultados positivos a todos.

## ARRISQUE-SE DIARIAMENTE

Quem se arrisca tem mais chances de conseguir algum resultado do que quem muito pensa e não age. Diante disso, percebemos que perder tempo é um luxo com o qual não podemos lidar. Quanto mais rápido tomarmos determinadas decisões, principalmente aquelas que dizem respeito a grandes mudanças referentes ao futuro da organização, maiores serão as chances de que esses resultados sejam positivos.

O excesso de burocracia é um fator que, nesse caso, pode atrapalhar bastante o progresso e a rapidez dos bons resultados. Quando as situações precisam de decisões rápidas, mas antes passam pela análise dos vários níveis gerenciais para serem aprovadas, perde-se um tempo enorme. E esse tempo poderia estar sendo aproveitado para avaliar novas possibilidades, bem como as oportunidades que se apresentam a todo momento.

A necessidade de atitudes como essas se justifica pelo alto nível de exigência atual do mercado. Quem não se adequar a essas cobranças será automaticamente eliminado da grande competição.

Para ganhar essa corrida, devemos primeiramente ter consciência de que tudo no mundo está ocorrendo de forma muito rápida. Por isso, é preciso tentar ao máximo se antecipar a esses acontecimentos. É necessário analisar as tendências do mercado, o que as organizações concorrentes estão fazendo, e, com base nisso, realizar planejamentos que farão você e sua empresa saírem na frente, alcançando o primeiro lugar na disputa.

## PONHA OS VALORES EM PRIMEIRO LUGAR

É essencial mencionar este item como uma das lições transmitidas por Jack Welch, pois na realidade o que acontece é exatamente o contrário. Geralmente há uma cobrança maior pelos resultados e se deixa de dar atenção ao que realmente importa para alcançá-los, que é conduzir os negócios com base em valores humanos e éticos.

Normalmente, em ambientes corporativos, há uma competitividade bastante acentuada não só entre empresas, mas também entre as pessoas que fazem parte da organização, dentro de uma mesma equipe. Por exemplo: não é errado você almejar um cargo mais alto para agregar valor à sua carreira; os meios que você utilizará para alcançar seus intentos é que farão a diferença, no fim das contas.

Se você disputa esse cargo e se utiliza de meios escusos – como inventar histórias sobre a índole de seu concorrente e fazer fofoca com seus colegas sobre a pessoa – para tirar todo o crédito da situação, neutralizando qualquer possibilidade de que o outro consiga a vaga, obviamente não está pautado em princípios éticos para alcançar seus objetivos.

Entretanto, se você confia em seu potencial e utiliza as ferramentas e habilidades que tem, respeitando seus parceiros de trabalho como seres humanos e profissionais, as possibilidades de conseguir atingir suas metas, de chegar ao cargo que deseja e se manter nele são muito maiores.

Esse é um exemplo típico do que ocorre em qualquer empresa; entretanto, como eu disse no início, há líderes que são extremamente preocupados com números, planilhas, enfim, com o resultado final e os benefícios que este vai lhes trazer. Gestores com essa característica se esquecem de que existe um capital humano com o qual devem se preocupar e cuidar, e que sem ele não haverá resultado algum.

O ideal aqui é dar o exemplo a seus colaboradores, exercendo sua liderança de modo a levar em consideração valores mais humanos, motivando-os a contribuir com suas ideias, reconhecendo-os por isso e disseminando essa cultura em todos os departamentos.

A consequência virá em funcionários satisfeitos e saldos cada vez mais positivos.

## GERENCIE MENOS

Gerenciar menos é dar mais liberdade para que seus liderados tomem decisões e ajam, sem terem de esperar por você para isso. Você pode determinar quem vai fazer o que e deixar o caminho livre, abrir espaço para as pessoas emitirem suas opiniões, ideias e colocá-las em prática.

Uma das principais características dos grandes líderes é desenvolver habilidades em seus colaboradores para que estes aprendam a lidar com situações adversas, tomem decisões cada vez mais rápido e executem as tarefas sempre com mais eficácia e eficiência. A partir do momento que essas características se tornarem inerentes a cada um dos membros de sua equipe, você poderá ficar mais tranquilo, focar outros objetivos e montar estratégias para alcançar metas.

Sua função aqui é desenvolver em seus colaboradores todas as características necessárias a um líder. Para isso, o que pode ser feito, por exemplo, são treinamentos, feedbacks; aproveitar até mesmo os momentos mais informais para despertar em todos, aos poucos, o potencial da liderança, para que passem a ter mais autonomia sobre suas carreiras.

# 7

# ESTRESSE E LIDERANÇA

A maior arma contra o estresse é nossa habilidade de escolher um pensamento em vez de outro.

WILLIAM JAMES

Tanto na vida pessoal como em nossa carreira, somos notavelmente resilientes ao estresse. Sobrevivemos e encontramos momentos de paz, prazer e autoavaliação. Lidamos com o estresse por meio de orações e crenças religiosas, de conexões humanas e de diversões que atendem nossas necessidades de alegria e de pertencimento; e crescemos compartilhando o amor, o encorajamento, tendo o apoio de nossa família e amigos.

Entretanto, nosso equilíbrio fisiológico/psicológico pode ser levado além de nossa capacidade de suportar. Quando isso acontece, ficamos desregulados e desordenados, e eventualmente nos vemos esgotados ou entramos em colapso. Existem reações automáticas aos estressores que atuam em nossa vida; não importa o que intelectualmente digamos a nós mesmos, elas determinam como vivenciamos o estresse, transformando um problema pequeno em algo muito maior.

O estresse pode nos impedir de manter o foco, de estar presentes, de ver claramente, de resolver problemas de maneira criativa, de expressar nossas emoções de forma efetiva quando precisamos nos comunicar com os colegas, e pode definitivamente nos impedir de ficar com a mente em paz. Uma vida de reatividade inconsciente provavelmente aumenta o risco de ficarmos esgotados e a possibilidade de termos doenças significativas.

Nossos relacionamentos e sentimentos, mesmo que não correspondam à "realidade", exercem impacto sobre nós, causando estresse. Até mesmo o simples pensamento de que talvez você tenha uma doença fatal causará um estresse considerável.

Os estressores impostos são previsíveis, diferentes de acidentes ou eventos imprevistos com os quais você tem de lidar, ou, por exemplo, uma demanda excessiva de reuniões e prazos finais não realistas; todos estes são conhecidos como estressores agudos, que acabam cobrando um preço.

Os estressores crônicos são os que nos afetam durante um período longo. Por exemplo, cuidar de um membro da família que está muito doente ou deficiente. Quando em algum momento você fica estressado, dependendo do quanto sua mente identifica a situação uma possível ameaça ao seu "Ser", independentemente de se tratar de seu bem-estar físico ou de seu senso de identidade (*self*), seu corpo apresenta em uma reação automática de alarme. Isso nos permite ativar todos os recursos interiores para que eles nos ajudem nessa situação. Nesse momento, o nosso corpo passa por inúmeras mudanças, tanto químicas quanto bioquímicas

Muito do estresse vem da percepção de ameaças reais ou imaginárias. Qualquer coisa que ameace nosso bem-estar pode disparar em nós uma reação. Se nosso status social estiver ameaçado – ou nosso ego, nossas crenças firmemente mantidas, nosso desejo de controlar as coisas –, nosso sistema de fuga da luta toma conta. Infelizmente essa hiperestimulação pode se tornar um modo de vida permanente, de modo que muitas pessoas sentem:

- Ansiedade o tempo todo.
- Tensão muscular crônica, geralmente nos ombros, no rosto, na mandíbula e nas mãos.
- Tremor decorrente de batimentos cardíacos elevados.
- Tremor interno, conhecido como "borboletas no estômago".
- Palpitações.
- Palmas das mãos úmidas.
- Necessidade de se isolar ou de evitar situações sociais.
- Incapacidade de manter o foco.
- Problemas para lembrar das coisas.
- Volatilidade emocional.

- Ataques súbitos de raiva.
- Teimosia, contrariedade.
- Irritabilidade.
- Ataques de pânico.

Acabamos, assim, desenvolvendo a Resposta de Fuga ou Luta, sem poder fugir porque isso não é socialmente aceitável e não resolverá o problema. Entretanto, no nível bioquímico, nosso corpo ainda se sente ameaçado. Nós nos sentimos magoados, amedrontados, com raiva, ressentidos, enfim, o corpo produz vários hormônios relacionados ao estresse. Mas inibir os sinais externos de estresse não trará alívio; inclusive, agindo assim você não conseguirá alívio físico nem se recuperar.

Os hormônios do estresse começam a causar uma grande desordem em seu corpo e a agitar seus pensamentos e sentimentos. A estimulação crônica prolongada do sistema nervoso central pode fazer com que sua fisiologia, a longo do prazo, fique desregulada. O resultado é o aumento da pressão sanguínea, problemas cardíacos, digestivos, dores de cabeça crônicas, dores nas costas, desordens do sono e ansiedade crônica.

Nós desenvolvemos mecanismos de gerenciamento para encobrir o estresse, só que estes são mal adaptados. Ou seja, embora nos ajudem a tolerar o estresse e nos deem um senso de controle, a longo prazo eles contribuem com mais estresse e intensificam seus resultados negativos. Os fatores que podemos considerar mal adaptados são:

- Negação: "Quem? Eu, estressado? Tenso?".
- Tensão muscular sem explicação.
- Trabalhar compulsivamente (ser um *workaholic*).
- Vícios: comer em excesso, beber ou usar drogas antiansiedade ou de outros tipos.

Qualquer coisa que nos ajude a evitar reconhecer e lidar com o estresse é tido como algo mal adaptativo. Isso pode desregular seu sistema imunológico, resultando em doenças físicas mais sérias. Qualquer órgão pode ser o elo frágil que está sendo incitado a colapsar pelo estresse. Pode ser a pele, os pulmões, o sistema vascular cerebral, o sistema digestivo, os rins, a coluna vertebral etc.

O colapso não tem de ser propriamente físico. O estresse em excesso pode exaurir os recursos psicológicos até levar ao esgotamento, à exaustão psicológica total, com a perda do ímpeto e do entusiasmo. O que costumava lhe dar prazer agora já não dá , e isso se torna um circuito autoperpetuante. Talvez não leve à morte, mas logo se torna um estressor adicional. É necessário prevenir esse ciclo desenvolvendo estratégias de curto e longo prazo para diminuir o estado de hiperativação e reatividade.

## LIDANDO COM O ESTRESSE NA VIDA PROFISSIONAL

Atualmente, o profissional tem recebido uma alta demanda de produtividade e exigência. A inabilidade de alcançar um equilíbrio vida/trabalho pode gerar altos índices de estresse. O Leader Coach, além de focar o aumento de performance e de resultados do indivíduo, deve também trabalhar o equilíbrio entre pessoal e profissional.

O trabalho de gerenciamento de tempo e emoções também é mandatório para a redução do estresse, assim como a utilização de ferramentas de análise de cenários para contenção dos riscos e antecipação dos fatos. O líder pode precisar:

- examinar o desperdício de tempo;
- explorar as situações em que o profissional se sente realizado e aquelas em que se sente subutilizado;
- determinar os valores do indivíduo e priorizá-los;
- estabelecer o que é mais importante na vida da pessoa em um estágio específico da vida;
- discutir possíveis trocas /compensações que o indivíduo precisa fazer para obter mais equilíbrio na vida pessoal;
- identificar o vício no sucesso e lidar com ele;
- auxiliar o profissional a lidar com conflito ou ambiguidade de papéis;
- auxiliar nos desafios do desenvolvimento de carreira;

- lidar com o estresse dos funcionários, pares ou o estresse gerencial;
- lidar com o estresse relacionado às estruturas organizacionais, com sistemas de comunicação incompletos ou ambíguos;
- lidar com a demanda dos clientes.

As técnicas de relaxamento e visualização têm se mostrado as mais eficazes na redução do estresse. Ensinar o colaborador a fazer respirações diafragmáticas durante o horário de trabalho pode ser uma das tarefas do líder para melhorar a qualidade de vida profissional.

## Equívocos comuns a respeito do estresse

Nós sempre sabemos quando estamos sob estresse, mas com frequência as pessoas ficam tão acostumadas aos seus efeitos que deixam de percebê-lo conscientemente. Muitos de nós sofremos com as consequências debilitantes do estresse, mesmo que não estejamos nos sentindo tensos. No entanto, ele pode alterar a maneira como você trata os outros ou prejudicar seu corpo, até mesmo na ausência de sentimentos de frustração ou ansiedade.

O estresse é algo que afeta principalmente aqueles que têm uma vida cheia de pressão. Muitos indivíduos vivenciam o constante estresse da preocupação de levarem uma vida insatisfatória ou de não serem quem gostariam de ser. Ele é causado por eventos que acontecem conosco. Parafraseando o filósofo estoico Epiteto, não são os eventos por si sós que causam sofrimento, mas antes a percepção que temos deles.

As emoções têm vida própria e em pessoas com altos níveis de estresse dificilmente podem ser controladas. Podemos mudar nossos sentimentos, alterando primeiramente nosso comportamento e nossa forma de pensar. Por exemplo, terminar um trabalho em vez de procrastinar o término dele pode nos poupar da preocupação. Desenvolver uma nova perspectiva sobre uma situação pode torná-la menos ameaçadora ou estressante.

## Avaliação do estresse de vida

Vimos alguns exemplos de como o estresse, hoje em dia, é um fator presente na vida da maior parte dos profissionais. Isso nos conscientiza da necessidade de ficarmos sempre atentos aos seus efeitos, pois eles podem ser devastadores. Assim, as ferramentas expostas neste capítulo são bastante úteis, e a todo instante você pode voltar a elas a fim de melhorar o desempenho e o desenvolvimento de seus liderados, bem como o seu na condição de líder. Marque na tabela a seguir os quadros que correspondam a situações que você esteja vivenciando.

| | | |
|---|---|---|
| ☐ 100 Morte do cônjuge. | ☐ 73 Divórcio. | ☐ 36 Mudança para um tipo de trabalho diferente. |
| ☐ 37 Morte de um amigo íntimo. | ☐ 65 Separação marital (ou separação de qualquer relação íntima mais significativa). | ☐ 44 Mudança significativa na saúde ou no comportamento de um membro da família. |
| ☐ 63 Morte de um membro próximo da família. | ☐ 53 Ferimento ou doença pessoal. | ☐ 45 Reconciliação marital. |
| ☐ 47 Demissão. | ☐ 40 Dificuldades sexuais. | ☐ 40 Gravidez. |
| ☐ 45 Aposentadoria. | ☐ 39 Reajuste de negócios. | ☐ 35 Aumento no número de brigas com o cônjuge. |
| ☐ 38 Mudança financeira significativa. | ☐ 50 Casamento. | ☐ 30 Execução da hipoteca ou empréstimo. |
| ☐ 23 Problemas com o chefe / superior. | ☐ 31 Hipoteca ou empréstimo. | ☐ 28 Realização pessoal marcante. |

| | | |
|---|---|---|
| ☐ 29<br>Mudanças no nível de responsabilidade no trabalho. | ☐ 29<br>Filho ou filha saindo de casa. | ☐ 26<br>Retorno aos estudos. |
| ☐ 26<br>O cônjuge parou de trabalhar fora de casa. | ☐ 29<br>Problemas com parentes por afinidade (sogros, genro/nora etc.). | ☐ 24<br>Revisão/mudança de hábitos pessoais. |
| ☐ 25<br>Mudanças nas condições de moradia (reformar, remodelar). | ☐ 20<br>Mudança de casa. | ☐ 18<br>Mudança nas atividades sociais. |
| ☐ 19<br>Mudanças nos hábitos recreativos. | ☐ 19<br>Mudança de igreja / atividades espirituais. | ☐ 15<br>Mudança na quantidade de reuniões de família. |
| ☐ 17<br>Aquisição de itens importantes (carro, imóvel etc.). | ☐ 16<br>Mudança nos hábitos de dormir. | ☐ 2<br>Natal. |
| ☐ 15<br>Mudança de hábitos alimentares. | ☐ 15<br>Férias. | ☐ 11<br>Pequenas violações da lei (p. ex., multas de trânsito, delitos leves). |

**Pontuação do estresse de vida**

A pontuação mostra a intensidade da pressão que você está enfrentando e prevê a probabilidade de você ser vítima de alguma doença relacionada ao estresse. A doença pode ser leve: dores de cabeça frequentes, devido à tensão, indigestão ácida e perda de sono. E também pode ser muito grave, como: úlceras, câncer e similares.

| 0–149 | 150–299 | Acima de 300 |
|---|---|---|

- **0 a 149:** baixa suscetibilidade a doenças relacionadas ao estresse.
- **150 a 299:** média suscetibilidade a doenças relacionadas ao estresse. Aprenda e pratique habilidades de relaxamento e

gerenciamento do estresse e desenvolva um estilo de vida bom e saudável.
- **300 ou mais:** alta suscetibilidade a doenças relacionadas ao estresse. A prática diária de habilidades de relaxamento é muito importante para seu bem-estar. Cuide disso agora, antes que surja uma doença grave ou que os problemas piorem.

## O LEADER COACH E AS DEFESAS

Quando, por qualquer razão, nos sentimos ameaçados, caímos de volta em uma das várias estratégias de defesa usadas habitualmente. Essas estratégias, embora estejam tentando reduzir nossa ansiedade e nos proteger contra a ameaça percebida, o que realmente fazem é tornar nossa comunicação interna e interpessoal relativamente ineficaz.

Por isso, repare se tanto você como seus liderados utilizam algumas das seguintes defesas. A percepção consciente de que elas estão atuando permite que você as ultrapasse e restabeleça um nível saudável de comunicação.

- Perder o humor.
- Bancar o confuso.
- Despejar informações para provar um ponto.
- "Pobre de mim."
- Fazer piada à custa dos outros.
- Culpar os outros.
- Agir de modo incoerente.
- Ser excessivamente bonzinho(a).
- Ficar ressentido.
- "Eu já estou ciente disso."
- Autodepreciação.
- Hiperatividade.
- Ficar ofendido.
- Bancar o bobo.
- Explicações e racionalizações intermináveis.
- Rigidez: "Eu não vou mudar".

- Ser excessivamente crítico.
- Ataques repentinos de doenças.
- Intelectualizar.
- Audição seletiva, ouvir apenas o que quer ouvir.
- Trivializar por meio do humor.
- Risada inapropriada.
- Abandonar a negação.
- Fadiga repentina.
- Querer ter a última palavra.
- Excentricidade.
- "Eu sou uma vítima."
- Negação do problema.
- Contra-ataque.
- "Uvas verdes? Eu nem queria mesmo..."

## ALIMENTO PARA O PENSAMENTO

O Leader Coach dispõe de inúmeros recursos extremamente eficientes para melhorar a vida profissional do indivíduo. Um desses recursos são as perguntas. Por meio de questionamentos poderosos, podemos nos livrar de certos comportamentos que nos levam ao estresse e diretamente aos mecanismos de defesa. As perguntas a seguir podem nos ajudar a reconhecer se sofremos com algumas dessas reações:

- Existe alguma recompensa ao utilizar essas estratégias de defesa?
- Quando você as utiliza?
- Qual delas você usa com mais frequência?
- Que comportamentos, nos outros, parecem disparar essas respostas em você?

### Otimismo aprendido e liderança

**(Psicologia Positiva)**

Martin Seligman, pai da Psicologia Positiva, em suas pesquisas sobre o conceito de *Learned Optimism* (otimismo aprendido) e

*Learned Helplessness* (vitimização aprendida), contribuiu para o fortalecimento dessa área de estudo, que consequentemente influenciou os fundamentos do alto desempenho.

Segundo o conceito de otimismo aprendido, todas as pessoas têm um estilo explanatório – o modo como explicamos para nós mesmos as causas dos eventos, bons ou ruins. O estilo pode ser pessimista ou otimista, aprendido a partir de experiências na infância e influenciado no presente pelas atitudes e crenças de pessoas importantes na vida do indivíduo. Três fatores compõem o estilo explanatório (os 3 P's):

1. **Permanência do evento (*permanence*):** quanto tempo a pessoa acredita que vai durar. "É sempre assim/vai ser assim para sempre."
2. **Penetração ou escopo do evento (*pervasiveness*):** se a pessoa vê o evento como algo específico ou global. "Tudo na vida está ruim."
3. **Personalização do evento (*customize*):** a pessoa vê o evento causado por ela sendo feito por outros, e pensa: "É tudo culpa minha". Mulheres, em geral, tendem a se responsabilizar mais quando as coisas dão errado, e não se dão tanto crédito quando dão certo.

Há mais de quinhentas pesquisas que mostram que os otimistas têm menos depressão, resfriados, infecções, e os atletas resistem melhor às derrotas, além de terem um sistema imunológico mais robusto. Os vendedores otimistas têm mais sucesso em competições e em vendas, pois vendem de 20% a 40% mais que seus pares pessimistas, atingindo 84% em alguns estudos.

## QUAL O SENTIDO DA VIDA?

**Teoria do Fluxo – Mihaly Csikszentmihalyi**

Em vez de buscar uma explicação esotérica para nossa existência, Mihaly propõe uma explicação subjetiva, pessoal: o significado da vida é qualquer coisa que seja significante para mim. Se eu amo fazer esculturas com palitinhos de dente, então esse é meu barato, é o que dá significado à minha vida. Você pode achar perda de tempo, mas é o que preenche minha vida de significado e eu não tenho como explicar o motivo, simplesmente sei que é algo que me traz prazer e que posso passar horas e horas fazendo sem ver o tempo passar. O que caracteriza essa escolha é um senso de propósito e autoconhecimento.

Nesse caso, o propósito geralmente é algo que transcende nosso interesse imediato. O próprio *flow* nos deixa mais conscientes de nossa existência e de como nos relacionamos com o mundo. Mihaly se aproxima de outros pensadores otimistas que imaginam uma sociedade em que a população está altamente engajada e apaixonada por aquilo que faz.

A cultura da era industrial tinha uma clara distinção entre o que era trabalho e o que era prazer. Hoje, cada vez mais, é possível examinar o trabalho realizado por um profissional e indagar se é algo que induz *flow* ou não.

## Obstáculos à satisfação

Acreditamos que o Universo foi criado para atender às nossas necessidades. Na realidade, a frustração faz parte da vida, e o Universo tem seus processos naturais, que não levam em consideração os desejos humanos. Isso faz com que desenvolvamos uma insatisfação crônica, querendo imediatamente sempre mais quando alguma necessidade é insatisfeita.

Há também a ilusão de que o avanço tecnológico nos trará felicidade e a sensação de que a vida é fácil. Essa crença favorece a perda de coragem e de determinação nas pessoas diante dos primeiros obstáculos, gerando ansiedade e apatia.

## Superação

A superação dos obstáculos ocorre com o controle direto da experiência e a capacidade de criar satisfação, instante a instante, com o que fazemos. Ser feliz depende de sermos presa fácil de outros que nos exploram para seus próprios ganhos. O passo fundamental é o controle do conteúdo de nossa consciência: focalizar a atenção conforme o desejo, sem se distrair, concentrando-se pelo tempo necessário para atingir a meta. Atenção é igual a energia psíquica, ou seja, a forma e o conteúdo da vida dependem do uso da atenção.

Já a entropia psíquica é igual a desordem na consciência; trata-se de uma informação que entra em conflito com nossas metas e desejos, ou que nos impede de realizá-los. Raiva, medo e ansiedade são os nomes que damos às maneiras como vivenciamos essa informação. Esta, quando chega ao cérebro, desvia nossa atenção e nos faz focar o indesejável, tornando a energia psíquica ineficaz. Se a entropia for prolongada, a pessoa não consegue mais atentar às suas metas.

Nenhum acontecimento é positivo ou negativo, é apenas informação que interpretamos e rotulamos de acordo com a influência desse evento nos nossos interesses. Assim, devemos nos perguntar: "Esse evento ameaça minhas metas, apoia-as ou é neutro?".

## Prazer × satisfação

Temos prazer quando satisfazemos programas biológicos (dormir, comer, descansar etc.). O prazer ajuda a manter a homeostase (equilíbrio) física, mas não gera crescimento, não acrescenta nenhuma complexidade ao *self*. Em compensação, a satisfação é como um acontecimento em que a pessoa não realizou apenas desejos, mas alcançou algo novo ou além do que conseguia antes (por exemplo: jogar uma partida esportiva que utilize uma técnica inédita ou fechar um acordo de negócios disputado). É provável que a experiência não tenha sido agradável no momento, mas depois de concluída sentimos satisfação. Nosso *self* se expandiu e se tornou mais complexo.

O prazer é fugidio porque o *self* não cresce com atividades prazerosas. Já a busca da satisfação exige que a energia psíquica seja investida em metas novas e desafiadoras. Achar que investir energia psíquica em novas metas é desperdício, a menos que tenha garantias de recompensas, é um erro, pois acaba gerando insatisfação com a vida, e a necessidade de prazer se intensifica. Não haverá qualidade de vida autêntica a não ser que se aprenda a construir satisfação em vez de prazer momentâneo.

A habilidade mais importante para ter qualidade de vida é a capacidade de transformar adversidade em desafio gerador de satisfação – transformar ameaças potenciais em desafios satisfatórios. Esse estilo de personalidade tem algumas características básicas: busca tarefas desafiadoras que requerem suas habilidades, e a tarefa deve ter metas claras. A satisfação surge entre o tédio e a ansiedade, quando os desafios estão em equilíbrio com a capacidade de adaptação da pessoa.

**Atenção:** metas nos levam a caminhos novos, mas podem surgir todos os tipos de problemas. A tentação é desistir e procurar outras menos exigentes. Quem modifica suas metas sempre que encontra oposição, consegue uma vida mais confortável a curto prazo, mas uma vida vazia, frustrada e sem sentido a longo prazo.

**Nota:** para o senso de autoestima, não importa se realizamos totalmente o propósito, e sim se o esforço foi empregado para alcançar a meta, em vez de ser desperdiçado. Regras do jogo para gerar satisfação: variedade, desafios adequados, metas claras, retorno imediato.

# 8

# COMUNICAÇÃO E LIDERANÇA

Se você falar com um homem em uma linguagem que ele compreende, isso entra na cabeça dele. Se você falar com ele em sua própria linguagem, você atinge seu coração.

**NELSON MANDELA**

Hoje em dia muitos falam sobre esse tema, que é atual, necessário e envolve nossa vida em todos os sentidos. Basicamente, existem dois tipos de comunicação: a verbal e a não verbal. Abordaremos esses conceitos de forma simples, clara, ampla e esclarecedora para que você possa potencializar sua comunicação nos relacionamentos profissionais e pessoais.

Para isso, convido você, desde já, a começar a pensar, perceber ou visualizar como é sua comunicação. Será que o que você deseja transmitir é o que realmente transmite? Talvez você vivencie algumas destas situações:

- "Acho que não vou conseguir dirigir uma reunião; é muito difícil falar de pé."
- "Já tenho dificuldade de me comunicar com meus familiares, como farei com o pessoal da empresa?"
- "Prefiro me comunicar aqui na empresa do que lá em casa. Parece que aqui a comunicação flui e em casa não... Por que isso acontece?"
- "Meu Deus... Jamais pensei que fosse ocupar um cargo de liderança e me chamaram... Como eu faço para falar com as pessoas?"

É fato que em algumas situações nos sentimos mais seguros, sabemos o que e como vamos falar, o pensamento e as palavras estão em sintonia. Porém, é muito comum também que em outras situações tudo desapareça e o que pensamos e planejamos não flua na fala, na voz, nos gestos e no sentimento, ou seja, na comunicação como um todo. Às vezes, queremos ser claros e diretos e quando percebemos somos prolixos ou repetitivos; outras vezes, queremos ter uma longa conversa, mas as palavras somem e o pensamento fica "borbulhando".

É importante lembrar que cada um de nós é único, somos o resultado de uma história, temos um processo de desenvolvimento de comunicação (como pensamos e como expressamos nossos pensamentos por meio da fala ou dos gestos) até chegarmos ao dia de hoje, ou seja, aprendemos a nos comunicar inicialmente em casa.

Em geral, nossas reações são muito parecidas com as reações das pessoas com as quais crescemos. Temos a influência do padrão de voz, fala, vocabulário e gestos dos nossos pais ou de quem nos criou, e com o passar da vida convivemos com diferentes pessoas, culturas e raças que também nos influenciam. Quando nos tornamos adultos, nem sempre nos comunicamos como gostaríamos, e percebemos que ora nossa comunicação atinge o objetivo desejado, ora não.

O maravilhoso de tudo isso é que, assim como o Coaching nos proporciona um processo de aceleração de resultados na vida pessoal e profissional, o processo de conhecer e desenvolver a comunicação também é um fator que possibilita a potencialização dos resultados, pois é possível atingir o estado desejado aprimorando nossa forma de se comunicar.

A comunicação acontece de maneira formal ou informal. Usamos diferentes formas de expressão verbal e não verbal dependendo da situação. Por isso, convido você a pensar em como se comunica quando está em uma negociação, em uma entrevista, em reuniões, quando participa de discussões, tem contatos sociais, vende, encontra-se com a família, namora e fala com crianças ou animais de estimação.

## A COMUNICAÇÃO COMO FACILITADORA EM UM PROCESSO DE MUDANÇA

No Coaching, passamos por momentos no processo de aprendizagem até adquirirmos um comportamento e o realizarmos de forma automática. Trata-se do que chamamos de Níveis de Aprendizagem.

Quando nascemos, não temos condições nem de pedir água por meio da fala e dos gestos (Incompetência Inconsciente). Mas, com o passar do tempo, o bebê fala, mostra o copo e ganha a água. A partir daí, descobrimos que emitimos sons e que com movimentos do corpo e com a fala conseguimos o que queremos (Incompetência Consciente).

Depois de alguns anos, a criança fala "Mamãe, eu quero água", o que mostra que dominamos a fala e o corpo (Competência Consciente). Só depois de muita prática e muita vivência conseguimos ter habilidade para nos comunicarmos de forma mais eficiente e falamos coisas do tipo "Estou com sede, me dá água, quero suco". Assim, buscamos saciar a sede de qualquer jeito em várias situações da vida de forma natural (Competência Inconsciente).

Para que o processo de mudança aconteça, precisamos perceber, ou seja, ter consciência de que temos uma inabilidade; caso contrário, não mudaremos. É por meio das situações, do autoconhecimento e do feedback das outras pessoas que isso se torna possível.

O profissional consciente pode investir em si mesmo reconhecendo como está seu estado atual de comunicação e qual o estado desejado dentro de suas necessidades. A partir disso, esse profissional pode se permitir passar pelo processo de aprendizagem, de mudança e posteriormente desfrutar da habilidade da comunicação eficaz no nível de Competência Inconsciente com mais segurança, assertividade, conforto e atenção. Isso gera bem-estar, produtividade e consequentemente uma imagem positiva onde o profissional estiver inserido.

A seguir, uma sequência de perguntas poderosas para que você realize sua autoavaliação com relação à sua comunicação. Usar essa escala como ferramenta de reflexão é uma boa dica.

**Efeitos no dia a dia**

1. Quão ruim está sua comunicação agora?

**Efeitos no trabalho**

1. Seu trabalho é afetado por sua comunicação?
2. Nos últimos seis meses, você chegou a pensar em mudar seu trabalho por causa de sua comunicação?
3. Sua comunicação criou alguma pressão em seu trabalho?
4. Nos últimos seis meses, sua comunicação tem afetado o futuro de sua carreira?

**Efeitos na comunicação diária**

1. As pessoas pedem para você repetir o que acabou de dizer por causa de sua comunicação?
2. Nos últimos seis meses, alguma vez você evitou falar com pessoas por causa de sua comunicação?
3. As pessoas têm dificuldade de compreender você ao telefone?
4. Nos últimos seis meses, você reduziu o uso do telefone por causa de sua comunicação?
5. Sua comunicação é afetada em ambientes silenciosos?
6. Nos últimos seis meses, você chegou a evitar conversas em ambientes silenciosos?
7. Sua comunicação é afetada em ambientes ruidosos?
8. Nos últimos seis meses, alguma vez você chegou a evitar conversas em ambientes ruidosos?
9. Sua forma de se comunicar afeta sua mensagem quando está falando para um grupo de pessoas?
10. Nos últimos seis meses, alguma vez você evitou conversas em grupo?
11. Sua comunicação afeta a transmissão de sua mensagem?
12. Nos últimos seis meses, alguma vez você evitou falar por causa de sua comunicação?

**Efeitos na comunicação social**

1. Sua forma de se comunicar afeta suas atividades sociais?

2. Nos últimos seis meses, você evitou atividades sociais por causa de sua comunicação?
3. Sua família, amigos ou colegas de trabalho se incomodam com sua comunicação?
4. Nos últimos seis meses, alguma vez você evitou se comunicar com seus familiares, amigos ou colegas de trabalho por causa de sua forma de se comunicar?

**Efeitos na emoção**

1. Você se sente chateado por causa de sua comunicação?
2. Você sente vergonha de sua comunicação?
3. Você está com baixa autoestima por causa de sua comunicação?
4. Você está preocupado por causa de sua comunicação?
5. Você se sente insatisfeito com sua comunicação?
6. Sua comunicação afeta sua personalidade?
7. Sua comunicação afeta sua autoimagem?

## Como combater o medo?

- Encare-o e se prepare!
- Pessoas que dizem não ter medo: esse pode ser o começo do fim. Provavelmente elas não vão se preparar.
- Olhe para o que você deseja alcançar quando estiver diante do público e se prepare pensando nisso.
- Grave sua voz.
- Filme sua imagem.
- Com a prática, aprenda a dominar e a reduzir a quantidade de adrenalina que tem no corpo.
- Canalize essa energia e fale com mais credibilidade.
- Identifique seus pontos positivos e sua credibilidade.
- Insira registros positivos em sua comunicação.
- Fale com muito mais segurança.
- Anote pontos positivos e pontos de melhoria.

**Existem quatro verdades sobre falar em público:**

- Você não é a única pessoa que tem medo de falar em público.
- É útil certa dose de nervosismo.

- Muitos oradores profissionais jamais deixaram totalmente de ficar nervosos.

*"A principal causa do medo de falar em público é simplesmente o fato de não estar acostumado a falar em público" (Carnegie, 1962).*

# OUVIR NA ESSÊNCIA

Geralmente, em um diálogo, temos alguns comportamentos que são bastante comuns. Como exemplo, procuramos sempre a compreensão do outro, porém não conseguimos escutar na intenção de compreender e sim de responder.

Sempre falamos e nos preparamos para falar, discursamos nossa autobiografia para as outras pessoas, constantemente projetamos nossas experiências para os outros (receitamos nossos óculos) e reagimos quando não somos entendidos, alegando que o outro não nos entendeu. Tais comportamentos podem gerar inúmeros conflitos. Quando conversamos com alguém, também usamos quatro níveis da escuta:

1. Ignorando a outra pessoa – Não escutamos nada, fingimos que escutamos.
2. Escuta seletiva – Ouvimos apenas partes da conversa.
3. Escuta concentrada – Prestamos atenção às palavras que estão sendo ditas.
4. Escutar na essência – Ouvimos e nos colocamos no lugar do outro.

Vamos nos concentrar no último nível, pois ele é que faz com que o processo de comunicação ocorra de forma efetiva, havendo assim uma troca de experiências e a construção de uma relação sólida e duradoura.

## Quatro estágios de desenvolvimento da comunicação

**1. Repetição do conteúdo (é o menos eficaz):**

- Aprende-se a ouvir de modo ativo ou reflexivo. Sem o caráter e relacionamento por trás, isso soa como afronta e provoca retração no outro.
- É o primeiro estágio, pelo menos leva a pessoa a escutar o que está sendo dito.
- Repetir o conteúdo é fácil; você escuta as palavras e as repete.
- O uso do cérebro é mínimo.

**2. Reestruturar o conteúdo:**

- É um processo um pouco mais eficaz, mas restrito à comunicação verbal.
- A pessoa usa suas próprias palavras para repetir o que foi dito. Analisa, usa o lado esquerdo, lógico e analítico do cérebro.
- Reflete o sentimento.
- Põe o lado direito do cérebro em funcionamento.
- Quando ouve as palavras, a pessoa atenta ao que o outro sente.

**3. Reestrutura e reflete o sentimento:**

- Inclui o segundo e o terceiro estágios.
- Usa todas as partes do cérebro para compreender os dois lados da comunicação, o conteúdo da mensagem e o sentimento do outro.
- A pessoa entende, reestrutura (ressignifica) o conteúdo e reflete sobre o sentimento, dando a esse estágio um "ar psicológico".

**4. Quando consigo aplicar o quarto estágio:**

- Ajudo o outro a lidar com seus próprios sentimentos.
- A barreira desaparece.
- O outro se abre, sente e fala o que está dentro de si, comunica os pensamentos internos.
- Estabelece-se a confiança.

# SINERGIA

A sinergia é um elemento muito importante, tanto no Coaching quanto em processos de comunicação. É a união de várias partes em uma mesma função, com um objetivo comum e que terá um resultado benéfico a todos. A sinergia tem o poder de catalisar, unificar e liberar o potencial existente dentro das pessoas.

A essência da sinergia é valorizar as diferenças, pois ela é a chave para que o grupo possa conviver harmonicamente e produzir feitos extraordinários. No Coaching, isso pode ser posto em prática por meio da suspensão de todo e qualquer tipo de julgamento, em que cada um aceita o outro do jeito que ele é, sem julgar suas atitudes e seu modo de levar a vida. Dessa maneira, é possível viver em grupo ou estabelecer a harmonia em uma equipe dentro de uma empresa, e assim desenvolver grandes projetos.

Quanto tempo se perde apontando os pecados alheios, com rivalidades, conflitos interpessoais, medidas preventivas de proteção e maquinações? Isso equivale a tentar dirigir em uma estrada com um pé no acelerador e outro no freio: o resultado é que você não se aproxima das pessoas nem deixa que elas se aproximem de você. Com o passar do tempo, em vez de tirar o pé do freio, as pessoas tendem a pisar mais no acelerador, tentam ser mais eloquentes, mais lógicas, para afirmar sua posição.

Uma das ferramentas mais importantes para qualquer tipo de relacionamento é a confiança, e é claro que nesse caso não seria diferente, pois ela está vinculada aos diferentes níveis de comunicação. É o abandono da realidade, "ou você ou eu".

As pessoas inseguras acreditam que toda realidade pode ser entendida por seus paradigmas, têm imensa necessidade de transformar os outros em clones e não se dão conta de que a verdadeira força do relacionamento é ter outro ponto de vista.

A pessoa realmente eficaz tem humildade e reverência para reconhecer suas limitações perceptivas e valoriza as diferenças, porque elas aumentam seu conhecimento e sua compreensão da realidade.

Quanto mais verdadeiro e aberto é o relacionamento, maior a liberação da criatividade e o comprometimento com o que faz.

## A sinergia funciona!

- É a eficácia de uma realidade interdependente.
- É o trabalho em equipe, a criação conjunta e a criatividade junto a outros seres humanos.
- Embora não se possa controlar os paradigmas dos outros, em um relacionamento interdependente ou no próprio processo sinérgico grande parte da sinergia encontra-se dentro de nosso círculo de influência.

## A arte de cocriar

A cocriação é um conceito bastante fortalecedor dentro do Coaching, pois todos sabemos que não podemos fazer nada em nossa vida sozinhos. Sozinhos não vamos a lugar algum. A interação é necessária para que haja evolução contínua.

Ideias, dicas e sugestões devem ter espaço suficiente para serem desenvolvidas em busca de um bem maior que beneficiará não só uma pessoa, mas muitas. Trata-se de ter um lugar em que todas as coisas podem ser ditas, sem hierarquia, sem predefinição de temas e, sobretudo, sem julgamento.

O conceito de cocriação nasceu no meio empresarial, especificamente, na área de marketing, e foi propagado por meio do livro *The Future of Competition* [O futuro da competição], de Coimbatore Krishnarao Prahalad e Venkat Ramaswamy, lançado em 2004.

Segundo a dupla de professores, cocriação nada mais é que a empresa dar espaço para que seus *stakeholders* sejam ouvidos e possam emitir sua opinião acerca dos produtos ou serviços que a organização oferece, ou que ela está desenvolvendo. Entende-se por *stakeholders* os clientes, fornecedores, funcionários etc.

O intuito é agregar valor ao produto e consequentemente à empresa pois assim, seu público será atendido na essência. O fato é que cocriação não se trata somente, vai muito além. No Coaching, ela pode ser também entendida e posta em prática por meio da energia. É sempre importante empregar as melhores energias dentro de um processo de Coaching, para que você alcance seus objetivos.

Ela é fundamental e pode também ser chamada de alma, paixão, entusiasmo ou força vital. Nossos desejos podem ser manifestados de várias maneiras, como alegria, amor, saúde, abundância e bem-estar, mas tudo é energia.

Dentro do Coaching, o conceito de cocriação abrange uma troca intensa de energia em todos os momentos, em todas as sessões, em todos os grupos dos quais você e seu coachee façam parte. Dessa forma vocês conquistarão os melhores resultados possíveis.

Pense nas experiências em que você se sentiu energizado e, sobretudo, produtivo em esforços em grupo. Lembre-se de um momento em que, mesmo por um instante, você tenha se sentido verdadeiramente ligado ao grupo em que estava. Pode ter ocorrido em uma reunião familiar, com amigos, em um relacionamento ou em sua comunidade. É possível que tenha acontecido no trabalho, em uma equipe, em um departamento ou em uma organização.

Pense em imagens específicas do quanto você se sentiu animado e elevado pelo grupo com o qual estava trabalhando, socializando ou se divertindo. Qual foi a sensação? Que tal se você pudesse experimentar essa mesma sensação com a maioria dos grupos de que faz parte? Isso é cocriação no âmbito do Coaching.

Os grupos são capazes de gerar poderosos campos de energia. No entanto, é importante que a consciência da busca da formação desse campo seja comum a todos. Campos coletivos têm o poder de criar uma visão compartilhada e edificante. Esse tipo de grupo conhece a interligação descrita pela física quântica e os antigos iogues.

Para gerar um campo coletivo de energia, propício para a cocriação, é necessário dar alguns passos: garantir um ambiente seguro, para que se possa estabelecer um contato efetivo, onde todas as pessoas se sintam confortáveis para expor seus pontos de vista sobre qualquer tipo de assunto e assim se ajudar mutuamente.

Para que isso seja eficaz, é importante que todos os membros do grupo estejam abertos para receber todo tipo de informação e energia, havendo, com isso, uma verdadeira troca de experiências. Esse é então o segundo passo para gerar um campo coletivo.

O terceiro passo é desenvolver atividades para criar a abertura. Por exemplo, em um Coaching Group pode ser inserida uma pessoa estranha, para que os participantes possam compartilhar com ela os maiores desafios e angústias que existem na vida de cada um e entre o grupo como um todo.

Sendo assim, todos devem ouvir com aceitação incondicional o que esse membro externo tem a dizer, sem interrupções. Com isso, haverá uma possibilidade maior de se alcançar o cerne do problema e chegar a uma solução que beneficie a todos.

Essas trocas sempre são poderosas. Evidentemente, quanto mais abertura criamos, maior é a energia do grupo, ou apenas entre você e seu coachee, e grandes são as possibilidades de mudança de vida. Assim é criado um ambiente propício para que ocorram processos de cocriação, com a intenção de que as pessoas deem apoio umas às outras e em todos os momentos, alegres e tristes. Desse modo, os colaboradores poderão atingir seus objetivos de forma mais rápida.

Paul Deslauriers, escritor e consultor de desenvolvimento organizacional, afirma: "Nesses momentos, sentimo-nos protegidos e elevados por nossos companheiros. Ficamos mais criativos, sensíveis, comprometidos e estimulados. Nesses momentos, a contribuição de cada indivíduo de um grupo funde co om uma energia coletiva, uma força sinérgica em torno da qual tudo parece possível – e normalmente é. Esses momentos são mágicos".

## CAMPO RELACIONAL

### Contêiner de Conhecimento

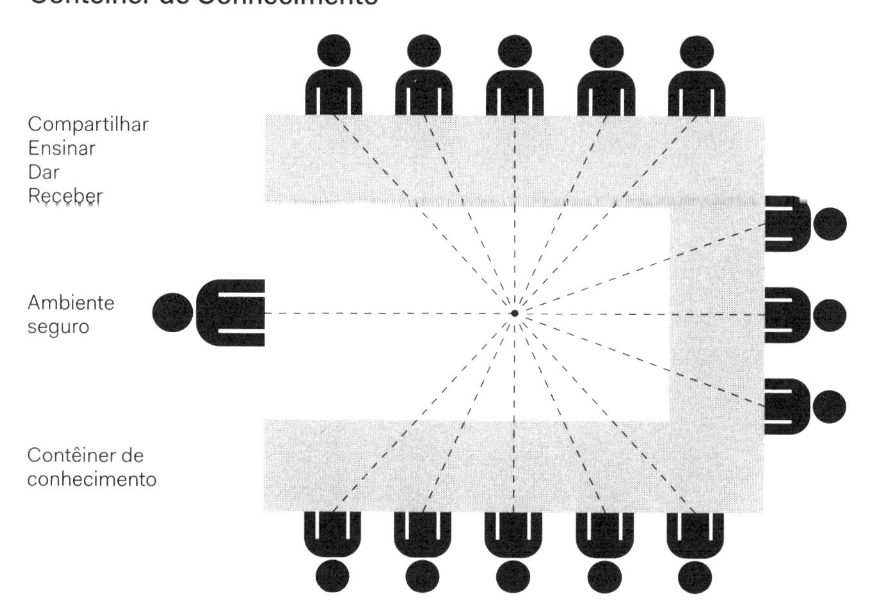

Campo relacional é o entrelaçamento da energia compartilhada pelo Leader Coach e por seu colaborador, provocado através do estado de atenção focado, transe conversacional e estado de fluxo realizado no processo de Coaching. É a transformação do ambiente seguro em um local ideal, em que o não manifesto se manifesta.

Nesse estado, nós transcendemos, falamos e sentimos. É o ambiente propício em que um "passa a sentir o que o outro sente". É o aprofundamento do estado de receptividade, um lugar ideal em que a verdade se manifesta entre as partes e as histórias se complementam.

Um local onde duas fontes de conhecimento se tornam uma terceira força muito maior, através da soma de energias de líder e liderado, também é o estado onde acontece o fenômeno que chamamos de *Rapport* de Alma. O campo relacional provoca o fluxo entre as mentes inconscientes, sinergia.

Mente é uma metáfora de sabedoria maior. Txai, que é a melhor parte do coach e a melhor parte do coachee, formando a melhor parte dos dois, transcendendo a história de cada um, é vivido e manifestado profundamente no campo relacional.

Quando duas pessoas se conectam em um nível mais profundo, elas formam um campo relacional. No momento em que isso acontece, é como se elas conseguissem fazer um download de todas as experiências passadas, poderosas e profundas.

Nessa emanação de energia, elas conseguem viver o que se chama de suspender o julgamento. É como observar os fatos em um nível mais profundo; é interpretar aquilo que a pessoa está sentindo ao falar e se conectar com sua própria verdade. Assim, duas energias se unem para construir uma resposta única, onde só existe verdade. Aqui há uma empatia maior: sentir o que o outro sente.

Para isso, é preciso abrir mão do controle, desapegar da necessidade de ter sempre autoridade sobre tudo, ou seja, deixar ir o julgamento e o conhecimento e encontrar o melhor de si em outro lugar. Nesse lugar existem todas as respostas. Esse é um movimento de energia, de "Ser". Essa energia é capaz de transcender tudo.

O lema do Coaching é: "Tudo o que vier é bem-vindo. O que for bom, deixo que fique. O que for ruim, deixo que vá". É verdadeiramente o sentimento de quando duas pessoas começam a ver as coisas como uma pessoa só. Quando está conectado de coração e mente aberta você sabe quem você é, e deixa fluir quem você é. Somos infinitamente maiores do que somos. Nesse momento somos luz, é como se o consciente e a informação começassem a voltar para a mente consciente como uma resposta, uma palavra. Tudo vai clareando, ressignificando, tendo uma maior perspectiva, e essa resposta passa a ser racional, mas, na verdade, ela é muito mais do que isso.

A teoria do campo relacional é como se a pessoa corporificasse sua própria resposta; é como acreditar que, no final, a ação do Coaching acontece; assim, mais respostas vão surgindo, e também mais perguntas, até que o indivíduo decide agir. Quando falo em corporificar, quero dizer que o que é corporificado é algo inconsciente.

Duas pessoas juntas conseguem chegar mais rapidamente a um lugar aonde uma pessoa sozinha jamais poderia chegar. O coach que ajuda o coachee no fundo está fazendo algo por si mesmo, como se o estado desejado de um fosse o estado desejado do outro.

Eu acredito na atemporalidade, no nível inconsciente, em uma força universal que vai trazer as pessoas certas para atendermos, pela qual as histórias se misturam. No final, há a desconexão e podemos disponibilizar à outra pessoa aquilo que acreditamos ser bom.

O campo relacional, portanto, se define como esse espaço ilimitado e não espacialmente localizado que permite um encontro improvável entre duas energias, que, entrelaçadas, geram uma cocriação única. Ele é o canal por meio do qual são experimentadas uma sensação de entendimento, uma experiência de partilha e uma vivência em comunhão entre diferentes pessoas que naquele instante estão irmanadas em um propósito único.

A cumplicidade é um produto direto e normal no estabelecimento do campo relacional, já que os indivíduos envolvidos nesse processo se sentem passageiros de uma viagem inigualável e da qual só eles fizeram parte, uma vez que cada experiência de *flow* coletivo é exclusiva e com características que só fazem sentido naquele contexto e com os participantes daquele campo.

No processo de Coaching, campo relacional é o estado de atenção focado entre duas pessoas em que elas transcendem, falam e sentem. Ou seja, é o encontro de duas fontes de conhecimento que se tornam uma terceira fonte maior com a ajuda de um ambiente propício no qual o sujeito "passa a sentir o que o outro sente". Esse encontro acontece durante as sessões de Coaching entre coach e coachee.

Os cursos de Coaching oferecidos pelo Instituto Brasileiro de Coaching (IBC) são capazes de gerar poderosos campos de energia. Dentro dos grupos que fazem o curso forma-se uma rede interligada, e a energia compartilhada faz com que a prática do Coaching se torne muito mais simples. Isso proporciona às pessoas do grupo o sentir-se elevado, apoiado e rejuvenescido. No entanto, é importante que a consciência da busca pela formação desse campo seja comum a todos. Em organizações/empresas, essa consciência deve ser definida como missão. Campos coletivos têm o poder de criar uma visão compartilhada e edificante.

Evidentemente, quanto maior for a abertura criada por determinada situação, maior será a energia de determinado grupo; e grandes serão as possibilidades de mudanças de vida significativas. Planejamentos participativos simbolizam uma ótima oportunidade para exercitar a interação, fazendo com que os participantes interajam muito uns com os outros. Essa interação mencionada cria a possibilidade de encontrar um equilíbrio dinâmico no produto final, seja ele qual for.

É no campo relacional que acontece o *Rapport* de Alma. E nesse mesmo campo relacional é provocado o fluxo entre as mentes inconscientes: sinergia. Mente, nesse caso, é metáfora de sabedoria maior. Durante esses processos de *Rapport* de Alma e sinergia, o Txai também é manifestado.

# MODELO DE DIÁLOGO DO PROCESSO DE COACHING

## Transe conversacional

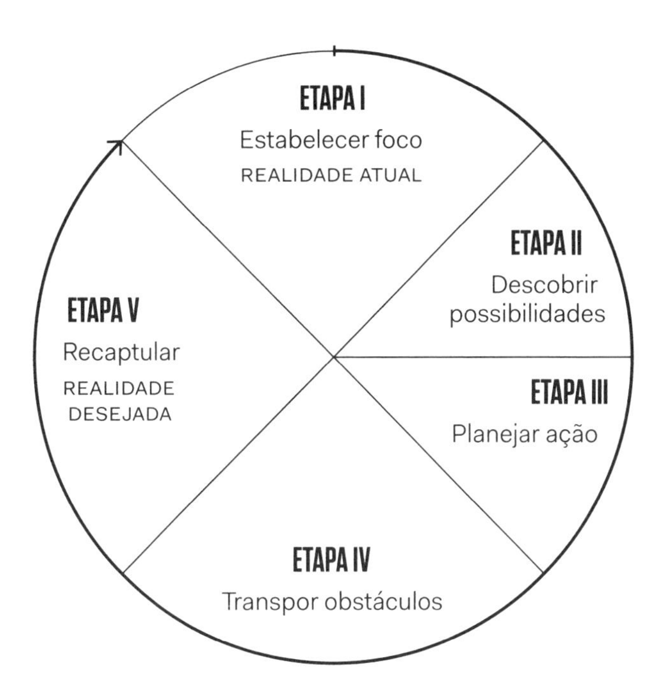


| | FERRAMENTAS |
|---|---|
| ETAPA I | Identificação do sistema representacional. |
| ETAPA II | Ouvir na essência.<br>Suspensão do julgamento.<br>Recapitulação expansão. |
| ETAPA III | Formatando objetivos |
| ETAPA IV | Campo de forças. |
| ETAPA V | Comprometimento com o processo.<br>Tarefa. |

| ETAPA I - ESTABELECER O FOCO | |
|---|---|
| PERGUNTAS PODEROSAS PARA GERAR FOCO | • O que você gostaria de ver como resultado desta conversa?<br>• O que você, especificamente, quer ter ao final desta conversa?<br>• Em poucas palavras, como você define seu estado desejado? E seu estado atual?<br>• Qual é a situação ou o problema de negócio que você quer solucionar?<br>• Que resultado você quer levar ao final desta conversa?<br>• Que assunto gostaria de trabalhar hoje?<br>• Onde você quer estar quando isto terminar?<br>• Para você mesmo, o que mais precisa?<br>• O que esta conversa pode fazer por você?<br>• O que precisa acontecer nesta sessão para você?<br>• Desses assuntos, qual é o de maior importância para você?<br>• O que parece mais urgente para você?<br>• O que você gostaria de ver mudado nesta situação?<br>• Qual o melhor uso que se pode dar a esta reunião?<br>• Você parece frustrado(a). Cite uma coisa que quer ver mudada. |
| ETAPA II - DESCOBRIR POSSIBILIDADES | |
| PERGUNTAS PODEROSAS PARA DESCOBRIR POSSIBILIDADES | • O que precisa acontecer para você saber que...?<br>• O que você já tentou antes que deu certo?<br>• O que você já pensou em fazer antes que deu certo?<br>• O que tem funcionado para os outros e que você acredita que pode funcionar para você?<br>• Que resultado você quer?<br>• Se fosse o super-homem/mulher, o que você faria?<br>• Se soubesse a solução, qual seria?<br>• Como isso funcionaria no passado?<br>• Como outras pessoas responderiam?<br>• Qual seria a primeira opção? Quais seriam as outras?<br>• O que você já pensou/tentou?<br>• O que funcionaria melhor? Fale mais sobre isso.<br>• O que você já observou que funciona com outras pessoas?<br>• Como se sente sobre isso?<br>• Se pudesse fazer de novo, o que você mudaria?<br>• Na sua opinião, o que está faltando?<br>• Quais as possibilidades? |
| PERGUNTAS PODEROSAS PARA EXPANSÃO DO ENTENDIMENTO | • Como esta solução está relacionada com sua meta? |
| PERGUNTAS PODEROSAS PARA EXPLORAÇÃO DAS POSSÍVEIS CONSEQUÊNCIAS | • Quais os possíveis resultados desta solução? |

| ETAPA III - PLANEJAR A AÇÃO | |
|---|---|
| PERGUNTAS PODEROSAS PARA FORMATAR OBJETIVOS | • O que realmente você quer?<br>• O que isso representa para você?<br>• Quando você pretende concluir isso?<br>• Aonde você quer chegar?<br>• Com quem você deve contar para realizar isso?<br>• O que precisa acontecer para você chegar lá?<br>• Qual seria o produto dessa abordagem?<br>• Como essas ações contribuirão para o alcance da sua meta?<br>• Com quem você precisa falar?<br>• Agora, o que é necessário fazer?<br>• Se já tiver alcançado a meta, o que fez para conseguir? |
| IDENTIFICAR SABOTADORES | • O que você ganha com isso? |
| IDENTIFICAR VALORES | • O que é importante para você?<br>• Qual é a relevância disso para você? |
| IDENTIFICAR ESTRATÉGIAS | • Quais são as possíveis formas de realizar isso? |
| IDENTIFICAR AÇÕES | • Quais são os passos para você conseguir isso? |
| IDENTIFICAR RECURSOS | • Do que você vai precisar para realizar isso? |
| **ETAPA IV - TRANSPOR OBSTÁCULOS** | |
| PERGUNTAS PODEROSAS PARA IDENTIFICAR FORÇAS, BARREIRAS, OBSTÁCULOS E RECURSOS | • Quem você gostaria de chamar para poder te ajudar?<br>• Em qual parte dos projetos outras pessoas podem participar?<br>• O que mais você pode delegar?<br>• O que/quem pode impedir a finalização desse projeto?<br>• O que teria de ser diferente para que você possa fazer acontecer?<br>• Com quem mais você precisa conversar sobre isso?<br>• Quais as barreiras que te esperam?<br>• Que recursos serão necessários?<br>• Quem mais você precisa chamar para cumprir essa fase?<br>• A quem mais, na organização, você precisa comunicar isso?<br>• O que está bloqueando seu caminho?<br>• Com quem precisa conversar?<br>• O que está faltando?<br>• O que pode te impedir de cumprir o prazo?<br>• Que outras áreas de sua vida precisam de mudança para que isso aconteça?<br>• O que mais pode te atrapalhar?<br>• Quem mais precisa estar envolvido para que esse plano seja executado? |

| ETAPA V - RECAPITULAR | |
|---|---|
| PERGUNTAS PODEROSAS DE RECAPITULAÇÃO | • O que você aprendeu hoje?<br>• Quais são as coisas que vai cumprir?<br>• O que planeja finalizar nas próximas semanas? (Ou antes de nossa próxima reunião?)<br>• Enquanto estava recapitulando, que outras coisas surgiram em sua mente?<br>• Para você, o que está faltando?<br>• Quão possível essa data é, em face do calendário de todos os envolvidos?<br>• Quais outros compromissos você tem nesta época?<br>• Quando podemos nos encontrar novamente?<br>• Já que João estará conosco na próxima vez, quem vai coordenar as agendas?<br>• Sendo você o responsável pela ação, como posso acompanhar o andamento do projeto? |
| PERGUNTAS PODEROSAS DE VERIFICAÇÃO DE CONCLUSÃO | • Enquanto estava recapitulando, que outras coisas surgiram em sua mente?<br>• Para você, o que mais está faltando?<br>• Que pontos soltos você ainda vê? |
| PERGUNTAS PODEROSAS DE ESTABELECIMENTO DE PRAZOS | • Quão possível essa data em face do calendário de todos os envolvidos?<br>• Quais outros compromissos você tem nesta época? |
| PERGUNTAS PODEROSAS DE ESTABELECIMENTO DE RESPONSABILIDADE | • Quando podemos nos encontrar novamente?<br>• Já que João estará conosco, na próxima vez, quem vai coordenar as agendas?<br>• Sendo você o responsável pela ação, como posso acompanhar o andamento do projeto? |

# 9

# FEEDBACK E LIDERANÇA

Mais do que uma oportunidade para pôr o dedo na ferida, o feedback é um exercício conjunto de melhorias.

**JOSÉ ROBERTO MARQUES**

## CONHECENDO SOBRE FEEDBACK

Feedback nada mais é do que um presente que damos e recebemos das pessoas. E poder contar com esse retorno é essencial para nosso crescimento em todas as dimensões. Ninguém é perfeito ou faz tudo sempre certo. Do mesmo modo, ninguém erra toda hora. Por isso, é preciso expandir sua visão sobre o feedback e compreender que ele sempre irá ajudá-lo em seu desenvolvimento crescente e contínuo.

Assim, uma das primeiras coisas que você deve saber sobre isso é que não existe feedback negativo. Tudo é bem-vindo e pode ser usado para seu aprimoramento pessoal e profissional. Se alguém eventualmente carregar nas tintas e trouxer até você críticas que você sabe não merecer, exercite seu lado coach e deixe passar o que não te faz bem, retendo apenas aquilo que soma.

É certo que muitas vezes a maneira de o nosso chefe, amigo, parente ou cônjuge apresentar nossos pontos de melhoria pode não ser a melhor. Porém, é preciso ver além e, sempre que alguém lhe der esse presente, independentemente do embrulho, você deve procurar refletir e verificar se o que foi dito realmente faz sentido.

Pergunte-se: será que eu realmente ajo dessa maneira? Onde e como eu posso melhorar? Quais são os comportamentos que apontam para essa direção? Qual imagem eu quero passar? E como as pessoas realmente me veem? São reflexões poderosas e trazem uma nova perspectiva para nossa vida. Por isso, independentemente do teor, sempre que receber um feedback, agradeça e saiba que aquilo colabora para seu crescimento. Se você não está conseguindo crescer na carreira, é sinal de que precisa melhorar algum aspecto técnico, emocional ou comportamental que está te impedindo de progredir.

Todas as informações que recebemos, até mesmo as de nosso corpo, por meio dos sintomas quando ficamos doentes (dores, sinais físicos e emocionais), são feedbacks. Saber ler e compreender esses sinais potencializa nosso processo evolutivo e nos faz transcender a outro patamar na carreira e em âmbito pessoal.

Entretanto, feedbacks não servem apenas para corrigir, mas também para reconhecer atitudes, comportamentos e resultados positivos. É maravilhoso quando nosso chefe reconhece nosso trabalho e nossas competências publicamente. Pense como é fantástico quando a empresa nos dá o reconhecimento por nossa dedicação, habilidade e potencial por meio de uma promoção. E como é incrível quando nossos filhos nos reconhecem como bons pais ou como nosso marido, ou esposa, reconhece nosso valor.

Sem os feedbacks, nada disso seria possível e não teríamos a chance de melhorar, evoluir e muito menos de sermos verdadeiramente reconhecidos como merecemos. O poder do feedback é entender que ele é sempre um presente em nossa jornada evolutiva e também a melhor forma de corrigir falhas e potencializar nossos resultados em todas as áreas da vida.

## Sintetize suas ideias

Ter clareza é sempre algo muito bem-vindo. Em uma discussão que envolve expor críticas e erros alheios, isso se torna ainda mais importante para evitar mal-entendidos. Pontos de vista e proposições sucintos também são um grande auxílio para reforçar a mensagem a ser transmitida. Seu objetivo é esclarecer. Jamais pode haver brechas, portanto, para que você ou seu interlocutor saiam do feedback mais confusos do que entraram.

## Seja polido e elegante

Todos gostamos de pessoas educadas à nossa volta, ainda mais quando estamos falando de resolver problemas e achar soluções.

E se o tom da conversa for pautado por temas delicados, então, aí é que a diplomacia nas condutas se torna mais essencial. Ser educado, ainda mais em momentos em que se dirige uma crítica a outra pessoa, como muitas vezes pode ser o caso do feedback, demonstra que a crítica não é pura implicância com seu interlocutor, e deixa claro que se trata de condutas e não de pessoas. Com polidez e elegância, fica mais fácil demonstrar que qualquer crítica feita não é necessariamente pessoal, mostrando ao seu interlocutor que focinho de porco não é tomada.

## Tenha um roteiro a ser seguido

Escolha um método ou estilo de feedback. Isso nem sempre é essencial, mas para os novatos nessa prática acaba ajudando e prevenindo, caso você não saiba o que fazer em um momento qualquer da conversa. Ter uma boa perspectiva de aonde se quer chegar é o melhor estímulo para chegar lá de fato.

## Dê vez e voz ao seu interlocutor

Nunca se esqueça de que feedback é diálogo, jamais um monólogo. Portanto, depois de falar, não deixe de ouvir com atenção o que aquele que está sentado à sua frente tem a dizer. Lembre-se de que dois dos pilares do Coaching são "ouvir na essência" e "suspender todo tipo de julgamento".

## Espalhe a cultura do feedback

Não é segredo e não há regra mais eficaz do que essa. Se o ambiente, a princípio, não se mostra favorável, o que lhe resta é justamente fazer sua parte. O feedback só não pega onde ele não é conhecido. Sendo uma ferramenta simples, pode ser usado em qualquer contexto, o que facilita a aproximação em vez de abrir espaço para conflitos. A verdade é que é muito difícil que o feedback, uma vez disseminado, passe a representar uma ameaça e seja então abolido. Se onde você está parece não haver espaço para ele, comece você a dar o exemplo usando-o, espalhando a cultura do feedback. E de quebra ainda leve o crédito por promover algo que em breve cairá na boca de todos por aí.

# TÉCNICAS DE FEEDBACK

O feedback é um conceito e uma prática de liderança. Ele pode e deve tornar-se parte da cultura da empresa. Mas ele é, sobretudo, uma técnica, que deve ser aplicada com todo o cuidado e profissionalismo. Sendo uma técnica, o feedback também se aperfeiçoa à medida que ele se torna uma constante.

A seguir algumas técnicas comuns de feedback que, embora já conhecidas, serão diferenciadas quando aplicadas por um coach. Devemos enfatizar que o coach, como líder, é o próprio diferencial do processo. Um líder tradicional aplicará o feedback de forma tradicional e conseguirá um resultado tradicional. Um líder coach aplicará o feedback de maneira diferenciada simplesmente por conhecer de forma muito mais profunda e assertiva o processo de formulação de perguntas poderosas.

## Feedback Burger

Uma das técnicas mais conhecidas e eficientes que temos no processo de Coaching leva o singular nome de Feedback Burger; pela formatação em camadas à maneira de um sanduíche é que chamamos assim essa ferramenta. O Feedback Burger segue essa norma, e por isso deve ser preparado a quatro mãos pelos dois participantes da conversa em questão. Essa técnica é executada em três passos:

1. Tem início com a tentativa de gerar receptividade no profissional, no instante em que um elogio verdadeiro é feito ou apenas passando a impressão de que há uma compreensão sobre o fato a ser tratado, minimizando assim a tensão inicial e o "medo" do feedback. Por exemplo: "Eu entendo por que você agiu assim, foi o melhor que pôde fazer naquele momento".
2. No segundo instante, entra em cena a forma, digamos, mais clássica de feedback, apontando situações de desacordos, erros e má postura e sugestões de melhorias, buscando alternativas e soluções. Trata-se da parte mais substancial ou mais suculenta de fato de um processo de feedback, o

que na nossa analogia fica sendo a carne, o hambúrguer. Pode ser exemplificada por passos como "Será que se você tomasse uma atitude 'x' o resultado não seria mais positivo?", ou "E que tal experimentar remanejar os recursos de nova maneira?".

3. O terceiro passo é um reforço do primeiro, encerrando essa ferramenta trifásica focando no futuro e usando de algum estímulo motivacional que ajude seu interlocutor a não perder o rumo para onde pretende seguir. Pode, por exemplo, ser usada uma frase como "Parabéns! Você está no caminho certo. Continue assim!", ou "Agora, é certo que com esses ajustes você está bem mais próximo de alcançar resultados extraordinários". O arremate, portanto, ou o pão desse hambúrguer, é um combustível para que o participante do feedback renove a convicção acerca das mudanças que ele visa alcançar. Nada mais proativamente Coaching, portanto.

Vale dizer que o Feedback Burger comporta algum molho ou elemento adicional que os participantes decidirem incluir na conversa. Pode-se, por exemplo, usar a oportunidade e passar adiante algum novo informe sobre o trabalho, ou qualquer comunicado a mais. Ah, lembre-se de nunca se esquecer que essa ferramenta pode ser usada sem tanta moderação, já que, ao contrário do que o nome poderia sugerir, ela não faz nenhum mal.

## Feedback 360° projetivo

Trata-se de perguntas que projetam o ser humano a refletir sobre a percepção que ele e outras pessoas têm dele mesmo, sendo parentes, amigos, conhecidos, pessoas do mesmo nível hierárquico e subordinados, tudo dentro do campo pessoal, profissional e espiritual.

O quanto real e verdadeiramente você se conhece? O quanto você acredita que as pessoas te conhecem? Você sabe qual é a opinião das pessoas a seu respeito?

Muitas vezes nos abatemos quando nos deparamos com o que os outros falam de nós. Ficamos inconformados com isso, porém dificilmente nos atemos à intenção positiva das pessoas ao compartilhar sua percepções sobre nós, o que faz com que raras vezes usemos essas importantes informações para extrair uma consultoria grátis sobre áreas do nosso comportamento nas quais podemos melhorar.

Caso o feedback das pessoas próximas de você te incomode, podemos usar uma ferramenta poderosa de Coaching, que é o Feedback Projetivo 360°, uma série de perguntas que poderia te direcionar a levantar informações a partir do ponto de vista alheio.

Esse levantamento vai servir a você dentro de um processo de identificação de áreas de sua vida que merecem mais atenção, ou por estarem negligenciadas, ou por revelarem vulnerabilidade para seu crescimento.

## FEEDBACK 360º PROJETIVO

Análise estratégica de liderança, por José Roberto Marques

**1. O que você acredita que as pessoas que têm o mesmo poder aquisitivo que o seu, aproximadamente a mesma formação cultural e profissional e classe social similar, além de se assemelharem a outros padrões pessoais (ou seja, pessoas bem parecidas com seu estilo de vida), pensam sobre você?**

________________________________________

________________________________________

________________________________________

________________________________________

**2. Qual impacto você tem sobre essas pessoas parecidas com você?**

________________________________________

________________________________________

________________________________________

________________________________________

**3. Como você acha que seus subordinados ou colaboradores o veem? E como você acha que seus colegas de trabalho/pares do mesmo nível hierárquico o veem?**

4. De que forma você acredita que as pessoas que têm um poder aquisitivo maior que o seu, formação cultural/acadêmica ou profissional elevada, e, ainda, classe social superior, veem você? Qual impacto você tem sobre essas pessoas, que metaforicamente estão em um nível superior ao seu por algum motivo?

5. Como você acredita que seu superior (colaborador imediato), diretor, sócio e grande cliente te veem?

6. Como você acredita que as pessoas muito próximas a você, de seu convívio ou de seu relacionamento te veem? Como seu marido, esposa, noivo(a), namorado(a), melhor amigo(a) te veem?

7. Como você acredita que seus filhos te veem? Caso não tenha filhos, como você acredita que seus sobrinhos te veem? Ou, se não tem sobrinhos, como você acredita que as crianças de seu prédio, ou de seu quarteirão, ou que encontra eventualmente, veem você?

8. O que é família para você? Quando fala em família, de quais pessoas você se lembra? Você pode mencionar três pessoas

**(nomes específicos) da sua família? Como você acredita que essas pessoas te veem?**

**9. Como você acredita que seus amigos te veem?**

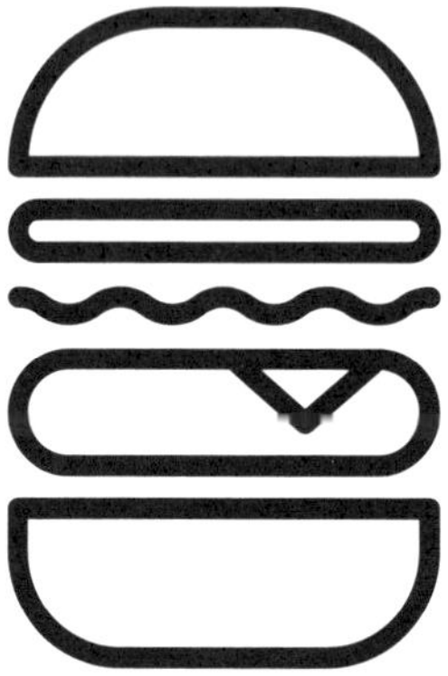

ELOGIO OU QUEBRA-GELO
Nunca usar "igual", "mas" ou "porém" para passar para próxima etapa.

Perguntar para induzir o entrevistado a se conscientizar da questão (ouvir), assumir suas próprias dificuldades.

AÇÃO
Compromisso entre as partes, incentive a mudança; agende o acompanhamento.

**10. Como você se vê agindo e interagindo com as outras pessoas? O que você acredita que as outras pessoas pensam de você quando te conhecem pela primeira vez? Qual é o impacto que você causa no primeiro contato com o outro?**

**11. Diante de todo esse processo reflexivo e da proposta de feedback projetivo, o que você acha que o outro pensa sobre você? Como gostaria de ser visto pelas outras pessoas no campo pessoal, no campo profissional, no campo espiritual, no campo do processo evolutivo?**

12. **O que efetivamente você vai fazer para que as pessoas o vejam como gostaria de ser visto?**

# *FEEDFORWARD*

Se o feedback é uma espécie de retrovisor que pretende olhar e resolver problemas que já foram estabelecidos, reconhecidos e encarados, devemos também ter o hábito, como líderes, de focar sempre o futuro. Ou seja: olhar para o passado sem ficarmos presos a ele. O resultado desse foco no futuro nos leva a outra prática: o *feedforward.*

*Forward* em inglês quer dizer à frente, adiante, dando a ideia de olhar para o futuro. Essa perspectiva de se voltar para o que está por vir já é bastante própria dos coaches e muito característica do sentido de feedback com o qual você vem experimentando contato por aqui. Mas, até para exercitar o fundamento do Coaching de extrair o que há de melhor em tudo, é importante conhecermos as qualidades dessa nova conceituação.

Esse termo não é só mais um daqueles modismos passageiros que tanto invadem o mundo dos negócios, da administração, do dia a dia das organizações e das estratégias de autoconhecimento. É certo que ele é uma derivação do feedback, mas tem se mostrado capaz de andar por si só e de marcar presença.

Muitos veem no *feedforward* a esperança para corrigir os tropeços dados no feedback, aplicando inovações que são na verdade resultantes da má aplicação do próprio feedback. Para você que já conhece o Coaching, há uma boia de salvação mais segura na qual se agarrar, o que não nos impede, entretanto, de extrair desse novo conceito o que nele há de melhor.

O *feedforward* é uma ideia tipicamente coach. E isso é bem visível mesmo nas práticas de quem se utiliza dessa ferramenta, mas não conhece com profundidade um processo de Coaching. Aliás, nesses casos se torna ainda mais fácil observar como as ideias que embasam o Coaching são também o que o mantêm de pé, o *feedforward*. A semelhança entre as duas práticas se dá na confluência de uma orientação para o futuro.

## Dicas para o *feedforward*

**Deixe o retrovisor de lado e mire no horizonte.** A lição mais certeira sobre o *feedforward* é o olhar para o futuro. Não é que o passado não importe e não tenha valor. Longe disso! Acontece que o *feedforward* tem que ser uma experiência de olhar para a frente, sem apego excessivo ao que já passou. Os erros e tropeços ficarão como lição, por isso, concentre-se nas soluções e em olhar adiante.

**Estimule a autoestima.** O ambiente de trabalho pode ser dos maiores propulsores que temos na vida. O lado negativo é que ele pode também ser responsável por grandes decepções ou frustrações. Um gestor ou mero participante ocasional de *feedforward* só tem a ganhar se estimular no seu interlocutor a autoestima de que ele precisa para seguir em frente da melhor maneira possível. Colaboradores com a autoestima em dia não apenas são a razão de melhores resultados para as organizações, mas tornam-se excelentes colegas de trabalho, e emitem bons eflúvios que tornam toda a atividade naquele ambiente mais prazerosa e reconfortante.

**Incentive a ascensão profissional.** O *feedforward* é um momento para as projeções, para ousar nos projetos, ir além nas idealizações sobre o que pode ser feito com os instrumentos do presente. Líderes de sucesso sabem que quando os profissionais crescem a organização cresce junto, afinal são eles a alma e o cérebro de qualquer empresa. Nas conversas com seu interlocutor, portanto, o estímulo às manifestações sobre propósitos e demandas pessoais é muito bem-vindos. Isso abre as portas para um *brainstorming*. Por isso, durante um *feedforward*, dê asas à sua própria imaginação e à do seu interlocutor.

**Envolva toda a equipe.** Nenhum ser humano é uma ilha, a viver sozinho sem seus pares. No ambiente profissional, isso tende a ser uma verdade ainda mais evidente. Em uma equipe, ninguém deve ser excluído. Caso isso ocorra, a solução é tentar envolver a todos, distribuindo tarefas, individualizando atribuições para que, no fim das contas, as conquistas sejam tanto individuais quanto coletivas. Compartilhe as metas, defina objetivos comuns e lembre-se: uma andorinha só não faz verão.

**Perguntas poderosas para um *feedforward***

- Quais são as suas metas mais importantes para um futuro próximo?
- No horizonte de seis meses a um ano, o que você espera ter melhorado a partir de suas ações de hoje?
- Você enxerga as demandas da vida profissional indo ao encontro de suas próprias expectativas pessoais?
- Se sim, o que você acredita que pode fazer para intensificar essa convergência? Se não, o que você enxerga como viável para alterar esse quadro?
- Quais aspectos da vida você acredita que precisam ser mudados hoje para aumentar suas chances de alcançar seus planos?
- O que você acredita que pode ser feito hoje para otimizar suas chances de sucesso profissional?
- Como você acha que seu líder/gestor pode influenciar positivamente seus resultados? E o que você sugere como medida a ser tomada?
- Quais medidas autossabotadoras que você pratica e que podem ser abandonadas ou transformadas hoje mesmo?

- Como você se enxerga depois de ter alcançado as metas mais importantes que você hoje persegue?
- Quais diferenças reais o alcance dessas metas traria para sua vida?

## Autofeedback do líder coach

Nas formações em Coaching, a ferramenta do Autofeedback é uma das que causam maior impacto nos participantes. Ela nos faz olhar para nós mesmos o tempo todo, mesmo que esse exercício seja, em alguma medida, doloroso. Temos nos acostumado a estar voltados o tempo todo para o exterior, vemos e julgamos o outro o tempo todo. Nosso olhar está todo para fora. Voltar o olhar para dentro é um movimento que, no primeiro momento, será incômodo e superficial, porque olhar para si mesmo é um exercício de uma vida inteira.

Para pensar em autofeedback como resultado de um processo de autoconhecimento é preciso, primeiro, pensar em voltarmos a olhar para nós mesmos. Voltar o olhar para o interior e não para o exterior.

Se o feedback é tão capaz de modificar impressões, de desatar nós, de desfazer mal-entendidos e principalmente de abrir as portas para o surgimento de soluções, não seria nada exagerado pensar que sua versão individual, estilo "faça você mesmo", isto é, o Autofeedback, alcança os mesmos resultados. Entretanto, a verdade é que esse modelo mais exclusivista de feedback tem características únicas, e não só entrega resultados equivalentes aos da prática tradicional, aquela feita a dois, como vai além, podendo produzir aquilo que no Coaching chamamos de resultados extraordinários.

Isso é bem plausível, porque os possíveis entraves existentes quando se está em um feedback com outra pessoa acabam sendo removidos, já que o interlocutor é você mesmo.

**No Autofeedback não há por que mentir.** Questões mais delicadas ou íntimas que estamos pouco ou nada propensos a tratar com aquele com quem realizamos feedback podem estar totalmente liberadas nesse caso. Ora, se o receptor das perguntas é você mesmo, não há motivo para ser tão cheio de dedos na abordagem.

Embora muitas pessoas mintam para si mesmas e se autossabotem, quando se trata de analisar friamente algo sobre si, o melhor a fazer é olhar para o fato. Autofeedback é sobre seu autoconhecimento, inclusive sobre conhecer aquilo que não é tão bom em nós.

**Não há ninguém acima de você mesmo.** Outro aspecto que causa frio na barriga na versão tradicional de feedback é a questão da hierarquia, pois se estabelece uma relação de poder, tanto na esfera profissional quanto na vida pessoal.

Na prática, portanto, no Autofeedback fica-se inteiramente livre inclusive para abordar temas sensíveis, de natureza privada, e aos quais dificilmente daríamos vazão em um feedback tradicional.

## AUTOFEEDBACK

**Seu nome (como gosta de ser chamado ou chamada):**

______________________________

**Uma frase que o identifica como líder:**

______________________________

**Um livro que faz sentido em sua vida como líder:**

______________________________

**Um filme que o influenciou como líder:**

______________________________

| Pontos fortes | Pontos de melhoria |
|---|---|
| | |
| | |
| | |
| | |
| | |

| Oportunidades | Limites |
|---|---|
| | |
| | |
| | |
| | |
| | |
| **Crenças fortalecedoras** | **Crenças limitadoras** |
| | |
| | |
| | |
| | |
| | |
| **O que as pessoas pensam e sentem ao te ver pela primeira vez?** | **Como você gostaria de ser visto pelas pessoas?** |
| | |
| | |
| | |
| | |
| **O que vim buscar aqui?** | **Como sei que alcancei o resultado?** |
| | |
| | |
| | |
| | |
| | |
| **Se você tivesse somente cinco minutos de vida, o que faria?** | **Como seria seu funeral, velório e sepultamento?** |
| | |
| | |
| | |
| | |

| | |
|---|---|
| Quais seriam (nomes) as seis pessoas que segurariam as alças de seu caixão? | Quantas pessoas estariam em seu velório? Quais as três restantes? E a última? |
| Por que você mereceria entrar no "Céu/Paraíso"? | Quais seriam os pensamentos das pessoas que estavam em seu velório sobre você? |
| Você tem algum assunto inacabado? Alguma questão em aberto? | Qual seria sua última mensagem para o mundo? Por que valeu a pena viver a vida? |
| Qual seria seu epitáfio hoje? | Qual seria seu epitáfio futuro/real (daqui a cinquenta, setenta, oitenta anos)? |
| O que você aprendeu a fazer com esse autofeedback? | Qual será sua ação? |

**Pergunta para gerar conclusões e decisões:**
Pondo todos esses elementos na balança, qual seria a melhor solução?

**Pergunta para verificar a congruência interna:**
Está OK para você essa solução ou você tem algo que queira considerar e adicionar a essa reflexão?

# 10

# LIDERANÇA E SUAS TENDÊNCIAS

O líder atual deve buscar o desenvolvimento contínuo, o seu próprio, de sua equipe e de sua empresa.

JOSÉ ROBERTO MARQUES

## TREINAMENTO DE LIDERANÇA E MOTIVAÇÃO

Transformar o ambiente organizacional em um local propício ao desenvolvimento dos colaboradores e ao crescimento da empresa de forma conjunta é fundamental. Com a globalização, a tecnologia, o imediatismo e a concorrência cada vez maior, alcançar e manter um lugar de destaque no mercado torna-se uma tarefa diária.

A figura do líder é essencial nesse processo de construção de resultados e de desenvolvimento, gestão e motivação de pessoas. Entretanto, nem todos os líderes estão preparados para atender a essas novas demandas. Nesse sentido, investir em treinamento de liderança e motivação é uma excelente alternativa, uma vez que os profissionais precisam ser incentivados para fazerem com excelência seu trabalho, e o termômetro disso é a atuação do líder.

Com base em minha ampla experiência no atendimento a grandes empresas e no desenvolvimento de profissionais através de nossos cursos de Coaching, no Instituto Brasileiro de Coaching, pudemos perceber que há uma necessidade latente de expansão do potencial das lideranças, tanto dos jovens quanto dos gestores com mais experiência no mercado, no exercício de liderar pessoas.

Hoje são exigidas das lideranças novas competências e habilidades, uma vez que os modelos de gestão mudaram para acompanhar tanto a economia, mais aberta e com mais possibilidades de crescimento, quanto o perfil de novos profissionais que buscam em seus superiores conhecimento, ampliação de seus horizontes, motivação e apoio no desenvolvimento de sua carreira.

Acompanhar essa tendência e se preparar para liderar e motivar significa potencializar a gestão de pessoas; desenvolver a si e aos seus liderados; e, consequentemente, criar maiores chances de colher bons resultados para os colaboradores e para sua empresa. E essa congruência entre as necessidades é fundamental. Invista no aperfeiçoamento de suas competências de liderança, com certeza você terá grandes resultados.

## LIDERANÇA NAS ORGANIZAÇÕES

Como deve ser um líder do século 21? Deve ter foco nas pessoas ou nos resultados? Para os mais conservadores, o líder deve manter uma postura autocrática e centralizadora; para os mais modernos, o líder atual deve buscar o desenvolvimento contínuo, o seu próprio, de sua equipe e empresa.

O papel da liderança nas organizações é primordial para o crescimento organizacional. Se antes a forma de gestão era pautada por um modelo autocrático, em que todas as decisões eram centralizadas no líder, sem qualquer participação dos colaboradores, hoje o que estes buscam, inclusive os profissionais da geração Y, é a figura do líder que se destaca por suas qualidades.

Entre as habilidades do líder, destacamos: a capacidade de saber motivar, de ouvir na essência, de empreender, de ousar, de inovar, ter coesão em suas ações e decisões, ter comunicação efetiva, respeito pelos liderados e suas necessidades profissionais e pessoais, além de saber delegar, ensinar e acompanhar o trabalho de forma assertiva.

Reter talentos é uma das principais tarefas das lideranças nas organizações, uma vez que encontrar profissionais com competências técnicas e comportamentais bem desenvolvidas é muito importante para as empresas. Capacitação e treinamento, especialmente das lideranças, são foco de investimento da maioria das companhias.

Esse líder é personificado na imagem do Leader Coach, que utiliza as ferramentas do Coaching para desenvolver pessoas, para compartilhar seus conhecimentos, ser acessível e criar entre os colaboradores um sentimento de unidade dentro de um ambiente colaborativo; um ambiente onde as pessoas se sentem realmente pertencentes ao grupo e parte fundamental nos resultados da empresa. Entretanto, nem sempre parte dessa liderança é inata, e é preciso que seja mais trabalhada para ser desenvolvida efetivamente.

## COACHING: UM APOIO EXTRAORDINÁRIO À LIDERANÇA

Atualmente, profissionais de diversas áreas têm procurado aperfeiçoar suas habilidades. Em pleno século 21, quando as tecnologias avançam e a economia cresce, bons profissionais são cada vez mais exigidos e as metas cada vez mais ambiciosas. É preciso desenvolver competências de liderança e, mais que isso, ser um líder diferenciado.

Liderança consiste na arte de conduzir pessoas, profissionais, grupos e equipes a alcançarem, com êxito, os resultados planejados. Também por isso, nas empresas, é cada vez mais natural a necessidade da formação de líderes efetivos, que consigam inspirar, conduzir e fazer com que os colaboradores estejam motivados para, dessa forma, cumprirem com sucesso aquilo que lhes foi determinado.

### A liderança com coaching

Na liderança com Coaching, as competências são estimuladas, os projetos conduzidos em parceria, as habilidades desenvolvidas, as opiniões ouvidas e levadas em consideração e os colaboradores têm confiança em seu trabalho. Isso porque esse tipo de líder sabe delegar com assertividade, uma vez que identifica as capacidades individuais de cada um de seus liderados.

Esse tipo de liderança apresenta desafios e novidades motivadoras, que criam um ambiente colaborativo, empreendedor e também mais feliz e favorável à evolução profissional. Consequentemente, essa postura leva ao alcance efetivo dos resultados da empresa.

Quando se tem à frente da equipe ou organização uma liderança embasada no Coaching, tudo se torna mais fácil. O time se sente mais motivado e seguro se tem como técnico alguém que sabe aproveitar da melhor maneira os talentos de que dispõe. Colaboradores com receio ou desconfiança de seu líder tirânico ou pouco preparado acabam tendo quedas expressivas de produtividade. Liderar como um coach, portanto, traz não só um ambiente que potencializa os valores individuais, mas também propicia que fragilidades individuais sejam reduzidas em um contexto de trabalho de equipe.

## Quais os diferenciais do Leader Coach?

O líder que usa as ferramentas para a prática efetiva do Coaching consegue vencer assertivamente as limitações na comunicação, na forma de relacionar-se com seus colaboradores, tendo, assim, mais autoconfiança para delegar como também para cobrar os resultados. Líderes coaches são profissionais visionários, focados, inspiradores, empreendedores e ousados que detêm uma visão sistêmica da empresa e das pessoas, de seu ambiente de trabalho. Graças a isso, conseguem conduzir de forma mais assertiva seus liderados.

Um Leader Coach, ao utilizar as ferramentas do Coaching em sua liderança, consegue articular entre seus colaboradores maiores e melhores resultados, pois lidera de forma equilibrada, concisa, dinâmica e inspiradora. Esse é o novo perfil de líder e, hoje, está entre os principais objetivos das empresas terem em seus quadros esse tipo de liderança.

**Dica:** invista no desenvolvimento de líderes coaches.

# 11 LIDERANÇA DE GRUPOS E EQUIPES

A liderança é a atividade de influenciar pessoas fazendo-as empenhar-se voluntariamente em objetivos de grupo.

**GEORGE TERRY**

# O COACHING GROUP

Nem todo líder trabalha diretamente com grupos de pessoas. Há líderes que conduzem práticas de gestão, desenvolvimento de procedimentos e outros e que não têm exatamente uma equipe sob sua responsabilidade. Neste capítulo, queremos tratar especificamente dos líderes que têm o desafio de, todos os dias, desenvolver um grupo de colaboradores, acompanhando seus resultados, traçando metas e focando no resultado individual e coletivo.

Para esse perfil de líder há no Coaching uma área de atuação que conhecemos como Coaching Group (CG). Esta é uma ferramenta que vem ganhando espaço nos últimos anos. Diferente do que muitos à primeira vista podem imaginar, uma sessão de Coaching em Grupo não é apenas uma versão estendida do atendimento individual.

CG é uma modalidade do Coaching na qual todas as práticas são voltadas a um grupo. Essas práticas não se resumem a uma sessão de Coaching comum com mais pessoas, pois as necessidades, técnicas e os tipos de aprendizado são bem diversos daqueles presentes em uma sessão particular.

Um líder que trabalha o estabelecimento de metas, o acompanhamento das metas, o feedback, a interação do grupo, a gestão de conflitos no dia a dia do trabalho está fazendo CG no seu aspecto informal. Contudo, há também uma maneira formalizada, mais estruturada de trabalhar com grupos e equipes, e é dela que vamos tratar agora.

O processo de CG envolve a interação de um grupo em que seus componentes tenham um objetivo profissional, organizacional ou pessoal em comum. Todas as atividades são monitoradas por um profissional coach capacitado para esse tipo de modalidade. Dessa forma, a troca de experiências e conhecimentos entre os envolvidos nessa atividade grupal, mediada por um coach preparado e capacitado, propicia desenvolvimento humano e social entre os participantes do grupo.

Há uma diversidade de possibilidades para que se crie um grupo para atendimento em Coaching. O que determina os moldes para a criação dos grupos são os objetivos e metas que os indivíduos participantes pretendem alcançar, por exemplo: a abertura e ampliação dos canais de comunicação, confiança mútua, competências, aumento do foco, disciplina, identificação de metas etc. Um líder de um departamento ou mesmo mais de um departamento podem criar momentos para trabalhar o grupo em suas diversas necessidades. Desde a dificuldade de interação e cooperação até o desenvolvimento de lideranças dentro dos grupos.

Em um mesmo grupo, vamos encontrar participantes de diversos perfis que almejam diferentes resultados. Porém sempre há interesses em comum, que são as realizações pessoais e profissionais através do Coaching. Todavia, objetivos específicos e particulares guiam cada um dos coachees.

## De modo geral, o coaching group contribui para:

**Aprendizado em grupo**

A grande vantagem do Coaching Group é que o aprendizado entre participantes é expandido devido à troca de experiências. De forma coletiva, propicia-se que cada integrante amplie seu nível de conhecimento com base nas diferentes vivências e nas diversas formas de analisar e lidar com o mundo e com as situações que vivemos ao longo de nossa vida.

### Avaliação individual

É importante ressaltar que o foco do Coaching Group é sempre no indivíduo e não apenas no grupo como um todo. O coach sempre estará preocupado em ver a evolução do indivíduo, primeiramente enquanto ser individual, e posteriormente em suas vivências em grupo.

Antes da formação dos grupos é interessante que o líder coach faça uma sessão individual; a finalidade dessa sessão é detectar e estabelecer da forma mais assertiva possível os objetivos individuais e globais do coachee. Essa sessão individual permite ao coach analisar de forma sistêmica em qual grupo o coachee se encaixará melhor, possibilitando o melhor aproveitamento das sessões em grupo.

### Dinâmicas/Ferramentas em grupo

As dinâmicas desenvolvidas em grupo são poderosas ferramentas. Esses momentos podem ser utilizados pelo coach como um instrumento que propicia aos coachees espaço para a reflexão e motivação.

Há diversos modelos e tipos de aplicação de dinâmicas, cabe ao coach decidir a mais pertinente para cada grupo. Há também muitas ferramentas do Coaching que podem ser usadas para sessões de Coaching Group. Esses exercícios trazem momentos enriquecedores que podem auxiliar na melhora dos relacionamentos e da comunicação, gerando uma série de insights extraordinários sobre a vida de modo geral.

## Suporte ao coachee

Não basta criar o grupo, é necessário ter todo um planejamento e suporte para que ele se desenvolva da melhor forma possível, trazendo resultados extraordinários para seus participantes. A maioria dos coaches está acostumada a fazer suas sessões em contato direto com seus clientes, ou seja, "zoinho no zoinho".

Antes de começar um Coaching Group, o coach deve se preparar muito, ler livros, artigos, propostas metodológicas, reflexões, para então montar seu próprio formato de atendimento. O suporte ao coachee é um diferencial no Coaching Group, pois agrega um valor maior ao produto vendido.

## Sessões individuais

Sim, podemos falar que, mesmo em grupo, o coach observa individualmente todos os coachees participantes. Esse acompanhamento individual é muito importante também: primeiro, o contato pessoal é fundamental para saber em qual grupo o coachee se encaixará e terá melhores resultados.

No desenvolvimento das sessões, é fundamental deixar um canal aberto para que, quando necessário, o coachee possa chegar até o coach individualmente para sanar possíveis dúvidas, problemas ou para ter um feedback.

## Feedback particular

O feedback é uma ferramenta fundamental no processo de Coaching Group. Deve-se utilizar o feedback como um meio construtivo na intenção de promover através de orientação e auxílio o desenvolvimento de determinada pessoa.

Jamais é recomendado fazer uso do feedback como um meio punitivo ou para expor as falhas de alguém publicamente. Essa atividade deve ser feita e avaliada de maneira individual, mostrando os pontos fortes e os de melhoria.

## Etapas do Coaching Group

Independentemente do tipo de grupo com o qual você trabalhará, o processo de Coaching Group sempre seguirá um percurso dividido em etapas. As etapas são fundamentais para que seja estabelecida uma ponte entre o ponto presente e o que se deseja alcançar. Além do mais, isso faz com que a atuação do líder esteja estabelecida sob uma base de Coaching, de forma profissional e segura.

Todas as etapas do CG devem respeitar a relação entre:

- Acordos e objetivos
- Ação/tarefas de Coaching
- Estrutura das sessões

O grande desafio que envolve o CG é o de criar um plano de ação que respeite essa tríade. A primeira parte exige que o coach saiba exatamente a que patamar quer levar o grupo e quais os acordos necessários para que o grupo caminhe com ele. A segunda parte da tríade vincula os objetivos às tarefas e ferramentas que o coach usará com seu grupo. Por fim, como os encontros serão organizados e como ele irá trabalhar cada encontro/sessão.

O Coaching vai muito além de criar estratégias e projetos: também é necessário saber como implementá-los. As sessões de CG podem seguir alguns procedimentos para que as pessoas que participam do grupo não se sintam perdidas ou deslocadas na hora de desenvolverem seu plano de ação e para que o coach tenha segurança na condução dos processos. São elas:

### 1. Detectando os pontos de melhoria

Essa é a primeira etapa do ciclo de desenvolvimento do Coaching Group. É nessa fase que acontece o compartilhamento das histórias pessoais dos participantes do grupo. Cada pessoa deve contar sua história, sua visão sobre a realidade que o cerca, suas crenças e seus sentimentos. Esse espaço é fundamental para que as pessoas criem proximidade e reciprocidade umas com as outras, estando em um ambiente seguro.

Depois do compartilhamento das histórias entre os participantes há uma ferramenta que pode ser utilizada para que as pessoas consigam detectar quais aspectos estão impedindo ou dificultando a conquista da satisfação plena na vida, que é a Roda da Vida.

Essa etapa exige calma e reflexão; deixe que os coachees se sintam à vontade para responder à Roda da Vida e refletir sobre suas respostas. Seja claro com seus coachees, mostre que para se chegar ao sucesso é necessário percorrer um trajeto, que você não dará as respostas, muito menos a solução de todos os problemas, mas que os auxiliará nessa caminhada.

### 2. Mapeando as lideranças

A maioria das pessoas busca o Coaching almejando posições de liderança, seja ela na vida profissional (ocupando cargos de gestão na empresa) ou na vida pessoal (sendo seu líder, conduzindo sua própria história). Para se tornar um líder é imprescindível abandonar ideias preconcebidas que são exaltadas pelo senso comum.

Um bom líder vai além, ele busca se informar, sai do campo das teorias e vai para a ação. É isto que o Coaching Group propõe aos coachees: que eles saiam do ponto de estagnação e ousem ir além, busquem seus objetivos encarando todas as dificuldades de frente e transformando-as em uma escada para o sucesso.

"Liderança é ação, e não posição." Entender isso é uma das primeiras características que o líder deve ter para alcançar o sucesso. Não se trata de estar uma posição acima dos demais. Um grupo com pessoas com espírito de liderança tem muitas chances de sucesso, pois todos buscam desenvolver as habilidades que trilham os caminhos que levam aos objetivos antes estabelecidos. Muitos líderes aparecerão nos grupos. As pessoas com perfil muito evidente de liderança podem inibir os demais participantes, por isso o coach deve usar esses "líderes" no processo de forma que eles entendam seu próprio perfil e contribuam positivamente.

### 3. Descobrindo a potência do grupo

A terceira etapa do ciclo de desenvolvimento do Coaching Group é a de gerar e reforçar a confiança entre os componentes do grupo para que possam descobrir a potência de mudança e transformação que eles conseguem juntos. Algumas pessoas ficam na reserva sem a intenção, mas simplesmente por não se sentirem à vontade ou motivadas para compartilhar seus saberes e seus problemas.

É aqui que o coach desenvolve um papel de mediador no processo, mostrando que a força coletiva é uma ótima opção, pois juntas as pessoas são mais fortes, consequentemente mais criativas e corajosas. Aponte para os coachees o que eles ganham unindo-se, compartilhando suas vivências e valores.

### 4. Alinhando o grupo

A harmonia coletiva precisa ser alinhada no sentido de estarem todos dispostos a se dedicar a fazer o grupo dar certo e gerar excelentes resultados a todos. No processo de Coaching, o coach deve ter uma visão clara sobre qual perfil está trabalhando, se é o funcional ou o disfuncional.

É sempre importante salientar que o processo só fornece um resultado extraordinário se o grupo evoluir de maneira contínua e linear, com todos comprometidos em fazer dar certo!

**5. Traçando metas, objetivos e o plano de ação**

Duas palavras orientam essa etapa do Coaching Group: "O quê" e "Como". Como já mencionei, durante as sessões grupais podem surgir vários insights, ideias ótimas que nos conduzem a ficar pensando, criando estratégias, planejando O QUE queremos. Nessa etapa, é fundamental deixar bem claro quais são as metas e objetivos que se pretende alcançar. Quanto mais claro é o objetivo, melhor.

Depois de saber quais são as metas a serem alcançadas, é chegada a hora de pensar em COMO chegar a essas metas. A parte da idealização é ótima, pois nos dá uma sensação muito boa, um sentimento de que podemos mudar o mundo, de que com algumas ideias nossa realidade irá se transformar, enfim, a imaginação corre solta. É o momento de traçar os caminhos de como vamos transformar nosso projeto em um plano de ação assertivo.

## DESENVOLVENDO A LIDERANÇA COLABORATIVA

Quando falamos em Coaching Group estamos falando de uma liderança colaborativa. O líder colaborador está para além da cobrança de metas, ele é contribuidor direto do alcance dessa meta. Ele está inserido no processo, é parte dele. Quem se presta a esse papel abomina a posição do chefe que vê o processo de fora como um investigador de erros, pois acredita que essa postura distancia a equipe e gera frustrações.

Colaborar pode significar bem mais do que simplesmente oferecer ajuda. Na comunhão de propósitos proposta pelo CG, os participantes são convidados a mergulhar em um horizonte comum, pertencente a todos e que, no fim das contas, faz pouco sentido para quem o observa de fora. O CG é um todo partilhado, seus códigos só são decifrados por quem está imerso naquela lógica, por quem, enfim, é também um participante daquele processo de

Coaching. Por isso, diante de alguns olhares externos, a peculiaridade daquele grupo pode inclusive não ser facilmente compreendida em um primeiro momento.

A lógica que rege esse tipo de liderança é bastante franca ao assumir que coach e coachee estão todos no mesmo barco. O esforço de condução da embarcação para seu porto seguro ou destino final passa, nesse momento, a ser uma tarefa a quatro mãos, sem que o suposto líder a bordo se veja apenas como um viajante ocasional, mas como alguém que tem por missão influenciar diretamente na tomada de melhores soluções e iniciativas.

Esse é, aliás, um diferencial do processo de Coaching em relação a qualquer outro auxílio, orientação, aconselhamento ou coisa do tipo a que possamos recorrer eventualmente. O coach, promotor e desencadeador das mudanças realizadas por seu coachee, não é apenas um profissional que a tudo enxerga e interpreta com os olhos impassíveis e distantes de quem prefere manter-se imune ao outro. Exercendo um papel bem mais completo, o coach está vocacionado a se deixar levar também por certa dose de emoção e proximidade, afinal o interesse e os objetivos do coachee passam a ser, em certa medida, também seus.

A colaboração de que falamos, pois, é precisamente isso. Uma mão a mais no esforço, uma força externa a permitir a viabilização de um projeto ou conduta. Quando somada à liderança, ela se estabelece como um norte, um horizonte para o qual se deve canalizar o esforço e a energia despendidos.

A liderança colaborativa tem muito de Coaching, na modalidade individual ou em grupo, em razão de o líder que assim se estabelece e apresenta não fazer uma linha de a meia distância, sem permitir que os respingos da atuação de seus liderados o atinjam. Ele bebe das fontes do Coaching ao se firmar não como uma central de comando que simplesmente emite ordens e diretrizes, como seria o caso de um chefe clássico, mas por se assemelhar a uma espécie de foro natural de discussão, reflexão e busca de soluções. Ao contrário de dizer como deve ser feito, a liderança colaborativa chama as partes para um mergulho reflexivo de onde se extrai a melhor saída.

Além disso, o líder colaborador está interessado na relação que estabelece com sua equipe e igualmente interessado na relação que as pessoas de sua equipe estabelecem entre si. Isso porque entende que seu resultado está diretamente vinculado à colaboração gerada por essas relações.

## APRENDENDO A LIDAR COM OS CONFLITOS EM GRUPO

Onde há pessoas, teremos eminentemente algum tipo de conflito, isso é inevitável. De modo que, em vez de negarmos que eles existem ou tentarmos pôr "panos quentes" sempre que algo acontece, a maneira mais inteligente é aprendermos formas de lidar com eles.

Temos a oportunidade de aprender a lidar com conflitos dentro de nossas casas, nas discussões do dia a dia. Se lidamos mal com as discussões com pai, mãe e irmãos, dificilmente vamos saber como agir com essas mesmas situações em ambientes sociais, como por exemplo no trabalho. Por isso acredito que gestão de conflitos seja um conteúdo universal, útil em toda nossa vida e, principalmente, quando decidimos trabalhar com o Coaching Group.

Perceba que os conflitos do dia a dia são gerados quando a vontade, opinião, expectativa de um se confronta com a vontade, opinião, expectativa do outro ou do grupo. Nessas situações, nem mesmo o laço afetivo é capaz de controlar os envolvidos; logo, é necessária uma habilidade específica, que exige alto cociente emocional e capacidade de encontrar alternativas que diminuam a frustração, a ansiedade, a raiva e a tristeza.

Quando se é um bom gestor de conflitos, é possível aprender com essas situações conflituosas. Crises são sempre oportunidades de reflexão e aprendizado, desde que sejam consideradas com seriedade – o "deixa pra lá" nunca foi uma boa estratégia de gestão.

Nas situações de conflitos interpessoais, ponha-se à disposição para ouvir os envolvidos. Ouvir nos dá não só uma dimensão do problema, mas pode gerar insights sobre ações a ser trabalhadas.

Os conflitos têm seu lado positivo. Em uma empresa, ao questionar um direito ainda não recebido, por exemplo, o conflito entre os colaboradores e a empresa pode resultar no ganho desse direito e de outros. É importante perceber que não é uma situação de perde-ganha, mas uma situação de ajuste, todos têm razão a partir de sua ótica; logo, todos os lados devem ser ponderados.

Atue de forma profunda nos conflitos. Negá-los ou minimizá-los não ajuda a resolvê-los. Seja de que ordem for ou quais sejam as pessoas envolvidas, a melhor atitude é sempre ter alguém preparado para investigar a situação e se debruçar sobre ela até encontrar o melhor caminho.

Na verdade, todo gestor/líder deve desenvolver a habilidade de lidar com crises e conflitos. É importante considerar que todos os casos merecem atenção e são oportunidades de melhoria, tanto para as pessoas, na melhora de sua inteligência emocional, quanto para as empresas, na observação de suas políticas de gestão de pessoas e formação de lideranças.

Cociente emocional é algo importante. Equilibrar-se também é uma forma de autoconhecimento e de cura. Nossa evolução está cada dia mais ligada à forma como lidamos com nossas relações humanas, pois se há algo de que, nesta vida, não podemos "escapar" é de nos relacionarmos com os outros.

## PSICODRAMA EM GRUPOS EMPRESARIAIS

Nas situações em que o coach estiver trabalhando com equipes de uma mesma empresa e, especialmente, se as sessões de Coaching Group estiverem acontecendo dentro do espaço de uma empresa, há algumas coisas que precisam ser compreendidas para que o trabalho tenha o sucesso esperado.

Basicamente, em termos de técnica, o processo para psicodrama em empresas seguirá o mesmo caminho; contudo, é importante pensar em algumas questões peculiares:

1. É preciso que o coach trabalhe muito profundamente a integração dos coachees e o ambiente seguro, tentando sondar e entender como é o clima organizacional, pois as relações de poder e de hierarquia burocrática não permitem

a confidencialidade necessária e nem sempre respeitam o contrato afetivo de grupo.

2. Quase sempre o coach trabalhará com a dramatização de papéis profissionais, uma vez que não cabe ao processo uma espécie de "terapia em grupo" – bastante diferente, aliás, do Coaching Group. Para trabalhar questões mais ligadas ao Self Coaching, é necessário que o coach conheça a empresa o suficiente para saber que isso não gerará maiores problemas e estranheza por parte dos diretores e da presidência.

Essas duas questões são de suma importância, uma vez que uma empresa que ainda não vivencia o Coaching tende a ser mais burocrática e autoritária, trabalhando com modelos de gestão e liderança ultrapassados que podem entender de maneira equivocada as técnicas do psicodrama.

O acordo entre o coach e a empresa, nesse caso, é o documento que norteará essa relação. Por meio desse acordo, o coach entende até onde ele pode ir e o que a empresa espera como resultado. O psicodrama deve servir para refletir sobre os conflitos e encontrar formas de construir uma autopercepção e melhoria de relacionamentos, e não criar novos conflitos.

Por outro lado, o coach também deve ser ousado o suficiente para construir um processo completamente novo, dinâmico, surpreendente e transformador. Para isso, ele precisa estar muito seguro de suas habilidades e de suas ferramentas. Posso garantir que o psicodrama é uma técnica absurdamente impactante.

É possível que nas organizações muito tradicionais a capacidade criativa e a espontaneidade dos colaboradores estejam em níveis muito baixos. Isso pode acontecer devido a modelos ultrapassados de gestão, com foco no processo demasiadamente vertical.

Para que não haja nenhum ruído no processo de Coaching Group com psicodrama, é importante que o próprio grupo decida as diretrizes do processo, levantando seus próprios conflitos e as regras da dramatização.

O roteiro a seguir ajuda a construir as situações que precedem a dramatização.

**Como é esse grupo e como seus membros se definem em termos de relacionamento interpessoal? Eles se conhecem? Convivem?**

**Quais comportamentos impactam positivamente na performance desse grupo? (Pode-se dramatizar primeiro os comportamentos positivos como reforço.)**

**Quais conflitos impactam negativamente na performance desse grupo?**

O que esses conflitos causam no grupo e na empresa como um todo? Quais são os sentimentos e como é o clima organizacional?

Quais as causas prováveis desse(s) conflito(s)?

Que papel cada um assume nos conflitos negativos? Como cada um se vê dentro do conflito e lidando com ele? Vamos observar o conflito? Quais serão os papéis? (Início da dramatização.)

# 12

# FERRAMENTAS ESSENCIAIS

Somos seres dotados de todas as ferramentas que permitem o crescimento diário... Porém muitos se utilizam de muletas ao invés de assumir para si as responsabilidades de sua vida.

**BIBIANA ZAPAROLLI**

## RODA DA VIDA

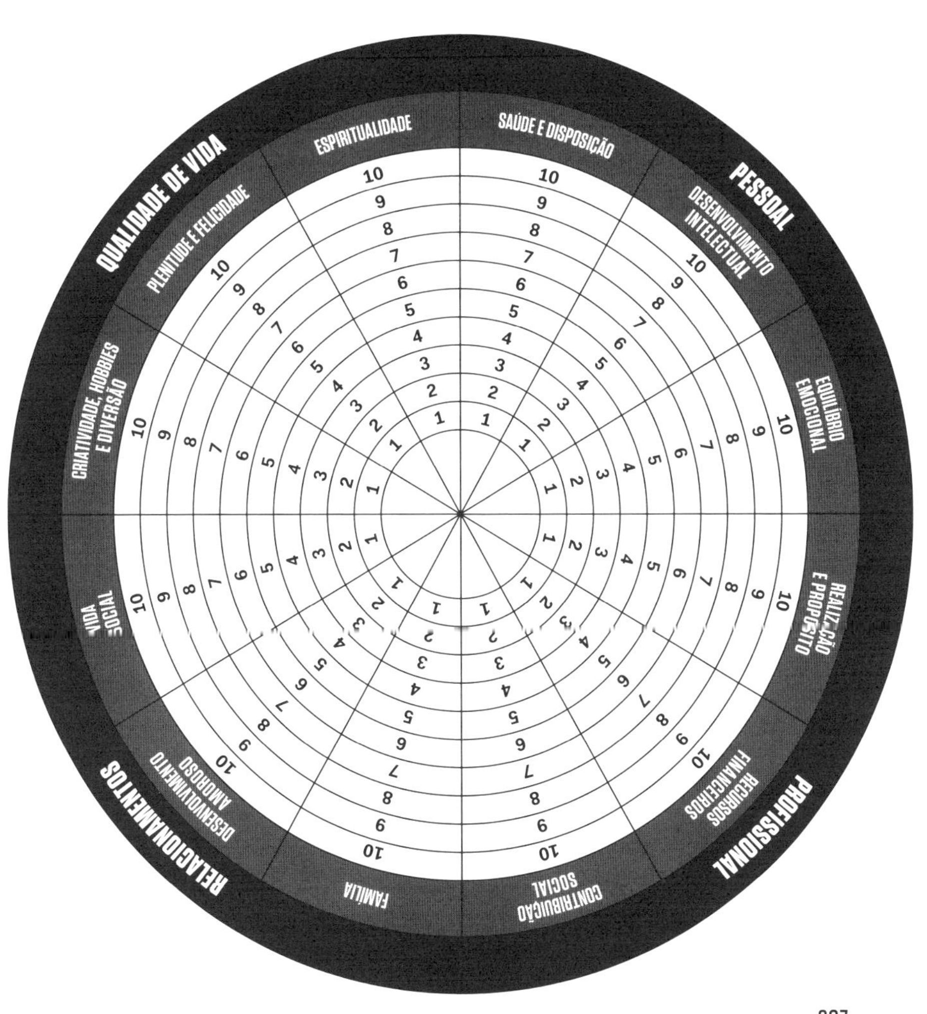

QUALIDADE DE VIDA
PESSOAL
PROFISSIONAL
RELACIONAMENTOS
ESPIRITUALIDADE
SAÚDE E DISPOSIÇÃO
DESENVOLVIMENTO INTELECTUAL
EQUILÍBRIO EMOCIONAL
REALIZAÇÃO E PROPÓSITO
RECURSOS FINANCEIROS
CONTRIBUIÇÃO SOCIAL
FAMÍLIA
DESENVOLVIMENTO AMOROSO
VIDA SOCIAL
CRIATIVIDADE, HOBBIES E DIVERSÃO
PLENITUDE E FELICIDADE

## Sugestões para perguntas poderosas na Roda da Vida

**PESSOAL**

1. **Saúde e disposição**

- Quanto você tem de disposição para viver a vida?
- Que nota você atribui à energia que tem quando vai para o trabalho?
- Em qual nível de energia você vive a vida?
- Considerando a sua disposição e a sua saúde, se você pudesse dar uma nota entre 0 e 10, em que 0 é o inferno, 10 é o céu e 5 é a Terra, qual nota você daria?

2. **Desenvolvimento intelectual**

- Como você avalia seu desenvolvimento intelectual?
- Reflita e projete em que medida uma faculdade, um mestrado ou doutorado que você vislumbra fazer pode te desenvolver ainda mais.
- De 0 a 10, refletindo sobre o melhor de você, sua realidade e tudo aquilo que está dentro de você, como está seu desenvolvimento intelectual?
- Você tem desejo de aprender? Você sente prazer em adquirir conhecimento?

3. **Equilíbrio emocional**

- Reflita sobre qual é, para você, o real significado de equilíbrio emocional.
- Pense um pouco em como você se sente quando te falo sobre equilíbrio emocional. Se você se desse uma nota para dizer o quanto se sente equilibrado emocionalmente, que nota daria?
- No âmbito profissional, você consegue lidar com as frustrações? De 0 a 10, quanto você imagina que seja capaz de lidar com seu quociente emocional?

**PROFISSIONAL**

4. **Realização e propósito**

- Quanto você se sente realizado profissionalmente?
- Quanto de seu propósito de vida e de seu propósito profissional tem relação de congruência ou não?
- Você acredita que seu trabalho tem relação com sua missão de vida?

- Quanto de seu propósito de vida tem se realizado?
- De 0 a 10, que nota você daria para seu propósito e sua realização?

**5. Recursos financeiros**

- Se pudesse mensurar o quanto você se satisfaz ou não com o dinheiro que recebe todo mês, que número seria esse?
- Quanto você está satisfeito com sua vida financeira?
- Quanto você ganha e quão satisfeito você está com sua vida financeira?
- De 0 a 10, como você avalia sua capacidade de administrar aquilo que ganha?

**6. Contribuição social**

- Quanto seu trabalho interfere na vida social das outras pessoas?
- Quanto você acredita que a energia que dedica ao seu trabalho contribui socialmente para o mundo, para o Universo e para as pessoas?
- Você acredita que contribui socialmente de alguma forma? Que forma é essa?

**RELACIONAMENTOS**

**7. Relacionamentos/família**

- Reflita sobre o significado e o sentimento que você nutre por sua família.
- Quem é sua família? Quando falamos em família, quais são as três, quatro ou cinco pessoas que vêm à sua cabeça agora? Pode ser que venha apenas um nome; que nome é esse?
- Em uma escala de 0 a 10, que nota você dá para sua relação com sua família?

**8. Relacionamento amoroso**

- Você sente que seus relacionamentos amorosos são capazes de gerar felicidade em você e na outra pessoa?
- Você se sente confortável agora para dizer sobre sua vida amorosa, seu relacionamento consigo mesmo? O que você acha disso?
- Como você avalia sua satisfação pessoal com seus relacionamentos?

**9. Vida social**

- Talvez vida social seja quantas vezes você vai ao cinema, talvez seja os grupos dos quais você faz ou não faz parte. Talvez isso seja vida social. Como isso faz sentido pra você?

- Podemos olhar como vida social também seu network, mas isso é o que eu penso sobre a vida social. O que você entende como vida social?
- De 0 a 10, como você avalia sua vida social? Pense também em como o excesso ou falta desse requisito afeta seu equilíbrio pessoal.

**QUALIDADE DE VIDA**

### 10. Criatividade

- Qual seu maior hobby? Pense um pouco sobre como você se diverte, fale e reflita um pouco sobre sua energia, sobre seu brilho, sua alegria de viver.
- Se você pudesse dar uma nota para tudo isso ou se pudesse dar uma nota para cada quesito e dividir por três, que nota seria essa?
- De que maneira sua criatividade tem te ajudado a ter uma vida mais plena, em sintonia com seus propósitos?

### 11. Plenitude e felicidade

- Plenitude é um estado de luz, é um estado em que você decide estar feliz em qualquer circunstância. É quando você busca um motivo para estar infeliz, mas não encontra.
- É um estado de empoderamento do *self*, em que você está em equilíbrio quase permanente.
- Ser feliz é hoje sua prioridade máxima? Se você julga não ter alcançado ainda esse estado, o que pode fazer para trilhar o caminho da felicidade o quanto antes?
- O que te deixa feliz?
- Fale sobre três momentos maravilhosos de sua vida, momentos em que você estava extremamente feliz.
- Você vive em plenitude? Pense a respeito da plenitude.
- De 0 a 10, levando em consideração os momentos em que se encontra pleno e feliz, que nota você daria para seu estado de luz?

### 12. Espiritualidade

- O que você entende por espiritualidade?
- Atribua uma nota de 0 a 10 para sua espiritualidade.

# RODA DA LIDERANÇA

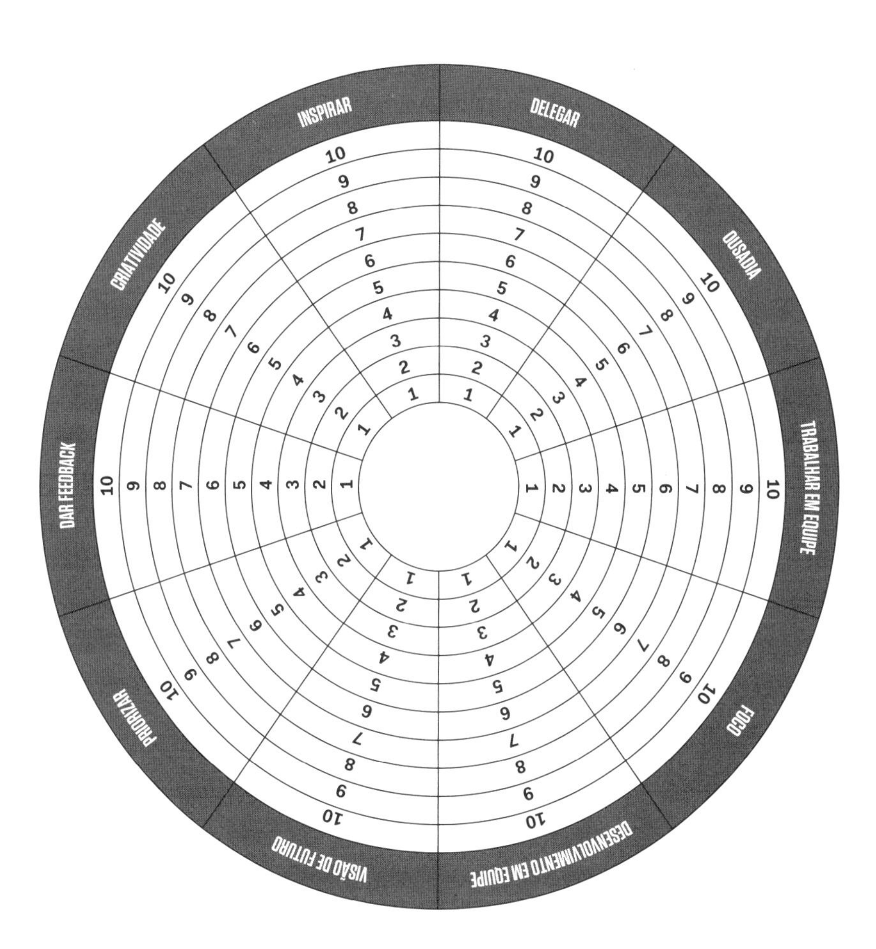


## Sugestões para perguntas poderosas na roda da liderança

- Qual a qualidade de sua relação com a equipe? Em uma escala de 0 a 10, que nota você se dá no quesito relacionamento com sua equipe?
- Você respeita a equipe? A equipe respeita você? Quais comportamentos e atitudes evidenciam esse respeito?
- Você e a equipe têm as mesmas metas? Como você sabe? Quais as ações que confirmam sua percepção?
- A equipe entende suas necessidades de informação, aprendizagem e apoio encorajador?

- Para que a equipe precisa de você? Qual a palavra que melhor descreve você enquanto líder da equipe?
- Qual é o equilíbrio mais apropriado para essa equipe quanto ao manejo dos altos e baixos?
- Sobre quais tópicos você e a equipe evitam conversar?
- Quais decisões e atitudes você mais tenta adiar? Que prejuízos isso traz para a equipe/empresa?
- O que você poderia parar de fazer para melhorar o desempenho da equipe?
- O que você poderia começar a fazer para incrementar o desempenho da equipe?
- O que você pode continuar a fazer para otimizar o desempenho da equipe?
- De que dose de liderança essa equipe necessita?
- Que estilo de liderança seria mais adequado ao perfil de sua equipe?
- Se você pudesse escolher a equipe ideal, como seria?
- O que você pode fazer para que a equipe atual se transforme em uma equipe ideal?
- Que tipo de investimento (ou permissões) você precisa fazer para chegar a essa equipe ideal?
- O que a equipe pensa, sente, expressa, vê sobre sua liderança?
- Tem mais alguma coisa que se você dissesse ou refletisse agora poderia te ajudar a estar mais próximo de sua equipe?
- Que tipo de liderança você exerce?
- Quais foram os três melhores momentos de sua vida profissional, em que verdadeiramente você se sentiu um superlíder ou o líder ideal?
- Como um líder falho, qual o momento de sua vida que se você pudesse voltaria ao tempo e faria melhor?

# AS COMPETÊNCIAS ESPERADAS DE UM LÍDER E SEUS SIGNIFICADOS

| ADAPTABILIDADE | Adaptar-se às condições favoráveis e desfavoráveis, sejam elas de qualquer ordem (ambientais, econômicas, tecnológicas...). |
|---|---|
| ATUAÇÃO PREVENTIVA | "É melhor prevenir do que remediar." Planeje e antecipe as variáveis. |
| AUTOCONTROLE | Ser capaz de administrar suas reações impulsivas. |
| AVALIAÇÃO CLARA E CONTÍNUA DE DESEMPENHO | Prover feedback contínuo aos membros da equipe é característica dos líderes. Mencionar aos colaboradores que pontos fortes observados irão contribuir para que se fortaleçam ainda mais. Por outro lado, apontar as falhas ocorridas e as necessidades de melhoria evitará reincidências futuras. |
| COERÊNCIA NA GESTÃO | É importante que o líder seja coerente em todos os seus processos e decisões, evitando problemas futuros na equipe. |
| COMPARTILHAMENTO E DESENVOLVIMENTO DE PARCERIAS | Desenvolver parcerias significa disposição para compartilhar responsabilidades, obrigações e méritos. Parceria é uma relação "ganha-ganha", em que o equilíbrio, a honestidade e a ética são elementos sempre presentes. Não existe a possibilidade de se tornar um líder sem compartilhar e desenvolver profundas relações de parceria com seu grupo de colaboradores e também com outras partes dentro e fora da empresa. |
| COMPROMETIMENTO COM LIDERANÇA | O líder precisa ter consciência da responsabilidade que carrega e da necessidade de estar comprometido com a liderança. Um adequado comprometimento com a liderança se reflete em uma equipe forte, que trabalha motivada e entrega resultados. |
| COMPROMETIMENTO COM NOVAS IDEIAS | Muitas grandes ideias foram consideradas ridículas quando expostas pela primeira vez. Recriar o que existe visando eficiência e eficácia, rever processos para cortar o que não agrega valor, buscar sinergia e reduzir custos são elementos que normalmente estão atrelados a novas ideias; o gestor deve estar comprometido com novas ideias. |
| COMUNICAÇÃO FRANCA | A abordagem do líder deve ser franca, direta e objetiva. A comunicação deve ocorrer sem grandes introduções e rodeios. Um líder não perde tempo e comunica francamente o que for necessário. |
| CONSCIÊNCIA AMBIENTAL | Dimensionar a importância do meio ambiente e o impacto de suas ações na preservação dele. |
| CONSCIÊNCIA DA QUALIDADE | Ter sempre um padrão de qualidade em todos os processos é essencial a um líder. |

| | |
|---|---|
| COOPERAÇÃO E CONFIANÇA MÚTUA | Os líderes observam seus colaboradores e cuidam para que haja cooperação. Ao detectar algum comportamento inadequado, imediatamente o gestor deve intervir. Comportamentos inadequados devem ser corrigidos mediante uma abordagem direta, clara e objetiva. |
| DOMÍNIO DAS NOVAS TECNOLOGIAS | O líder deve ter domínio das tecnologias para saber agregar conhecimento e desenvolver suas atividades com mais eficiência. |
| EMPREENDEDORISMO | Foco no resultado sem medo de arriscar calculadamente. |
| ÉTICA | Sustentar-se em valores éticos e morais, gerando credibilidade e confiança em sua gestão por aqueles que fazem parte de seu convívio diário: colaboradores, clientes internos e externos, parceiros e fornecedores. |
| GERENCIAMENTO FOCADO EM RESULTADO | Líderes centralizadores e preocupados em controlar todas as rotinas de seus subordinados demonstram incapacidade de formar uma equipe competente. A capacidade de gerir a rotina de uma área fará com que o líder tenha tempo para se voltar para os resultados mais importantes. |
| GESTÃO DE CONFLITOS | Diversos tipos de conflitos ocorrem dentro de uma área de trabalho, como problemas entre os membros da equipe, ou problemas de um membro da equipe com pessoas de outras áreas. Em situações de conflito, um líder deve procurar antecipar as reações e entender as emoções. Uma forma de intervir é efetuar indagações que sirvam para o colaborador controlar suas emoções e assumir comportamentos mais adequados. |
| IDENTIFICAÇÃO E DESTAQUE DE MÉRITOS | Certa ocasião, um gerente recebeu uma carta parabenizando-o por um resultado alcançado em uma empresa da qual ele havia pedido demissão três meses antes – veja até onde chegou a capacidade de reconhecer e destacar méritos do ex-gestor desse gerente. Todo funcionário quer ter o seu mérito destacado. Um gestor que esconde os méritos de seus colaboradores e capitaliza somente para si os resultados estará agindo de forma individualista. Um gestor que identifica e destaca méritos de forma justa e imparcial, propiciará à sua equipe maior comprometimento, além de melhorar o clima de trabalho. |
| INFORMAÇÕES COMPARTILHADAS | Hoje as grandes organizações expõem suas visões, seus valores e metas nos murais. Dentro das áreas de uma organização, os gestores devem adotar papel semelhante; não existe nada pior do que participar ativamente de um projeto e depois ser ignorado por seu superior. |
| INTEGRAÇÃO | Ser capaz de fazer a integração de todos da equipe, ajudando-os a se relacionarem de forma madura, entendendo que cada um tem suas diferenças. Também ajudar a cada um da equipe a relacionar suas metas individuais às exigências do negócio. |

| | |
|---|---|
| **INTRODUZIR MODIFICAÇÕES NO PROCESSO DE TRABALHO** | Sempre que necessário efetue mudanças; não espere as coisas piorarem, faça o necessário. |
| **RESILIÊNCIA** | A resiliência pode ser pensada como capacidade de adaptação ou faculdade de recuperação. Uma atitude resiliente é uma conduta positiva apesar das adversidades, ou seja, soma-se à resiliência a capacidade de construção positiva; de superação; de ressignificação dos problemas; e de flexibilidade cognitiva. Esse constructo, apesar de atual nas ciências humanas, não é apenas um fenômeno individual, pode ser grupal, institucional, comunitário e (por que não?) empresarial e mercadológico. |
| **CRIATIVIDADE** | Produzir mais e melhores ideias para o desenvolvimento de produtos e de novos processos de trabalho. |
| **BOA COMUNICAÇÃO** | O líder tem de ter capacidade para ouvir, processar e compreender o que está sendo dito, além de se comunicar bem e se fazer compreendido. |
| **VISÃO ESTRATÉGICA** | Estabelecer conexão com dois tipos de ambientes que influenciam diretamente nos resultados da equipe: os internos e os externos. Atuar de forma a antever oportunidades e ameaças, tendências e inovações, possibilitando a ação, ou seja, empreender esforços para a excelência na performance de sua equipe. |
| **TOMADA DE DECISÃO** | As mudanças devem ser preparadas e executadas desde que se assegure que as competências essenciais existam. Alguns funcionários são mais analíticos, outros são generalistas. No ambiente profissional, existem funções que requerem perfis específicos, e o mau líder pode não ter percepção para compreender os perfis dos funcionários e as necessidades das funções, podendo implicar o comprometimento dos resultados. |
| **TRANSFERÊNCIA DE CONHECIMENTOS** | Saber multiplicar seus conhecimentos técnicos para seu superior, pares, subordinados, clientes, fornecedores, ensinando, instruindo e aperfeiçoando a resolução das situações expostas em seu contexto de atuação. |
| **TRANSPARÊNCIA** | Ser transparente com todos da equipe, não se esconder. É importante que o líder seja o que é, com seus pontos fortes e fracos. Também é importante ser transparente em seus processos e principalmente na hora de dar o feedback. |
| **USO ADEQUADO DA AUTORIDADE** | Não fazer uso de autoritarismo, mas utilizar sua autoridade para promover o crescimento da equipe, entendendo que, por serem diferentes, as pessoas têm opiniões diferentes e devem ser respeitadas por isso. |

# 13

# PLANO DE AÇÃO

Líderes não criam seguidores, criam mais líderes.
**TOM PETERS**

## LIDERANÇA E MISSÃO DE VIDA

Todos os dias, assim que amanhece, seu telefone desperta. Você acorda meio sonolento, reclama um pouquinho de não poder ficar mais na cama... Você faz sua higiene pessoal, separa a roupa, se veste. Às vezes toma um café apressado, outras deixa o cafezinho para mais tarde. Se tiver filhos, leva-os até a escola; caso não os tenha, vai para o trabalho. Você trabalha até às 18h ou 19h. Pega trânsito na volta para casa, reclama novamente do trânsito, do cansaço, do trabalho. Chega em casa. No outro dia, tudo começa novamente. E eu pergunto a você: qual o sentido de tudo isso? Por que você vive?

Nossa vida entra facilmente no modo automático. Passamos a viver um dia de cada vez, e todos da mesma forma, com a mesma cara. Sem nenhum propósito, sem nenhuma meta, sem nenhum sonho e, por conseguinte, sem nenhum sentido.

Sim, perdemos de vista o sentido de nossa vida e alguns sequer souberam desse sentido em algum momento. Nossa vida passa a ser mecânica, um monte de ações sem nenhum significado, nem para os outros, nem para nós mesmos.

É preciso não perder de vista o sentido de nossa vida, o propósito que nos faz merecedores de estarmos aqui, vivos, vivendo e convivendo, nos relacionando com as pessoas e com o Universo.

O termo "missão" é muito comum nas empresas. Toda empresa elabora sua missão de existir, ou seja, seu objetivo, sua incumbência, aquilo que ela deve realizar. De tempos em tempos é necessário fazer algum trabalho de conscientização da missão, da visão e dos valores das empresas. Isso porque as empresas também entram no modo automático e esses elementos essenciais se perdem. Da mesma forma, podemos, também nós, ter mais consciência e foco de nossa missão de vida, nosso propósito, nosso sentido de existir.

Claro que essa comparação não põe as empresas e nossa existência no mesmo patamar. É muito mais complexo lidar com uma missão de vida, pois a missão de vida de uma pessoa determina seu grau de satisfação, sua realização pessoal, sua felicidade, sua disposição para estar neste mundo e, principalmente, determina seu legado, ou seja, aquilo que ela deixará como marca de sua existência.

Portanto, é importante conversarmos sobre sua missão de vida, na tentativa de respondermos a algumas perguntas: qual seu propósito de vida? O que você está construindo no percurso de sua vida? Qual é sua razão de existir? Como você quer ser lembrado pelas pessoas quando não estiver mais aqui?

Nós não criamos nossa missão de vida, nós a descobrimos. Nossa missão de vida está em nossa essência, naquilo que faz de nós indivíduos únicos, singulares e especiais. Se somos conscientes de nossa missão de vida, nosso caminho neste mundo é mais leve e próspero, pois teremos uma direção acertada.

É possível que você faça exercícios para conseguir encontrar e compreender melhor sua missão de vida. Escrevê-la, por exemplo, é um exercício muito útil que fazemos nas formações em Coaching. Basta responder às perguntas que eu proponho neste capítulo. Mesmo assim, escrevendo-a, não estamos criando nada, estamos apenas encontrando-a dentro de nós.

Viver esse automatismo do "deixe a vida me levar" nos faz meros espectadores da existência, quando na verdade devemos ser sempre os protagonistas. Não fique olhando a vida passar. Dê sentido a cada movimento seu.

Quando damos sentido à nossa vida, colocando foco na nossa missão, passamos a usar todo o potencial infinito que existe em nós. Você está usando o maior potencial de sua existência? Você está fazendo sempre seu melhor e deixando transparecer sua melhor parte? Você usa sua vida para o bem? Você está contribuindo com sua existência?

## Missão de vida, crenças e identidade

De todas as perguntas existencialistas, a mais recorrente é: "Quem sou eu?". É claro que podemos responder a essa pergunta de muitas formas. A mais banal seria através dos dados que te identificam como sujeito no mundo. Então, você poderia respondê-la dizendo seu nome, o nome de seus pais, sua idade e profissão. Tenho pensado que, para sua maior compreensão, podemos mudar a pergunta para "O que sou eu?". Em vez de quem nós somos, é mais assertivo pensarmos "O que nós somos?".

O que você é? Que tipo de pessoa você é? Quais são seus valores? No que você acredita? O que você preza? Quais as verdades em que você acredita? Quais as suas atitudes que mais contribuem para o mundo? Você tem mais atitudes construtivas ou destrutivas?

Refletir sobre essas questões nos faz pensar em nossa identidade. Logo, meu propósito de vida está diretamente ligado à pessoa que eu sou. É por isso que, no Coaching, defendo que o princípio de tudo é o autoconhecimento.

Sim, nossa identidade é uma construção irrefreável. Estaremos, enquanto vivermos, em constante construção, ou seja, nossa identidade nunca estará pronta, mas é possível nos conhecermos cada vez melhor, a ponto de podermos entender até mesmo os caminhos que ainda virão.

A ligação entre descobrir nossa missão de vida e descobrir a nós mesmos é extremamente íntima. Aliás, ambas as ações estão entrelaçadas e uma leva à outra. Se você quiser um lugar por onde começar esse processo, comece esclarecendo e questionando suas crenças. Nós somos fruto daquilo em que acreditamos, dos valores que cultivamos e das habilidades que desenvolvemos.

Nossas crenças direcionam nossa vida, agindo tanto como permissões quanto como proibições de nossas ações. Nossa identidade pessoal é, portanto, formada não apenas pelo que conhecemos intelectivamente, mas sobretudo pelas coisas nas quais acreditamos.

Nós somos produto de nossas crenças e elas passam a balizar nossa existência. Nossa identidade pessoal, nossa missão de vida e nossa meta para os próximos anos são caminhos que convergem para o mesmo ponto.

Na Pirâmide dos Níveis Evolutivos, somos convidados a pensar nos papéis que assumimos em nossa vida. Quais papéis você exerce? Pense que nossos papéis não são mero fruto do acaso, mas resultado de como construímos nossa identidade e como conduzimos nossa vida. É claro que podemos estar, em determinado momento, em papéis que não nos deixam confortáveis, muitas vezes estamos em lugares que não nos cabem. Essa sensação é uma boa oportunidade de, por exclusão, compreender o que não faz parte da nossa missão de vida.

As crenças podem ser motivadoras ou limitantes. Muitas pessoas são retraídas, tímidas, porque acreditam que não são capazes de se comunicar de modo adequado. Isso gera o medo de se expor e, por conseguinte, dificuldades de várias formas. Ao tentar encontrar um propósito para a vida, essas pessoas tendem a pensar que não são suficientemente boas para sua existência ter sentido.

Encontrar seu propósito pessoal começa no autoconhecimento. Autoconhecimento exige um exame de suas crenças.

## Missão de vida e sonhos

Sonhar é algo bom e necessário. Já ouvi gente dizer que sonhos não são importantes, que o importante é ter metas e objetivos. Concordo que as metas e objetivos são coisas planejadas, estão em processo para serem alcançadas, são tangíveis e factíveis. Então eu pergunto: onde nascem as metas? Não seria nos sonhos?

O exemplo de Walt Disney é sempre oportuno. Como se sabe, Walter Elias Disney era um sonhador. Suas habilidades não eram financeiras, empresariais, matemáticas... Sua principal habilidade era o sonho, a fantasia, o lúdico. Foi assim, sonhando com desenhos animados, que todo o mundo Disney começou.

Depois de ter criado dezenas de animações em formato de desenhos animados em série e principalmente filmes, Disney decidiu criar um parque de diversões em que todo aquele mundo de fantasia pudesse se tornar uma experiência real. Esse primeiro parque foi aberto, mas ainda não era exatamente o sonho desse homem fantástico.

Ele queria um lugar ainda maior, do tamanho da sua idealização. Comprou um imenso terreno em Orlando, na Flórida, mas morreu antes que o sonho se tornasse realidade. O parque foi, então, concluído por seu irmão, Roy Disney, e hoje é a Disney World.

Em 1989, no discurso de inauguração dos Disney-Hollywood Studios, um parque temático dos estúdios Disney em Hollywood, havia o seguinte trecho:

"O mundo em que você entrou, criado pela Walt Disney Company, é dedicado a Hollywood. Aqui não é um lugar em um mapa, mas um estado mental onde existe aquilo que as pessoas sonham e imaginam, um lugar onde ilusão e realidade são fundidas pela magia tecnológica".

Esse estado mental de sonho é extremamente próximo da realidade, desde que sua mente seja capaz de projetar sobre esse sonho uma perspectiva de concretização, uma força dinâmica que seja capaz de mover os quantuns do Universo.

Onde estiverem seus sonhos, estará também sua missão de vida. Por isso, aí vai mais uma pergunta: onde estão seus sonhos?

Quando seus sonhos parecerem grandes demais, não se preocupe. Sonhos grandes demais não significam fuga da realidade; eles significam que sua capacidade de realização desses sonhos é do mesmo tamanho, basta que você acredite e se movimente.

Lembre-se de que todas as pessoas na humanidade que conseguiram feitos extraordinários foram, um dia, chamadas de loucas. A loucura também vem de sonhos. Toda realização foi, um dia, um sonho de alguém.

## Missão de vida e legado: a iminência da morte

Quando atendemos Self-Coaching, sempre nos deparamos com situações de luto. O luto é, talvez, o momento de maior sofrimento de uma pessoa. Nós não fomos criados para lidar com a perda de alguém; portanto, a morte torna-se uma inimiga. Fugimos dela em vez de compreendê-la.

Ouvi uma história de uma moça que estava fazendo a formação em Professional and Self-Coaching (PSC), pois procurava um novo sentido na vida e na profissão depois de ter perdido um filho. Ele era um jovenzinho e não resistiu a um tratamento de câncer.

A morte do filho suscitou naquela mãe a pergunta crucial: como a vida pode ser algo tão frágil? Que sentido há nisso? Se vamos morrer, para que viver?

No momento de luto, nossas forças se acabam e perdemos a capacidade de concentração. Daí em diante sofremos todos os efeitos possíveis, não vemos mais sentido no viver, porque perdemos alguém que amamos.

Vamos então partir do princípio: todos sabemos que vamos morrer. Essa é uma certeza absoluta. Então, nesse tempo que temos até o desfecho total, o que vamos fazer? Para onde vamos canalizar nossas forças?

Quando uma pessoa faz algo de bom, de importante, de positivo, mesmo que ela não esteja mais aqui sua lembrança permanece. Ela deixa uma marca que é tão maior que ela mesma que nem o tempo consegue desfazer. É isso que chamamos de legado.

O legado existe porque temos certeza de nosso fim. Aliás, do fim de nossa presença física, porque nossa essência pode permanecer por séculos, e isso depende do quanto sua missão de vida foi efetivamente vivida por você.

Viver sua missão de vida, dar sentido à sua existência é deixar seu legado. É fazer com que, enquanto vivos, tenhamos felicidade, prosperidade, respeito e amor. E, depois da morte, nossa memória, nossos valores, nossas ações, nossa marca sejam presentes nas pessoas que conseguimos atingir e no mundo – se também contribuirmos para que ele seja melhor.

Querido Ser de Luz, nosso poder de transformação é maravilhoso, mas para que ele seja pleno temos de estar no lugar certo, fazendo a coisa certa e convivendo com as pessoas certas. O lugar certo é o lugar de seus sonhos. A coisa certa é o comportamento, as ações que melhor demonstrem seu potencial. E as pessoas certas são aquelas que crescerão com você e seguirão seu exemplo mesmo quando você não estiver mais por perto.

# MEU PLANO DE AÇÃO

**Nome:** ______________________

**Data:** ______________________

1. **Como vou criar um ambiente seguro?**

______________________

______________________

______________________

2. **Mudança de padrão: na condição de coach, qual é o padrão que vou manter ou desenvolver (escolha três opções)?**
   - Criar um ambiente de cocriação.
   - Estimular a autogestão e o *empowerment*.
   - Ter o direito de errar.
   - Dar patrocínio positivo.
   - Valorizar o aprendizado e a evolução contínua.
   - Aceitar todos os estilos de vida e valorizá-los.
   - Fazer perguntas poderosas.
   - Ouvir na essência e sentir as palavras.
   - Dar exemplo de trabalho com equilíbrio.
   - Ser apoiador, colaborador e estimulador.

3. **O meu objetivo é:**

______________________

______________________

______________________

______________________

______________________

______________________

4. **O que vou fazer para atingi-lo?**

______________________

______________________

______________________

## 5. Autoavaliação das habilidades de Coaching.

As habilidades de Coaching que tenho e que preciso ter em minha função. Veja a escala:

| DEFINIÇÃO DE NÍVEL | |
|---|---|
| 0 | Sem nenhuma habilidade. |
| 1 | Conhecimento limitado. |
| 2 | Conhecimento teórico. Conhecimento geral. |
| 3 | Exercita, desde que com apoio. Tem aplicado o conhecimento. |
| 4 | Tem exercitado sem ajuda, com conhecimento em profundidade. Lidera e ajuda os outros a exercitar essa habilidade. |
| 5 | É um especialista, dá apoio aos outros. É solicitado a realizar Coaching e a ensinar. Tem profundo conhecimento e é competente no desenvolvimento dessa habilidade. |

| HABILIDADES DE COACHING | NÍVEL ATUAL | NÍVEL NECESSÁRIO |
|---|---|---|
| Ouvir na essência | | |
| Perguntas poderosas | | |
| Emissor | | |
| Patrocínio positivo | | |

## 6. Habilidades que planejo desenvolver:

## 7. Estratégias para Coaching com os perfis comportamentais.

Estilo 1: ____________________

Estilo 2: ______

Estilo 3: ______

Estilo 4: ______

**8. Meu objetivo é...**

| OBJETIVO | PRAZO |
| --- | --- |
| | |

**9. Minha rotina para viver Coaching nas próximas quatro semanas:**

**10. Evidências do sucesso de meu plano de ação:**

______________________________________________

______________________________________________

______________________________________________

______________________________________________

**11. Como vou compartilhar meu plano de ação com minha equipe?**

______________________________________________

______________________________________________

______________________________________________

______________________________________________

## Projeto de vida

**Projetos eu sou S/A, eu quero me tornar S/A, eu acredito S/A!**

Para aprofundar e aprender a fazer o projeto de nossa vida, devemos entender, compreender, aprofundar e apostar na maior marca que existe: eu sou S/A. Para que essa marca se torne mais forte, é necessário entender também as submarcas: eu quero me tornar S/A e eu acredito S/A.

Ou seja, nosso maior patrimônio, marca ou empresa somos nós mesmos. Recentemente, a expressão "você S/A", que neste momento alcunhamos de "eu sou S/A", anunciou a chegada de um profissional desprendido, meio nômade, que muda de empresa em razão de novos projetos e desafios.

Na teoria, parece perfeito. Afinal, quem não gostaria de pautar sua trajetória de trabalho por seus desejos pessoais? Na prática, porém, as coisas são um pouco mais complicadas, pois exigem que você assuma de vez as rédeas de sua carreira. Como é bom saber que nossas vidas pessoal e profissional caminham ou poderiam caminhar tão próximas, porque se complementam e se conectam na essência de quem realmente somos ou gostaríamos de "Ser".

Acontece que não é possível cuidar da carreira sem se preocupar com a vida como um todo. Isso é óbvio, mas é justamente nesse ponto que muita gente se atrapalha. As pessoas costumam pensar em trabalho e vida pessoal como se fossem duas coisas distintas, quando na verdade não são.

Em outras palavras, mais do que um projeto de liderança profissional, você precisa de um projeto de vida. Exatamente como ocorre no trabalho, sua vida é um projeto, pois começa, termina e é única. Ela consiste em uma série de fases interrelacionadas, possui limitações de custo e de tempo e tem na qualidade um parâmetro altamente desejável.

E, como os projetos corporativos, seu projeto é único, não se repete. Quer motivo melhor para planejar tudo com o maior cuidado? Pense em sua vida como um projeto integrado, que envolve trabalho e família, suas atividades e vontades, o que você já fez e o que ainda deseja realizar.

Seu projeto pessoal precisa de metodologia, revisão constante e flexibilidade para incorporar os ajustes que se tornam necessários com o tempo.

Conheça a seguir oito poderosos passos para a realização de um excelente projeto de vida:

**Passo 1 – Autoconhecimento**

Em seu projeto de vida, o recurso humano vital é você mesmo. Saber quem você é marca o ponto de partida. Claro que isso não é uma tarefa fácil, mas algumas perguntas poderosas, em um autofeedback, podem nos ajudar nessa reflexão:

**1. Como você gosta de ser chamado?**

______________________________

______________________________

**2. Qual a frase que exemplifica a essência de quem você é? No mesmo sentido, qual a frase que te identifica no mundo?**

______________________________

______________________________

**3. Quando as pessoas te conhecem, o que você acredita que elas pensam e sentem sobre seus comportamentos e seu estilo de liderança?**

______________________________

______________________________

4. Que impressão as pessoas que te conhecem e convivem há muito tempo com você têm sobre sua liderança?

5. Quais são seus valores básicos?

6. Quais são seus pontos fortes?

7. O que é preciso reconhecer que é necessário melhorar?

8. Pense e reflita sobre si mesmo: quais as oportunidades que poderei aproveitar em minha vida pessoal e profissional? O que se apresenta no tempo presente em minha história que posso utilizar como alavancagem em direção às minhas metas e objetivos?

9. O que ameaça seus planos? Quais são os maiores dificultadores e bloqueadores que te impedem de viver a melhor pessoa que existe dentro de si? Quais são suas sombras mais relevantes?

10. Quanto de seu tempo você vive focado no passado, remoendo ou analisando fatos que já ocorreram? O que te impede de transformar em aprendizado algum tipo de dor, trauma ou dificuldades passadas?

11. Qual é o tamanho do seu amor-próprio e da sua capacidade de perdoar a si mesmo e ao outro?

12. Existe alguma ferida mortal em sua vida que ainda precisa ser curada?

13. Da mesma maneira, quanto de seu tempo você dedica a pensar no futuro, sonhando, imaginando, esperando e planejando? O que você pode dizer sobre sua percepção de realidade em seus sonhos, metas e objetivos?

14. E quanto ao presente? Como vive o tempo presente e como você utiliza a ressignificação do passado e a projeção e planejamento para o futuro? Você tem um projeto de vida definido para o próximo ano, cinco anos, dez anos, vinte anos? Seu projeto de vida está escrito ou está apenas na imaginação?

15. Existe mais alguma coisa que ainda te incomoda, que neste momento você sente que é um ponto a desenvolver? Algum fato ou pessoa específica em sua vida ainda te persegue ou incomoda? Tem certeza de que não existe uma ferida ou incômodo aberto?

16. Gratidão: o que você pode agradecer, em pelo menos dez itens, sobre as coisas maravilhosas que aconteceram

em sua vida? O que verdadeiramente foi ou é importante de que você sempre se lembrará de nunca esquecer em sua vida?

1. ______________________________

2. ______________________________

3. ______________________________

4. ______________________________

5. ______________________________

6. ______________________________

7. ______________________________

8. ______________________________

9. ______________________________

10. ______________________________

17. Reconhecimento: como você mede sua energia e força de positividade no Universo? Sente-se reconhecido o suficiente por suas ações e afazeres? Tem alguma coisa ou percepção que vem agora em seu coração no tópico "reconhecimento"?

______________________________

______________________________

18. Qual é o grande aprendizado que você teve ao responder a todas essas indagações? Ao fazer esse autofeedback, o que mais te tocou na essência? Tudo bem com você neste momento? É bom falar sobre sua história? Que grande dica quer deixar para si mesmo neste momento? Lembre-se, você tem uma grande oportunidade, neste exato momento, de dizer tudo o

**que sempre quis dizer para você mesmo e talvez não tenha tido oportunidade... Talvez o grande momento seja aqui e agora!**

---

---

### Passo 2 – Ponha sua missão no papel

Além de saber quem você é, conhecer o porquê de sua vida é outro ponto fundamental na construção de seu projeto. Se a visualização de seu sonho pessoal é cristalina, otimista e motivadora, ela facilmente se traduzirá em uma missão pessoal que o lançará em direção às suas metas.

Por outro lado, se a imagem é nebulosa e vaga, é provável que sua missão pessoal fique confusa, bloqueando o caminho para que consiga o que deseja.

Apresento a seguir um exemplo simples e positivo de missão pessoal – leia-o e se inspire para fazer a sua.

"Minha missão é viver em paz e gerar prosperidade espiritual e material para mim, minha família, meus colegas de trabalho e as pessoas ao meu redor, por meio do bom exemplo, do comportamento amoroso e centrado e da busca de excelência profissional e pessoal."

Sinta-se convidado a esboçar e fazer uma síntese de sua missão de vida.

---

---

---

---

---

---

### Passo 3 – O mundo e o poder dos relacionamentos

### Conecte-se fazendo parcerias

Não se iluda achando que será possível cumprir sozinho sua missão pessoal. Exatamente como acontece nas empresas, você também precisa de quem o apoie e compartilhe seus ideais – na linguagem corporativa, é o que se chama de *stakeholders*.

Na vida, os principais são os *stakeholders* campeões – pais, parentes, chefes e parceiros, pessoas que nos influenciam muito. O segundo tipo de parceiro é o *stakeholder* participante. Ao longo da sua caminhada, você fará parte de inúmeras equipes, formadas pelos amigos de infância, pelos pares de uma associação, entidade ou escola ou por colegas de trabalho.

Finalmente, há os *stakeholders* terceiros, aqueles que são contratados para apoiar sua causa. O corretor de imóveis que vai ajudá-lo a realizar o sonho de comprar a casa própria é um deles. O consultor, o líder e o mentor são bons exemplos de *stakeholders* terceiros.

Seu sucesso depende da qualidade de suas interações com os *stakeholders* (o outro). Para gerenciar plenamente esses contatos, liste todas as pessoas que o influenciam hoje e que poderão fazê-lo no futuro. Ao lado dos nomes, relacione ações concretas para aproveitar melhor esses contatos. Lembre-se de determinar datas para realizar as ações e de fazer uma revisão periódica do plano de gerenciamento dos *stakeholders*.

Convido você a fazer um gráfico das pessoas do seu convívio, criando sua lista de relacionamentos (*stakeholders* campeões e terceiros):

| FAMÍLIA | | | |
|---|---|---|---|
| Nome | Habilidade | Oportunidade | Tipo de alavancagem |
| | | | |

| AMIGOS, CONHECIDOS E VIZINHOS | | | |
|---|---|---|---|
| Nome | Habilidade | Oportunidade | Tipo de alavancagem |
| | | | |

**Passo 4 – Desenvolva seu foco para o futuro**

**Crie uma visão para sua vida. Construa seu legado!**

Agora que você já sabe quem é, tem um inventário de poderes e pontos de melhoria, bem como já sabe qual é sua missão e quem pode ajudá-lo a cumpri-la, é hora de estabelecer quais metas você pretende atingir em determinado período de tempo.

Essa é sua visão de futuro, que pode ser escrita em uma frase ou, no máximo, em um parágrafo. Trata-se de um projeto a longo prazo, que merece ao menos quatro abordagens diferentes.

1. Inicie com a visão de curto prazo, fazendo projeções para daqui um, dois e três anos.
2. A visão de médio prazo ou dos próximos dez anos assegura continuidade e ajuda a visualizar o caminho a ser percorrido mais adiante.
3. A perspectiva de longo prazo, que vai até a aposentadoria, fornece a visão global de realizações a serem alcançadas.
4. Por fim, pense nos anos dourados ou na "melhor idade". Afinal, você também precisa viver bem essa etapa de sua vida. Nenhum desses planos, no entanto, é definitivo. As circunstâncias da vida mudam. Logo, é necessário fazer uma revisão anual das quatro visões. O que você precisa fazer para atingir os objetivos que definiu? Desmembre sua vida em grandes blocos, como família, saúde e lazer (qualidade de vida), educação e desenvolvimento profissional, carreira e finanças pessoais. Outra divisão é corpo, mente, espírito e coração. Cada um dos blocos deve ser subdividido em itens menores até um nível de detalhamento suficiente para desenvolver um plano de ação.

**Passo 5 – Gerencie o tempo**

Algumas pessoas lidam naturalmente com o fator tempo. Outras não. Um bom jeito de melhorar a utilização desse recurso escasso é a matriz do tempo. Ela ajuda a diferenciar os assuntos importantes dos urgentes. Importantes são aqueles projetos que têm influência direta sobre os resultados que você quer atingir. Os urgentes se caracterizam pela premência temporal, mas não têm necessariamente importância. As crises acontecem quando um assunto é, ao mesmo tempo, importante e urgente. No trabalho, seria o equivalente a atrasar uma entrega para seu principal cliente.

Organize seu dia em blocos e estabeleça prioridades. Imagine outra forma de lidar com assuntos de menor importância: delegue, reorganize, elimine ou simplesmente deixe para fazer depois. Enfim, não adianta tentar fazer o tempo se expandir, porque isso não vai acontecer. O melhor é aprender a gerenciá-lo. A seguir, entenda mais como funciona as esferas do tempo que temos de gerenciar e em seguida faça o teste para analisar se você está utilizando de forma adequada ou não seu tempo.

## TRÍADE DO TEMPO*

**Adaptado de Christian Barbosa**

A Tríade do Tempo é um modelo atualizado de classificação, que mostra, gráfica e percentualmente, a forma como você utiliza suas horas. O tempo não é matricial e está extremamente relacionado com o número três: são três os ponteiros do relógio, são três os períodos temporais (passado, presente e futuro; manhã, tarde e noite), são três os elementos do átomo, o três é o número de maior precisão de datas e horas dos bancos de dados de computadores e a base da Trindade cristã. O tempo, então, é uma tríade composta por atividades importantes, urgentes e circunstanciais.

### Esfera do importante

Refere-se a todas as atividades que você faz e que são relevantes em sua vida, aquelas que trazem resultado de curto, médio ou longo prazo. É a esfera da estrada certa, na qual você conduz seu carro e sabe que na linha de chegada estará realizado.

Repare que as coisas importantes têm prazos de execução, nunca são urgentes. A consulta ao cardiologista para um check-up, por exemplo, é uma tarefa importante que deve ser feita em determinado período e marcada com antecedência. Afinal de contas, você conhece

* BARBOSA, Christian. *A tríade do tempo*. São Paulo: Buzz Editora, 2018.

algum cardiologista que marca consultas para o mesmo dia? Se você, porém, sofrer um infarto, a consulta ao cardiologista já não será mais importante, pois passou a ser urgente. Nesse caso, uma tarefa importante pode tornar-se urgente se não for cumprida no tempo previsto.

## Esfera da urgência

Abrange todas as atividades para as quais o tempo está curto ou se esgotou. São as exigências que chegam em cima da hora, não podem ser previstas e geralmente causam pressão e estresse (relatórios inesperados, esquecimentos, problemas de saúde, reuniões emergenciais ou clientes que apresentam problemas são alguns exemplos).

Como estamos muito acostumados com as urgências da vida, acabamos adiando o que é importante e só o realizamos quando se torna urgente e extremamente necessário. Quando você vai ao dentista? Quando leva o carro para consertar? Quando faz aquele planejamento importante? Infelizmente, a negligência diante das coisas importantes conduz nossa rotina a um frequente regime de urgência.

## Esfera circunstancial

Esta, por sua vez, cobre as atividades desnecessárias ou excessivas. São os gastos inúteis de tempo e as tarefas feitas por comodidade ou por serem socialmente "apropriadas". É a esfera da estrada que não leva a lugar nenhum, que não traz nenhum resultado, mas apenas frustrações (uso exagerado da internet, festas e reuniões sem propósito, mensagens que veiculam brincadeiras, horas incontáveis perdidas diante da televisão e conversas fúteis são bons exemplos).

Um ponto importante e diferente da Tríade do Tempo em relação a outros conceitos é o fato de que as esferas não se misturam. Logo, não existe nada que seja importante e urgente ao mesmo tempo. Se for importante, tem prazo, não gera estresse nem exige atenção imediata. A tarefa urgente pode ter sido importante um dia, mas, a partir do momento que foi adiada, deslocou-se automaticamente para a esfera da emergência.

Talvez essa afirmação cause espanto às pessoas habituadas a outros modelos de administração do tempo. A maioria deles fala da existência de atividades simultaneamente importantes e urgentes. Muitas pessoas gastam tempo demais em certas tarefas por acreditarem que, por serem importantes e também urgentes, proporcionam bons resultados.

Na verdade, trata-se de estresse disfarçado de importância, de um engano, pois não há meio de uma tarefa ser importante e urgente ao mesmo tempo! Além disso, a própria definição de urgente e importante mostra-se incompatível, por isso algo nunca poderia ter essas duas características ao mesmo tempo. Quando você separa o importante do urgente em sua vida, em seu tempo e em sua equipe, fica muito mais fácil entender (e resolver) os problemas e a forma como você utiliza as horas do seu dia.

## TESTE: TRÍADE DO TEMPO

Apresentamos a seguir um questionário resumido, no qual você poderá verificar a esfera da tríade que tem sido predominante em sua vida. Esse questionário está dividido em três grupos de três questões (A, B e C), às quais devem ser atribuídos certos valores conforme a seguinte escala:

| | |
|---|---|
| 1 | Nunca |
| 2 | Raramente |
| 3 | Às vezes |
| 4 | Quase sempre |
| 5 | Sempre |

| | PERGUNTA | PONTUAÇÃO | | | | |
|---|---|---|---|---|---|---|
| 1 | Costumo ir a eventos, festas ou cursos, mesmo sem ter muita vontade, para agradar meu chefe, meus amigos ou família. | 1 | 2 | 3 | 4 | 5 |
| 2 | Não consigo realizar tudo que me propus a fazer no dia e preciso fazer hora extra e levar trabalho para casa. | 1 | 2 | 3 | 4 | 5 |
| 3 | Quando recebo um novo e-mail, costumo dar uma olhada para verificar o conteúdo. | 1 | 2 | 3 | 4 | 5 |

| | | | | | | |
|---|---|---|---|---|---|---|
| 4 | Costumo visitar com regularidade pessoas relevantes em minha vida, como amigos, parentes e filhos. | 1 | 2 | 3 | 4 | 5 |
| 5 | É comum aparecerem problemas inesperados no meu dia a dia. | 1 | 2 | 3 | 4 | 5 |
| 6 | Assumo compromissos com outras pessoas ou aceito novas posições na empresa, mesmo que não goste muito da nova atividade, se for para aumentar meus rendimentos ou obter uma promoção. | 1 | 2 | 3 | 4 | 5 |
| 7 | Tenho um tempo definido para dedicar a mim mesmo e nele posso fazer o que quiser. | 1 | 2 | 3 | 4 | 5 |
| 8 | Costumo deixar para fazer relatórios, imposto de renda, compras de Natal, estudar para provas e outras tarefas perto do prazo de entrega. | 1 | 2 | 3 | 4 | 5 |
| 9 | Nos dias de descanso, costumo passar boa parte do dia vendo televisão, jogando ou acessando a internet. | 1 | 2 | 3 | 4 | 5 |
| 10 | Faço um planejamento por escrito de tudo que preciso fazer durante minha semana. | 1 | 2 | 3 | 4 | 5 |
| 11 | Posso afirmar que estou conseguindo realizar tudo que gostaria em minha vida e que o tempo está passando na velocidade correta. | 1 | 2 | 3 | 4 | 5 |
| 12 | Costumo participar de reuniões sem saber direito o conteúdo, por que devo participar ou a que resultado aquele encontro pode levar. | 1 | 2 | 3 | 4 | 5 |
| 13 | Consigo melhores resultados e me sinto mais produtivo quando estou sob pressão ou com o prazo curto. | 1 | 2 | 3 | 4 | 5 |
| 14 | Quando quero alguma coisa, defino esse objetivo por escrito, estabeleço prazos em minha agenda, monitoro os resultados obtidos e os comparo com os esperados. | 1 | 2 | 3 | 4 | 5 |
| 15 | Leio muitos e-mails desnecessários, com piadas, correntes, propagandas, apresentações, produtos etc. | 1 | 2 | 3 | 4 | 5 |
| 16 | Estive atrasado com minhas tarefas ou reuniões nas últimas semanas. | 1 | 2 | 3 | 4 | 5 |
| 17 | Faço esporte com regularidade, me alimento da forma adequada e tenho o lazer que gostaria. | 1 | 2 | 3 | 4 | 5 |
| 18 | É comum reduzir meu horário de almoço, ou até mesmo comer enquanto trabalho, para concluir um projeto ou tarefa. | 1 | 2 | 3 | 4 | 5 |

| CONJUNTO A | |
|---|---|
| PERGUNTA | VALOR |
| 1 | |
| 3 | |
| 6 | |
| 9 | |
| 12 | |
| 15 | |
| TOTAL | |

| CONJUNTO B | |
|---|---|
| PERGUNTA | VALOR |
| 4 | |
| 7 | |
| 10 | |
| 11 | |
| 14 | |
| 17 | |
| TOTAL | |

| CONJUNTO C | |
|---|---|
| PERGUNTA | VALOR |
| 2 | |
| 5 | |
| 8 | |
| 13 | |
| 16 | |
| 18 | |
| TOTAL | |

Muito bem! Para finalizar, vamos descobrir a porcentagem de seu tempo em cada tarefa da tríade. Veja as instruções a seguir, fazendo as contas com sua calculadora, e anote a porcentagem de cada esfera no campo correspondente da tríade:

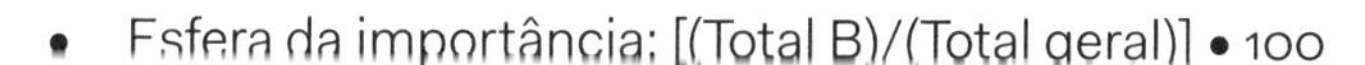
- Esfera da importância: [(Total B)/(Total geral)] • 100

| % | IMPORTANTE |
|---|---|

- Esfera da urgência: [(Total C)/(Total geral)] • 100

| % | URGENTE |
|---|---|

- Esfera da circunstância: [(Total A)/(Total geral)] • 100

| % | CIRCUNSTANCIAL |
|---|---|

| TOTAL GERAL (SOMA DE A, B E C) | |
|---|---|

**Passo 6 – Administre suas finanças**

Relacione os aspectos financeiros de sua vida em períodos de cinco anos; essas são as metas macro. Depois, separe tudo em orçamentos detalhados anuais, então terá as metas específicas. Esse trabalho inclui planejamento, estimativa, orçamento e controle:

- Determine quais recursos (monetário, humano, material, intelectual) serão necessários para cada conjunto de atividades de sua vida.

- Estime os custos de cada grupo de atividades e estabeleça um plano para administrar os gastos.
- Estruture o orçamento levando em conta seu plano de vida e as eventualidades que possam aparecer. Portanto, é aconselhável orçar para cima uma porcentagem contingencial de 10 a 20%.
- Controle os custos rastreando os gastos e comparando-os às previsões de seu orçamento. O segredo é fazer mensalmente a previsão do fluxo de caixa para os próximos três meses e segui-la à risca. Se há déficit entre o que você pretende gastar no futuro e o que ganha agora, é necessário gerar receita adicional. Aí, as alternativas podem ser abrir um negócio, ter um segundo emprego ou fazer investimentos, por exemplo.

**Obs.:** vamos apresentar em sequência mais uma nova perspectiva de planejamento de vida que talvez facilite para você todas as colocações acima. Se você tem expertise nessa área, já pode fazer o planejamento de suas finanças neste momento. Ou talvez fique curioso para conhecer o material que vem a seguir.

**Passo 7 – Conte com os riscos**

Na vida particular, assim como nos projetos corporativos, os riscos existem e precisam ser gerenciados. Para isso, adote o modelo usado nas grandes empresas e comece identificando os riscos e tentando prever de onde eles podem vir. Há riscos relacionados à saúde, às questões financeiras, às catástrofes de força maior, entre outros. Tenha em mente os riscos que podem afetá-lo e desenvolva respostas adequadas a eles.

Adquirir um bom plano de saúde e apólices de seguro, além de ter uma poupança, é um bom jeito de lidar com essas ameaças. Só não se esqueça de reavaliar suas estratégias de tempos em tempos. Afinal, como diz o ditado: "O seguro morreu de velho".

**Passo 8 – Junte todas as peças**

Os fundamentos para gerenciar seu projeto de vida você já viu. Agora, é preciso fazer com que todas as áreas sejam gerenciadas ao mesmo tempo. Um deslize em uma delas é suficiente para iniciar um efeito dominó nas outras. Tanto nos projetos corporativos como na vida, existe uma conexão íntima entre todas as áreas.

Comece juntando as partes do projeto "Eu sou S/A" em um único documento. Siga os planos traçados, usando ferramentas de apoio como agendas, celulares ou notebooks para conseguir se organizar melhor. E, já que as mudanças são inevitáveis, permita-se fazer planos que tenham flexibilidade suficiente para serem alterados.

Como todo projeto, sua vida começa, termina e é única. E, como todo projeto, tem limitações de tempo e de recursos. A visão de médio prazo assegura continuidade e ajuda a visualizar o caminho a ser percorrido. Não adianta tentar fazer o tempo se expandir, porque isso não vai acontecer; o melhor é aprender a administrá-lo. Por fim, não se esqueça de que nenhum projeto de vida vale a pena se não tiver qualidade. Em outras palavras: ser feliz é essencial. Você tem obrigação de ser feliz mais e mais.

| TRABALHO | VIDA PESSOAL |
|---|---|
| O que quero: | O que quero: |
| | |
| | |
| | |
| | |
| | |
| | |
| Escreva sua missão no trabalho – objetivo: | Escreva sua missão de vida – objetivo: |
| | |
| | |
| | |
| | |
| | |
| | |

| Escreva por que você pretende alcançar tal objetivo: | Escreva por que você pretende alcançar tal objetivo: |
|---|---|
| | |
| | |
| | |
| | |
| | |
| Como conquistar: escreva de maneira geral como atingirá sua missão. | Como conquistar: escreva de maneira geral como atingirá sua missão. |
| | |
| | |
| | |
| | |
| | |

Coloque nas células a seguir os projetos específicos para esta coluna:

| | |
|---|---|
| COM MEU CHEFE | |
| COM MINHA EQUIPE | |
| COM OUTRAS PESSOAS QUE PODEM INFLUENCIAR MINHA CARREIRA | |

| | |
|---|---|
| FAMÍLIA | |
| AUTODESENVOLVIMENTO | |
| PROJETOS PESSOAIS | |

**Obs.:** você pode adicionar quantas colunas achar necessário. Basta usar a ferramenta "Tabela" disponível no Word. Também pode usar o mesmo formato para projetos de cinco ou mais anos.

Convido você a aprender, passo a passo, a fazer o projeto de sua vida.

- Quais são suas prioridades?
- Onde você estará e como será em cinco anos?
- O que você gosta de fazer?
- Como é seu ambiente familiar e profissional?
- Quais seus melhores comportamentos e pontos de melhoria?
- Quais suas melhores capacidades, habilidades e estratégias?
- O que te motiva a ir além? Onde você se pauta em suas crenças e valores?
- Verdadeiramente, qual o "melhor eu" que existe dentro de você?
- Quem mais está com você no Universo?

- Tem habilidade para aglutinar e influenciar pessoas positivamente?
- Como é sua espiritualidade?
- Está construindo seu legado?
- Vive pautado no pensamento sistêmico?

## Aspecto e visão física

Estão relacionados com seu corpo físico. Nosso corpo é o meio pelo qual podemos manifestar toda a nossa essência. O que você anda fazendo para manter seu corpo saudável? Qual seu objetivo principal nesse quadrante?

Vamos então nos concentrar em até sete metas principais nessa área ou o número que for suficiente para você.

| | |
|---|---|
| **O QUÊ**<br>Descreva todas as ações para alcançar o objetivo principal. | |
| **QUEM**<br>Defina um responsável (você mesmo ou outra pessoa que possa te ajudar). | |
| **QUANDO**<br>Estabeleça uma data-limite para cada ação estabelecida. | |
| **ONDE**<br>Descreva todas as ações para alcançar o objetivo principal. | |
| **POR QUÊ**<br>Descreva quais os benefícios que cada ação trará. | |

| | |
|---|---|
| **COMO**<br>Detalhe a maneira como cada ação deve ser executada. | |
| **QUANTO CUSTARÁ**<br>Defina os custos de cada ação para verificar a viabilidade. | |
| **ELEMENTOS LIMITANTES**<br>Descreva tudo o que pode dificultar o cumprimento da tarefa. | |
| **RECURSOS NECESSÁRIOS**<br>Descreva quais os recursos (materiais ou emocionais) necessários para cada ação. | |

## Aspecto e visão espiritual

Estão relacionados ao seu autodesenvolvimento como "Ser". O que você anda fazendo para manter sua paz de espírito, seu amor por si mesmo e pela vida? O que está fazendo para entrar cada vez mais em contato com seu coração? Qual seu objetivo principal nesse quadrante?

Vamos então nos concentrar em até sete passos principais nessa área ou o número que for suficiente para você.

| | |
|---|---|
| **O QUÊ**<br>Descreva todas as ações para alcançar o objetivo principal. | |
| **QUEM**<br>Defina um responsável (você mesmo ou outra pessoa que possa te ajudar). | |
| **QUANDO**<br>Estabeleça uma data-limite para cada ação estabelecida. | |

| | |
|---|---|
| **ONDE**<br>Descreva todas as ações para alcançar o objetivo principal. | |
| **POR QUÊ**<br>Descreva quais os benefícios que cada ação trará. | |
| **COMO**<br>Detalhe a maneira como cada ação deve ser executada. | |
| **QUANTO CUSTARÁ**<br>Defina os custos de cada ação para verificar a viabilidade. | |
| **ELEMENTOS LIMITANTES**<br>Descreva tudo o que pode dificultar o cumprimento da tarefa. | |
| **RECURSOS NECESSÁRIOS**<br>Descreva quais os recursos (materiais ou emocionais) necessários para cada ação. | |

## Aspecto e visão intelectual

Estão relacionados ao seu aprendizado. Quantos livros você tem lido? Tem feito algum curso ultimamente relacionado a qualquer área de sua vida? Tem ido ao teatro, concertos, cinema? O quanto tem estudado ultimamente? Qual seu objetivo principal nesse quadrante?

______________________________

______________________________

______________________________

______________________________

______________________________

______________________________

Vamos então nos concentrar em até sete passos principais nessa área ou o número que for suficiente para você.

| | |
|---|---|
| **O QUÊ**<br>Descreva todas as ações para alcançar o objetivo principal. | |

| | |
|---|---|
| **QUEM**<br>Defina um responsável (você mesmo ou outra pessoa que possa te ajudar). | |
| **QUANDO**<br>Estabeleça uma data-limite para cada ação estabelecida. | |
| **ONDE**<br>Descreva todas as ações para alcançar o objetivo principal. | |
| **POR QUÊ**<br>Descreva quais os benefícios que cada ação trará. | |
| **COMO**<br>Detalhe a maneira como cada ação deve ser executada. | |
| **QUANTO CUSTARÁ**<br>Defina os custos de cada ação para verificar a viabilidade. | |
| **ELEMENTOS LIMITANTES**<br>Descreva tudo o que pode dificultar o cumprimento da tarefa. | |
| **RECURSOS NECESSÁRIOS**<br>Descreva quais os recursos (materiais ou emocionais) necessários para cada ação. | |

## Aspecto e visão familiar

Estão relacionados aos relacionamentos familiares. Como você tem tratado os familiares próximos a você? O que o está impedindo de ter um relacionamento mais amoroso e harmonioso com todos os seus familiares? Qual seu objetivo principal nesse quadrante?

Vamos então nos concentrar em até sete passos principais nessa área ou o número que for suficiente para você.

| | |
|---|---|
| **O QUÊ**<br>Descreva todas as ações para alcançar o objetivo principal. | |
| **QUEM**<br>Defina um responsável (você mesmo ou outra pessoa que possa te ajudar). | |
| **QUANDO**<br>Estabeleça uma data-limite para cada ação estabelecida. | |
| **ONDE**<br>Descreva todas as ações para alcançar o objetivo principal. | |
| **POR QUÊ**<br>Descreva quais os benefícios que cada ação trará. | |
| **COMO**<br>Detalhe a maneira como cada ação deve ser executada. | |
| **QUANTO CUSTARÁ**<br>Defina os custos de cada ação para verificar a viabilidade. | |
| **ELEMENTOS LIMITANTES**<br>Descreva tudo o que pode dificultar o cumprimento da tarefa. | |
| **RECURSOS NECESSÁRIOS**<br>Descreva quais os recursos (materiais ou emocionais) necessários para cada ação. | |

## Aspecto e visão social

Estão relacionados à sociedade como um todo. O que você tem feito para viver em uma sociedade mais justa? Tem doado seu tempo ou amor a alguma instituição de caridade? O que tem feito para ajudar o próximo? Qual seu objetivo principal nesse quadrante?

Vamos então nos concentrar em até sete passos principais nessa área ou o número que for suficiente para você.

| | |
|---|---|
| **O QUÊ**<br>Descreva todas as ações para alcançar o objetivo principal. | |
| **QUEM**<br>Defina um responsável (você mesmo ou outra pessoa que possa te ajudar). | |
| **QUANDO**<br>Estabeleça uma data-limite para cada ação estabelecida. | |
| **ONDE**<br>Descreva todas as ações para alcançar o objetivo principal. | |
| **POR QUÊ**<br>Descreva quais os benefícios que cada ação trará. | |
| **COMO**<br>Detalhe a maneira como cada ação deve ser executada. | |
| **QUANTO CUSTARÁ**<br>Defina os custos de cada ação para verificar a viabilidade. | |
| **ELEMENTOS LIMITANTES**<br>Descreva tudo o que pode dificultar o cumprimento da tarefa. | |
| **RECURSOS NECESSÁRIOS**<br>Descreva quais os recursos (materiais ou emocionais) necessários para cada ação. | |

## Aspecto e visão financeira

Estão relacionados às suas finanças. Você tem planejado como vai poupar dinheiro para o futuro? Onde você tem investido seu dinheiro? Tem uma planilha de gastos e lucros? Qual seu objetivo principal nesse quadrante?

Vamos então nos concentrar em até sete passos principais nessa área ou o número que for suficiente para você.

| | |
|---|---|
| **O QUÊ**<br>Descreva todas as ações para alcançar o objetivo principal. | |
| **QUEM**<br>Defina um responsável (você mesmo ou outra pessoa que possa te ajudar). | |
| **QUANDO**<br>Estabeleça uma data-limite para cada ação estabelecida. | |
| **ONDE**<br>Descreva todas as ações para alcançar o objetivo principal. | |
| **POR QUÊ**<br>Descreva quais os benefícios que cada ação trará. | |
| **COMO**<br>Detalhe a maneira como cada ação deve ser executada. | |
| **QUANTO CUSTARÁ**<br>Defina os custos de cada ação para verificar a viabilidade. | |

| | |
|---|---|
| **ELEMENTOS LIMITANTES**<br>Descreva tudo o que pode dificultar o cumprimento da tarefa. | |
| **RECURSOS NECESSÁRIOS**<br>Descreva quais os recursos (materiais ou emocionais) necessários para cada ação. | |

## Aspecto e visão profissional

Estão relacionados à sua carreira. Você está na profissão que deseja? Você sabe qual seu objetivo e o que realmente quer? Pretende mudar de profissão? Pretende crescer na profissão em que está? Qual é a motivação (motivo para ação) que o faz estar nessa profissão? Qual seu objetivo principal nesse quadrante?

Vamos então nos concentrar em até sete passos principais nessa área ou o número que for suficiente para você.

| | |
|---|---|
| **O QUÊ**<br>Descreva todas as ações para alcançar o objetivo principal. | |
| **QUEM**<br>Defina um responsável (você mesmo ou outra pessoa que possa te ajudar). | |
| **QUANDO**<br>Estabeleça uma data-limite para cada ação estabelecida. | |
| **ONDE**<br>Descreva todas as ações para alcançar o objetivo principal. | |
| **POR QUÊ**<br>Descreva quais os benefícios que cada ação trará. | |

| | |
|---|---|
| **COMO**<br>Detalhe a maneira como cada ação deve ser executada. | |
| **QUANTO CUSTARÁ**<br>Defina os custos de cada ação para verificar a viabilidade. | |
| **ELEMENTOS LIMITANTES**<br>Descreva tudo o que pode dificultar o cumprimento da tarefa. | |
| **RECURSOS NECESSÁRIOS**<br>Descreva quais os recursos (materiais ou emocionais) necessários para cada ação. | |

## Aspecto e visão ecológica

Estão relacionados à natureza e ao planeta Terra. O que você tem feito para viver em harmonia com a natureza e com o Universo? Tem participado de algum programa de coleta seletiva de lixo? Como está o consumo de água em sua casa? Tem desperdiçado água? O que você tem feito para cuidar do meio ambiente? Qual seu objetivo principal nesse quadrante?

Vamos então nos concentrar em até sete passos principais nessa área ou o número que for suficiente para você.

| | |
|---|---|
| **O QUÊ**<br>Descreva todas as ações para alcançar o objetivo principal. | |
| **QUEM**<br>Defina um responsável (você mesmo ou outra pessoa que possa te ajudar). | |

| | |
|---|---|
| **QUANDO**<br>Estabeleça uma data-limite para cada ação estabelecida. | |
| **ONDE**<br>Descreva todas as ações para alcançar o objetivo principal. | |
| **POR QUÊ**<br>Descreva quais os benefícios que cada ação trará. | |
| **COMO**<br>Detalhe a maneira como cada ação deve ser executada. | |
| **QUANTO CUSTARÁ**<br>Defina os custos de cada ação para verificar a viabilidade. | |
| **ELEMENTOS LIMITANTES**<br>Descreva tudo o que pode dificultar o cumprimento da tarefa. | |
| **RECURSOS NECESSÁRIOS**<br>Descreva quais os recursos (materiais ou emocionais) necessários para cada ação. | |

## Aspecto e visão sistêmica

Têm relação com os movimentos universais e a congruência de ações. Quem vive o pensamento sistêmico tem consciência de que é o todo e parte do todo ao mesmo tempo. Tem clareza de que suas ações têm efeito direto no ambiente e no Universo. Qual seu objetivo principal nesse quadrante?

Vamos então nos concentrar em até sete passos principais nessa área ou o número que for suficiente para você.

| | |
|---|---|
| **O QUÊ**<br>Descreva todas as ações para alcançar o objetivo principal. | |
| **QUEM**<br>Defina um responsável (você mesmo ou outra pessoa que possa te ajudar). | |
| **QUANDO**<br>Estabeleça uma data-limite para cada ação estabelecida. | |
| **ONDE**<br>Descreva todas as ações para alcançar o objetivo principal. | |
| **POR QUÊ**<br>Descreva quais os benefícios que cada ação trará. | |
| **COMO**<br>Detalhe a maneira como cada ação deve ser executada. | |
| **QUANTO CUSTARÁ**<br>Defina os custos de cada ação para verificar a viabilidade. | |
| **ELEMENTOS LIMITANTES**<br>Descreva tudo o que pode dificultar o cumprimento da tarefa. | |
| **RECURSOS NECESSÁRIOS**<br>Descreva quais os recursos (materiais ou emocionais) necessários para cada ação. | |

## PRATICANDO O LEADER COACH

### Coaching Group (Reunião, encontro de sua equipe/família)

Esta é a oportunidade de pôr em prática todo o aprendizado que você teve ao longo desta leitura. Com isso, você pode se aproximar ainda mais das pessoas que ama, de sua família ou das pessoas dentro de sua empresa, principalmente as que fazem parte da sua equipe. Essa ferramenta também pode ser utilizada em outros ambientes, como o familiar, por exemplo.

## Estado atual

Aumento da percepção de si mesmo e do conhecimento de diversas técnicas, ferramentas e métodos.

Ter um entendimento apurado sobre seu real estado e situação é crucial até mesmo para poder traçar novos planos para o futuro. Quando estamos desatentos sobre a proximidade e o desnível em que nos encontramos, todo o nosso senso de direção fica comprometido. Assim como o amanhã é um resultado do agora, o porvir que idealizamos precisa tomar como referência inicial o ponto exato onde hoje colocamos nossos pés.

Essa noção sobre o estado atual é importante, em qualquer processo de Coaching, para qualificar nossas perspectivas de melhoria, ou seja, para pavimentar o caminho rumo ao tão sonhado estado desejado. Mas não apenas por isso.

Se entendermos o Coaching em toda a sua importância e abrangência, podemos assumi-lo não apenas como uma prática que nos ajuda a moldar o futuro, mas também como um somatório de saberes e práticas que promove uma vida melhor para quem o adota. Esse ponto é importante porque, quando vivemos fora de sintonia com nossa condição, sem uma percepção exata da realidade, apenas sonhando com o futuro, acabamos não olhando para o lado e, assim, não valorizamos o que há de bom à nossa volta. Quem tem em mente apenas o destino final da viagem acaba por negligenciar as belas paisagens que aparecem pelo caminho, deixando inclusive de vivenciar o aprendizado da caminhada.

Por isso, não descuide da ideia de reiteradamente avaliar com atenção seu real estado, sua situação e condição para que você consiga se resguardar um pouco daquela permanente tentação que nos aflige de considerar a grama do vizinho mais verde. Faça isso principalmente para que a bússola com que você se orienta para o caminho das melhorias constantes leve-o sempre para o melhor caminho.

## Estado desejado

Criar um local/ambiente seguro com a equipe. Compartilhar a experiência e parte do conhecimento adquirido e internalizado durante a leitura. Fazer uma reunião específica (que chamo de Coaching Group) para apresentar e transmitir suas percepções e aprendizados.

Agradecer o apoio das pessoas próximas a você no trabalho e em casa. Talvez você possa utilizar esse momento para falar algumas coisas que sempre quis dizer e que, por algum motivo, não foi possível. Como seria se esse momento, que é uma oportunidade de conexão com as pessoas que você ama ou com um membro de sua equipe de trabalho, fosse mágico, real e verdadeiramente uma oportunidade de você falar tudo que sempre quis, pautado no estilo de comunicação e na filosofia de um Leader Coach?

Utilizar patrocínio positivo no diálogo com cada membro da equipe/família na apresentação dessa reunião, confirmando o ambiente seguro.

Ao compartilhar sobre a cultura de Coaching e seus benefícios, fale sobre o Feedback 360º Projetivo e peça ajuda de cada um dos colaboradores e familiares no sentido de fazerem/preencherem o formulário correspondente. Ressalte a importância dessa ferramenta para que você possa se aproximar mais da realidade deles e atender às suas expectativas. Fale sobre sua acessibilidade e disponibilidade em receber o feedback com a intenção positiva de crescimento individual para uma boa liderança e vivência como Leader Coach.

Compartilhar dos projetos e propostas para a melhoria da equipe é parte do receituário de sucesso na realização dessas mesmas propostas. Isso porque, quando os colaboradores não enxergam com clareza o rumo para onde estão sendo conduzidos, a tendência natural é que se dispersem pelo caminho, deixando de lado os objetivos e metas da empreitada.

No ambiente de trabalho, todos somos movidos por algum combustível além da mera remuneração por aquela função desempenhada. O sentimento de pertencer a um grupo ou a uma equipe é uma das mais poderosas amálgamas que nos fazem perseguir um objetivo. Por isso é tão importante que toda a equipe em alguma medida partilhe dos mesmos propósitos, buscando metas comuns que motivem a todos.

Ninguém gosta de caminhar às cegas, e é sempre mais provável que os participantes de um time se vejam assim, como integrantes do mesmo barco, e jamais como ilhas isoladas umas das outras no alcance de seus ideais. A transparência na apresentação dos objetivos e dos horizontes a serem perseguidos é umas das melhores armas de que dispõe um Leader Coach para manter a sintonia de um grupo, averiguar a coesão interna de uma equipe e criar condições para melhorias estruturais e duradouras.

É importante evidenciar com o grupo os benefícios dessa construção do ambiente seguro e do processo de Coaching. Talvez surja uma possibilidade de praticar o autofeedback em grupo. Você ainda pode explicar algumas outras ferramentas e fazer um *brainstorming* – "toró de parpite" – com o grupo sobre um bom assunto, ou ferramenta, ou ponto de melhoria a ser trabalhado em um próximo encontro. Se possível, escreva em um quadro as percepções compartilhadas. Pergunte quais foram os aprendizados da reunião (isso é Coaching Group).

Compartilhe com o grupo ou dê boas ideias de como seria se toda a equipe/família realizasse uma ação conjunta até um próximo encontro. Ações simples geram resultados efetivos. Por exemplo, nos próximos dias as pessoas têm a tarefa de se cumprimentarem mais, falarem com mais ênfase um "bom dia". Pode ser feita uma âncora, como uma fita com grampo, para ser usada durante sete dias como uma grande metáfora de conexão.

**Dica:** imagine que você pudesse realizar um encontro como esse uma vez por mês, ou por semana. Como seria a comunicação e sua aproximação para com as pessoas de seu meio pessoal e profissional?

Convido você a acreditar que a frequência dessa ação simples pode mudar seu ambiente familiar e profissional!

# 14

# CASE MUFFATO: A DIFERENÇA PRÁTICA DA LIDERANÇA COACH

Você nunca sabe quais resultados virão de sua ação. Mas, se você não fizer nada, não existirão resultados.

**MAHATMA GANDHI**

# COMO O COACHING MUDA PESSOAS E EMPRESAS

Os *cases* são relatos de trabalhos marcantes, que contam histórias que obtiveram sucesso, ou que talvez não chegaram ao lugar desejado, mas que são de alguma forma inspiradoras e geram aprendizado. Os *cases* estão ligados na maioria das vezes a empresas de consultoria e grandes CEO's. Contudo, todo profissional tem um *case* de sucesso, todos nós podemos contar uma história positiva sobre nós mesmos em algum momento de nossa carreira.

A importância do *case* é a de um atestado. É a forma mais direta de dizer que algo funciona. É claro que o Coaching não precisa mais provar a ninguém seu poder transformador. Lá se vão quase dez anos de trabalho com o Coaching no Instituto Brasileiro de Coaching, e só a existência e expansão do mercado é prova suficiente de que estamos lidando com uma chave de transformação do mundo e das pessoas.

Por todos esses motivos, decidi inserir nesta nova edição do livro um grande *case* de sucesso do IBC e também pessoal, já que estive diretamente envolvido nas formações. Eram muitos os *cases* de sucesso, especialmente os de soluções corporativas. Selecionei então, para compartilhar com todos os nossos leitores, um processo de implantação da cultura Coaching por meio do desenvolvimento de lideranças, que ocorreu em um grande grupo empresarial brasileiro chamado Grupo Muffato.

Tenho um carinho especial por esse *case*, por vários motivos. Dentre eles, minha amizade com os diretores do Grupo Muffato, a parceria consolidada, e por ser um trabalho já desenvolvido há alguns anos, o que prova que se consolida com o tempo.

Foi um grande desafio. É sempre um grande desafio, pois quando falamos em cultura Coaching falamos em mudanças de crenças e comportamento no nível mais profundo, no nível da essência do que as pessoas e empresas são. Esse processo envolve um movimento de mudança e multiplicação, que desce na cadeia hierárquica, começando por seu presidente e diretoria, passando pelos gestores, coordenadores e encarregados até chegar à operação. Mas na verdade não para à operação, porque todo o trabalho de mudança na cultura da empresa é sentido principalmente pelos clientes, que percebem no clima a diferença.

Todos os trabalhos desenvolvidos no Instituto Brasileiro de Coaching são trabalhos exclusivos. Embora o Coaching não se modifique, os modos de apresentar o Coaching às pessoas e organizações podem ser múltiplos. O nível de maturidade dos processos da organização influencia muito, bem como seu estado atual influi na definição de um estado desejado. Logo, há uma individualização óbvia do processo, que exige uma aproximação muito grande, uma confiança de alma, entre o IBC e a empresa/ pessoa que solicita um trabalho conosco.

Como tenho certeza da excelência de nossos processos, tenho também a certeza de nossos resultados. Por isso, esse *case* cumpre o importante papel de mostrar como a liderança coach pode ser o princípio multiplicador de toda uma mudança na essência.

O líder é uma figura central. Ele não é mais importante do que aquele que está na base, mas seu compromisso e sua energia têm um poder de alcance muito maior. Um profissional que trabalha na base da operação da empresa tem certo poder de influência sobre seus pares, mas um líder tem o poder de influenciar todo um sistema. Logo, não estamos tratando de diferenciar a importância das pessoas dentro da organização pelo que elas são, mas pelo alcance que cada uma tem dentro dos processos.

No caso do Muffato, as lideranças, uma vez transformadas pelo coach, tendo seu potencial e poder despertados, criaram um efeito cascata, impulsionando um movimento que atingiu a todos e gerou os resultados extraordinários que podem ser vistos hoje na consolidação e expansão contínua do grupo. Modificou-se também aquilo que não se pode ver, como a maior valorização do ser humano e da missão e visão da empresa.

## GRUPO MUFFATO

Hoje, o Grupo Muffato é uma das cinco maiores redes de supermercado do Brasil, com lojas no Paraná e no interior de São Paulo, mas nasceu de forma muito simples na cidade de Cascavel (PR). A história do Grupo Muffato é uma história de inspiração e superação, como as de tantas empresas no Brasil que crescem com muito suor e determinação.

O Super Muffato surgiu a partir de um pequeno armazém de secos e molhados, aberto em 1974 por José Carlos Muffato (conhecido como Tito), por seu irmão, Pedro, e pelo cunhado Hermínio. A primeira expansão veio com a abertura de uma segunda loja que, na visão dos empresários, supriria uma demanda latente: os trabalhadores de uma grande usina hidroelétrica, a Usina de Itaipu, que se estabelecia na cidade de Foz do Iguaçu, ali perto.

Daí em diante, o grupo foi ampliando sua atuação e expandindo suas fronteiras, tornando-se uma das maiores e mais sólidas redes de supermercado do país. A partir dos anos 1980, o Super Muffato iniciou a forte dinâmica de expansão que marca a trajetória da empresa até os dias de hoje. Com 47 lojas em dezessete cidades, a rede tem um dos mais modernos centros de distribuição do país, além de dois atacados que atendem quinze mil comerciantes e conta com 150 representantes em três estados para melhor atender aos varejistas. Integrada às lojas Super Muffato, as galerias comerciais somam mais de seiscentas operações e oferecem praticidade e conforto aos consumidores.

Mas, como toda história de superação, o Grupo Muffato passou por um grande teste de perseverança e autoconfiança. Hoje o grupo está sob o comando dos irmãos Ederson, Everton e Eduardo Muffato. Isso porque no dia 13 de março de 1996 o pai deles e fundador do Grupo, José Carlos Muffato (Tito), então com 42 anos, iniciou uma viagem em um avião particular que não chegaria ao seu destino. O avião da família, por conta do tempo ruim, acabou caindo e não houve sobreviventes.

Na época dessa tragédia, Ederson, o filho mais velho, tinha apenas dezessete anos; o do meio, Everton, dezesseis; e o caçula era um garotinho de apenas doze anos. Os três irmãos assumiram a responsabilidade sobre os negócios com as bênçãos do outro sócio, Hermínio, tio dos garotos, e da mãe, Reni. Não é preciso dizer que a administração dos irmãos Muffato foi extremamente bem-sucedida, basta ver o quanto o empreendimento da família cresceu, agregando ainda mais empresas, como a TV Tarobá, afiliada local da TV Bandeirantes.

---

Todo o crescimento e expansão já estavam previstos na missão e visão da empresa:

**Missão da empresa** Obter resultados e satisfação dos clientes, colaboradores e acionistas, através da qualidade na prestação de serviços e produtos de alto padrão.

**Visão da empresa** Ampliar a referência da gestão de varejo em âmbito nacional e internacional.

**Propósito** Oferecer uma experiência única de compras aos clientes.

---

Os valores sólidos passados pelo pai permaneceram nessa empresa maravilhosa. Isso fez com que o patrimônio da família não subtraísse a humildade e o amor que sempre existiu entre eles. Ederson começou a trabalhar nas lojas da família aos nove anos. Ele foi desde empacotador até açougueiro. Viveram desde sempre dentro de um supermercado. Isso fez com que a experiência e a paixão pelo negócio fossem maiores do que a falta de idade ou mesmo de uma faculdade.

O Grupo Muffato é, realmente, uma história de sucesso empresarial e familiar. Mas, como todo grupo que cresce muito e se estrutura em bases familiares, um momento ou outro precisará de uma estruturação, de uma volta à sua essência e de uma modernização de processos – nesse caso, processos humanos e de gestão.

## O PROCESSO DE IMPLANTAÇÃO DA CULTURA DE COACHING

O convite para a realização do programa de Implantação da Cultura Coaching por meio do desenvolvimento de lideranças veio pelo reconhecimento da qualidade das formações do IBC.

A gestão da Rede Muffato e da TV Tarobá, que também encaminhou suas lideranças para o programa de formação, estava diante de uma administração arrojada e em um processo acelerado de expansão, mas enfrentava dificuldades na ponta:

- Muitos gestores com dificuldade na relação com suas equipes, com perfil ultrapassado e ideias conservadoras de liderança (perfil chefe).
- Líderes muito permissivos e com pouco foco.
- Baixo nível de autoconhecimento e pouco estímulo a desafios.
- Colaboradores desmotivados e com pouca perspectiva de crescimento.
- Dificuldade em conectar sua própria missão de vida à missão e valores da empresa.
- Pessoas com potencial subutilizado, falta de visão de gestão para talentos individuais.

Esses eram os principais pontos do diagnóstico das lideranças. Se você observar, são questões que se parecem com questões de muitas empresas. Talvez de sua empresa. Portanto, por mais individualizado que seja o processo, encontramos basicamente os mesmos problemas para trabalhar.

Como coaches, levamos a mensagem de que seu jeito é o jeito certo; contudo, seu jeito precisa de seu melhor, precisa que você reconheça o melhor do outro e precisa que seu propósito de vida esteja claro para você e alinhado com o de sua empresa.

O estado desejado seria alcançado pelos seguintes itens:

- Tornar a gestão consciente de seus pontos fortes e seus pontos de melhoria por meio de um profundo processo de autoconhecimento, iniciado pela ferramenta Roda da Vida – o líder coach sabe de seus potenciais e usa todo o seu poder interior em sua função de conduzir sua equipe rumo às metas traçadas.
- Conectar a missão de vida de cada pessoa com a missão e visão da empresa – muitas vezes, uma equipe que não gera resultados não se sente pertencente à empresa, porque seus objetivos de vida não se conectam à razão daquela companhia existir e aos valores que ela prega e vive.
- Introduzir a crença de que devemos estar sempre em contato com nosso melhor e observar sempre o melhor do outro – a fim de melhorar as relações humanas e o clima organizacional, pois um profissional que se sente reconhecido em seu melhor sempre será um colaborador apaixonado.
- Criar um ambiente de colaboração mútua por meio de mudanças de hábito contínuas desde o nível mais básico – ambiente – até a meta no legado.

O primeiro dia de formação, com mais de sessenta profissionais, entre gestores da rede de supermercados e gestores da TV Tarobá, tinha um clima de suspeição. Todos sentiam que estavam se conectando com algo novo, diferente, e isso é bastante comum. Os líderes, de forma geral, independentemente da empresa e do campo de atuação, tendem a pensar que estão prontos, preparados, e podem apresentar resistência.

Muitos também diziam estar receosos, acreditando que seria mais um treinamento como outros. Esses treinamentos que apenas passam técnicas para o alcance de metas e ignoram a formação humana, a ligação de seu eu interior com aquilo que você faz profissionalmente. Por isso, declinamos de chamar as formações em Coaching de treinamentos; porque em sua essência elas não são treinamentos, pois trabalham em um nível muito mais profundo.

Nos primeiros minutos, todos já perceberam que estavam em um ambiente diferente. Os bloqueios começaram a cair e a mágica começou a acontecer, com sinergia, com cocriação, com abertura dentro de um ambiente seguro, com transformação de consciência e comportamento e, principalmente, a mudança de crenças negativas em positivas.

A implantação da cultura de Coaching foi um trabalho de seis intensos meses. Nesses meses, a principal ação foi a formação das lideranças. Eles se formaram como Leader Coaches em formações periódicas com minha presença, José Roberto Marques, e a de outros coaches que participaram tratando de temas específicos, como Coaching Vendas.

A formação em Coaching dessas lideranças os transformou em multiplicadores. Todos eles passaram a fazer reuniões com suas equipes, implantando o jeito Coaching de atuar. A multiplicação do Coaching no Grupo Muffato pelos líderes impactou quase sete mil pessoas.

> *"Os clientes percebem isso, né? Até em mim mesmo. Eu nunca fui um gerente muito simpático e hoje já recebi uns três ou quatro elogios."*
>
> GERENTE DE LOJA

A transformação da gestão impacta positivamente toda a estrutura da empresa. As equipes vivenciam a mudança de comportamentos e crenças de seus líderes e se sentem mais empoderados e encorajados a mudar também. Os líderes passam a enxergar o potencial das pessoas e a extrair o melhor delas, que acaba sendo também o melhor para o negócio.

> *"Através da Roda da Vida, nosso gerente descobriu em mim algo que ele desconhecia. Então eu fui promovida. Eu era recepcionista e hoje estou como encarregada de setor, trabalhando sempre com gratidão e objetivo."*
>
> COLABORADORA DO SETOR DE FRIOS

Os depoimentos da diretoria são muito contundentes na aprovação do trabalho realizado, mas os depoimentos mais tocantes e legítimos são os depoimentos dos profissionais que atuam na ponta, na loja, no dia a dia do trabalho mais duro e desgastante e, claro, no face a face com o cliente.

> *"As pessoas estão mais unidas depois do Coaching, nos aproximamos mais."*
> COLABORADOR DO SUPERMERCADO

> *"Uma tremenda diferença. Eu vivi os dois lados. Antigamente, eu tinha medo de chegar e perguntar, me relacionar, e com o Coaching eu me libertei, eu consegui encontrar meu caminho. Eu ainda não tinha o ensino médio e com o Coaching eu me senti inspirado a voltar a estudar e vou fazer faculdade, esse é meu objetivo."*
> COLABORADOR DO SUPERMERCADO

Esse é apenas um dos muitos *cases* de sucesso da implantação da cultura de Coaching por meio das lideranças. Com líderes inspiradores, humanizados, leais, comprometidos e conectados com as empresas, não há dificuldade que não possa ser superada.

As ferramentas de Coaching podem e devem ser usadas pelas lideranças tanto em processos de autoaplicação como em processo de aplicação nas equipes. Os gestores do Grupo Muffato foram preparados para usar todas as ferramentas para fazer uma gestão cada vez mais próxima das pessoas, pois empresas são resultado de pessoas.

Talvez a maior contribuição do Coaching seja esta: lembrar às empresas de valorizar aqueles que contribuem para sua existência. Um diretor sem equipe não constrói um negócio. Quanto mais vistas e empoderadas, mais as pessoas contribuem para si mesmas e para a empresa. Basta que o líder seja suficientemente preparado para estimular os colaboradores a dar o melhor de si.

# 15

# CONSIDERAÇÕES FINAIS

## DIAMANTE BRUTO OU LAPIDADO, QUAL VOCÊ QUER SER?

Todos nós nascemos e nos desenvolvemos com o passar do tempo. Aprendemos a nos equilibrar, a andar, desenvolvemos nossos sentidos e outras atribuições que o ser humano tem. Além disso, temos um potencial infinito que precisa ser despertado. É com esse intuito que o Leader Coach vai agir, pois o Coaching traz isto: a oportunidade de você se desenvolver e desenvolver outras pessoas.

Comparemos nosso desenvolvimento com uma das pedras preciosas mais valiosas do mundo: o diamante. Ele é o elemento mais duro e resistente da natureza.

Seu processo de produção passa por vários estágios. Nos garimpos, ele é procurado nas rochas, retirados junto às pedras, é levado até o rio mais próximo para ser lavados e, ali, ser separado da terra e dos demais detritos. Nas peneiras dos garimpeiros ficam apenas as pedras chamadas de diamante bruto. Elas já têm suas peculiaridades, chamam a atenção por serem diferentes das demais pedras devido ao seu brilho inconfundível.

Depois de ser lavada e separada, inicia-se o processo de lapidação. Nenhum diamante é igual ao outro, e, mesmo após esse processo, ele será único, exclusivo, seja para fins industriais, como ferramenta de corte, ou para ser utilizado no ramo da joalheria.

Há ainda um aspecto muito interessante: todas as ferramentas usadas no corte do diamante são feitas com ele mesmo, ou seja, o diamante é o único elemento capaz de cortar outro diamante.

Enfim, é uma peça com aspectos únicos, diferenciados, desde bruto na natureza até passar pelo processo de lapidação, quando vira objeto de desejo de muitas pessoas , além de ser altamente eficaz na indústria.

Quando falamos em Coaching, é possível fazer uma analogia com o diamante. Nascemos, nos criamos, crescemos, estudamos, nos especializamos, somos uma pedra bruta, pronta para ser lapidada. O Coaching é a lapidação, pela qual são desenvolvidas habilidades e competências no indivíduo, para que ele tenha sucesso tanto pessoal quanto profissional.

Depois de passar por esse processo, nenhuma pessoa será mais uma pedra bruta, tampouco se parecerá com outro alguém, pois cada um tem um potencial infinito diferente do outro, que será despertado por meio desse poderoso método.

Na lapidação, ou melhor, no processo de Coaching, suas habilidades são lapidadas, respeitando sua individualidade, seus objetivos e principalmente seus sonhos. Cada um será lapidado com a finalidade desejada.

O que faz essa relação ser ainda mais fantástica é o fato de que – assim como o diamante é o único material capaz de lapidar outro diamante – o Leader Coach é o único que poderá despertar em seus liderados a capacidade de encontrar neles mesmos a chave para o acesso ao potencial infinito, bem como o poder para a transformação e melhoria efetiva de sua vida profissional.

Um diamante é uma pedra bruta e opaca quando retirada da natureza. Depois de ser lavado, lapidado e polido, é a pedra mais bela e preciosa do mundo. O ser humano, depois de ter suas habilidades desenvolvidas e lapidadas, torna-se o melhor e mais valioso ser humano do mundo, um verdadeiro Ser de Luz.

A partir de agora, você tem todas as ferramentas em suas mãos para se tornar um lindo diamante, que vai brilhar, iluminar e lapidar outros diamantes dentro da empresa da qual faz parte.

A escolha é sua: quer ser o diamante bruto ou o lapidado?

*Dedico este livro inicialmente à minha família. Em memória de meu pai, José Marques, que com sua sabedoria tanto contribuiu para meu crescimento pessoal e espiritual. À minha mãe, Aparecida, por sua fé, dedicação e apoio. À minha esposa, Maria, amiga, fiel e eterna companheira durante minha jornada. Dedico-o a meus filhos, Marcus, Marília, Arthur e Maria Roberta, pela compreensão e amor.*

*Estendo ainda o agradecimento a todos os meus maravilhosos colaboradores, que tanto me ajudaram e ajudam ao longo de minha caminhada. A todos os tipos de líderes do mundo, que compartilham ou oferecem sua vida em nome do crescimento sistêmico e espiritual dentro do processo evolutivo. Aos líderes do tempo passado e do tempo presente que tiveram a ousadia de transcender seus paradigmas culturais, pessoais e sociais e, com seu estilo focado, contribuíram e contribuem para a transformação do meio em que estão ou estiveram inseridos.*

*Dedico esta obra a todos os líderes de hoje que estão tendo a coragem de rever o que aprenderam sobre liderança, disponibilizando-se a seu crescimento pessoal, profissional e espiritual. Aos líderes de amanhã, que, espero veementemente, sejam líderes cada vez mais evoluídos e mais efetivos na história da humanidade.*

*Dedico-a também a todas as pessoas de influência em minha vida, ressaltando meus mestres de Coaching, cujas vidas, experiências e atitudes contribuíram de forma significativa para minha maestria como o melhor Master Coach Senior e Trainer que eu posso "Ser"!*

Agradeço então a todos os coachees, amigos, treinandos, clientes e pacientes que compartilharam suas histórias e fizeram com que, através de sua ajuda, eu me transformasse na MELHOR PESSOA QUE SOU HOJE, AQUI E AGORA!

JOSÉ ROBERTO MARQUES

FONTES Fakt, Tungsten
PAPEL Alta Alvura 90 g/m²
IMPRESSÃO Imprensa da Fé